# 国民視点の医療改革

## 超高齢社会に向けた技術革新と制度

Okina Yuri
翁 百合［著］

慶應義塾大学出版会

# はじめに

２０１０年代も後半に入り、団塊の世代が後期高齢者になる２０２５年が間近に迫りつつある。２０２５年には、65歳以上の高齢者が人口の３分の１になる。また、技術革新が進展し、ＩｏＴ（インターネットオブシングス）、ビッグデータ分析、ＡＩ（人工知能）の活用などにより、私たちの暮らしは大きく変わろうとしている。こうした時代をどのように日本は乗り切っていくか。国民の健康寿命を延伸していくためにも、医療制度を、技術革新などの様々な環境変化に対応し、国民の視点を大事にしつつ見直していくことが求められている。

筆者は２０１６年９月から政府の未来投資会議・構造改革徹底推進会合で、またその前の２０１３年１月から16年７月までの３年半は、規制改革会議で、諸先生方とともに医療・介護分野の制度・規制改革を推進する役割を担当する貴重な機会をいただいた。規制改革会議の委員を担当していた頃は「規制改革は医療も含めてどの分野も進んでいない」という批判をよく受けた。たしかにそうみえたかもしれない。規制の背後にはそれを変化させることによって影響を受ける人たちが反対をする場合が多く、民間の委員がこれを努力して一つひとつ成就させていくのは容易な仕事ではない。医療行政においては、当然のことながら特に高い専門性が必要とされるため、医師や薬剤師、看護師等の専門家の意見が重視される。行政が現実的に政策を変えていくためには、そうした専門家の視点を踏まえ、利害関係者の意見をコーディネートしていくことが必要となることもあって、実際には非常に多くの時間がかかってきた。ただ、医療分野の改革については、時系列でみれば（医療以外の分野も含めて9年半も規制改革会議に所属していた実感からいえば）、ちょうどこの3年半の間における改革は、それ以前と比較すると、それなりに進んだのではないか、という感じも受けている。

それでも、当時感じたのは、医療制度が急速な高齢化と技術革新に追いついていない、そして医療サービス利用者側からの目線でみると理解が難しい、従来から長く続いている規制が多い、ということであった。

もちろん政府としても社会保障制度改革の必要性を認知し、そのために国民的な社会保障改革に関する会議を２０００年代に入って二度にわたり開催して報告書を出し、改革に取り組んできた。厚生労働省も、２０１５年に有識者の意見を反映させて、みずから「保健医療２０３５」を出し将来ビジョン～「リーン・ヘルスケア―保健医療の価値を高める」「ライフデザイン―主体的選択を社会で支える」「グローバル・ヘルス・リーダー」～を明確にするなど、来るべき環境の激変に備え、改革に向けて動き出してきている。

しかし、２０２５年からの超高齢社会を目前に控え、また急速な技術革新などの環境変化を考えると、技術革新を活用し、様々なデータ分析を有効に生かして、医療の質を飛躍的に向上させると同時に、高齢化した患者にとって利便性も高く、不安のない医療制度に向けて、危機感を持って一段とスピーディーに種々の見直しを実現していく必要があるのではないか。医療関係者のみならず、政府、自治体、企業などが知恵を絞りながら、国民的議論を行い、いかに健康長寿社会を目指していくかが、日本にとって喫緊の課題となりつつある。筆者も参加した、成長戦略を議論する未来投資会議では、２０１７年４月に医療と介護のパラダイムシフト——技術革新を最大限活用し、「健康管理と病気・介護予防」「自立支援」に軸足を置いたシステムへ——を提言した。この提言は、６月の「未来投資戦略２０１７」に反映されたが、議論に参加し、改めてこうした思いを強くしている。

本書は、このような問題意識に立ち、近年の医療改革の具体的な進捗状況を紹介しつつ、今後の医療政策の在り方や課題を、医療サービス提供者（医師、病院、薬品メーカーなど）、医療政策運営者（国・行政、各種団体等）とは異なった、エコノミストとしての視点から考察したものである。筆者が医療制度の規制改革に実際に関与した経験に加え、未来投資会議での議論から生まれた問題意識が本書執筆の大きな契機になっている。

本書の特徴は三つある。本書の第一の特徴は、本書のタイトルになっている通り、医療サービスの利用者（または患者、生活者）の視点、国民の視点から、医療の課題について考えてみた点である。まず、本書では、できるだけ具体的な事例を紹介しながら、制度を検討することに心がけた。また、筆者自身、様々な規制や仕組みを初めて聞いたときに、「一人の患者としての視点、一利用者の視点に立って考えれば、わかりにくい」と素朴な疑問を感じたことが少なくなかった。また医療分野は政府が診療報酬といった「公定価格」で個々の医療機関や企業などの医療の供給者の行動を変化させ、政策を誘導しているため、医療の需要者（利用者）のインセンティブの視点がどうしても欠落しがちだとも感じた。したがって、本書でもそうした素朴な疑問点をむしろ大事にして制度を解説し、改革について論じている。

このため、各章で扱っている規制改革のタイトルには、利用者の視点からみたら感じるであろう素朴な疑問を、サブタイトルとして付すようにした。さらに、制度が複雑であったり、用語が難しかったりするので、わかりやすく記述することに心がけた。できるだけ利用者の目線に立って医療制度改革の現状を紹介することによって、どのような規制が現在まで残っていたのか、どのように制度改革が進捗しているのか、どのようなことが今後の課題となっているのか、といったことについて少しでも関心をお持ちの一般の方々にお読みいただきたいと考えている。

第二に、「医療行政の特徴をできるだけ幅広い視点から検討」しようとした点である。筆者のバックグラウンドは経済学であるが、規制、制度、金融行政や経済政策を広く研究テーマとしており、行政改革委員会官民活動分担小委員会、規制改革会議の金融タスクフォースなどへの参加を通じ、幅広く多くの分野についての規制の在り方、政府関与の在り方について考えてきた。また、企業再生支援機構（現・地域経済活性化支援機構）では、経営が悪化した医療機関の再生の実例もみてきた。そうした経験に基づく視点から医療行政をみてみようと考えた。

医療行政においても他の分野と同じように多様な法律等による規制が、民間主体の行動をかなりの程度規定している。しかし、重要なちがいは、前述の通り、国民の命に直結していることから政府が診療報酬や薬価といった「公定価格」で個々の医療機関や企業などの行動を変化させ、政策を誘導しようとしている点である。したがって、規制と同時に診療報酬体系が、医療制度全体をかたちづくっている。

この診療報酬という公定価格によって、医療機関等の間で価格競争が起きないという特徴があるが、行政の判断によって資源配分の歪みがもたらされる可能性がある点にはもっと注意が払われる必要があり、であるからこそ国民にわかりやすい、エビデンスを用いた実証的な議論が必要であると思う。最近の抗がん剤オプジーボの高額な薬価とその後の薬価2分の1引き下げといった対応は、そうした必要性を感じさせる出来事であった。

もう一つの特徴は、厚生労働省は、医療機関、医薬品、医療機器関連企業や薬局、社会福祉法人、保育所等々きわめて広範囲の多くの経済主体に多くの規制をかけ、それを監視しているという点である。また、高齢化等で厚生労働省の仕事の量は増える一方であり、その監督対象となっている多くの民間主体の規制遵守状況を監督する経営資源が必ずしも足りておらず、その規制の遵守を実効的に行う（いわゆるエンフォースメント）体制が必ずしも徹底できていない面があるように思われる。このため、規制が実態として守られていなかったり、解釈が不明確であったり、地域によってばらばらであるケースも少なくない。具体的な事例を検討することによって、政府の関与という点で、医療分野が他の分野と何が異なるのか、広い視野から捉え、課題を考えていきたい。

第三に、「医療改革の持つマクロ経済へのインパクト」を意識しながら、個々のミクロの医療改革の意義を検討しようとした点である。医療制度は、国民の生活、財政、産業政策すべてに深く関わる制度である。

近年大胆な異次元金融緩和や財政出動などが経済回復のために立て続けに投入されてきたが、実は医療制度改革は、短期的には成果はみえにくいが、高齢化し、働く世代が減少する日本経済の成長にとって最大の課題といっても過言ではない。医療の発展によって国民の健康長寿を実現していくこと自体が、人々の幸せにつながり、雇用や消費を通じ日本経済に多大なメリットを及ぼすことはいうまでもない。

また、医療制度、規制の改革、ＩＴ化は、医療の持続性を維持するためにきわめて重要である。たとえば、医療保険制度をどう持続するべきか、といったマクロ的な議論も、ミクロの制度見直しの積み重ねの延長線上で初めて可能になると考えられる。実際に、医療保険制度については、たとえばレセプト（私たち患者が医療機関で受けた保険診療にかかった費用について、医療機関が保険者に請求する診療報酬請求明細書）審査体制のＩＴ化の遅れ、残薬の多さ、湿布薬処方の地域間格差など、多くの改善余地があるという例を本書中に示しているが、社会保障費の増加抑制は、様々なミクロ的な制度見直しによる改善によってこそ、可能になることを示唆している。さらに、医薬品や医療機器の審査の迅速化などによる医療関連産業の発展、医療データの活用によるヘルスケア関連産業の発展の可能性など、経済成長にも寄与していく。そうした可能性について、具体例を通じて示していきたい。

本書の構成は以下の通りである。

第1章では、近年の環境変化と本書の医療改革の視点について述べる。特に高齢化が一段と進み、技術革新が進む中で目指すべき医療制度を考え、そのうえで患者視点での見直しの必要性について論じる。さらに、医療改革によって、日本経済にどのようなメリットをもたらされるかについて整理、検討し、医療改革が今後の日本の成長や財政にとって非常に重要な意味を持つことを指摘する。また、医療分野における政府の関与の特徴について整理する。

第2章では、患者、医療サービス等の利用者の視点に立ち、保険外併用療養費制度、医療供給体制、医薬分業、セルフメディケーションなどをめぐる制度の見直しについて検討する。安全性確保を前提に、医療供給者の視点とともに、医療の需要者、利用者の視点、インセンティブや利便性に配慮した改革が重要になってきていることを具体例とともに検討し、指摘する。

第3章では、再生医療、医療機器、医薬品をめぐる最近の改革の動向を紹介し、これらの改革が最近徐々に進んできていることを紹介する。医療関連産業、ヘルスケア産業をいっそう発展させていくことが、国民の健康の推進のみならず、日本経済の成長にとっても重要であることを指摘する。イノベーションを促しつつ、財政的な面に配慮するためには、特に取り組みが始まっている新しい医療経済評価を、今後いっそう工夫を重ね改良しながら活用していくことが必要であることを述べる。

第4章は、医療の持続性を維持するための施策について、湿布薬などの保険収載の問題、後発医薬品（ジェネリック）の利用推進、レセプトの審査の効率性向上などについて検討し、社会保障給付の増加抑制のためには、多くの具体的課題の検討や施策が必要であること、また信頼性の高いデータ整備と分析が重要であることについても述べる。

第5章は、技術革新を医療にさらに導入していくうえで何が必要かを探り、技術革新やデータ分析の活用が医療における課題を解決し、健康長寿社会につなげる可能性があることを述べる。まずビッグデータ分析、人工知能（AI：Artificial Intelligence）の活用など様々な技術革新が、患者や医療現場をどのように良い方向に変えていく可能性があるか、現在どこまで進んでいるかを確認する。そして、これをさらに広げていくためには、デジタル情報をつなぎ、活用できる仕組みを作ることが必要で、具体的に何を検討し、実行していくべきか考える。

第6章では、第5章までに扱えなかったテーマについて、今後の医療制度改革の方向に照らして検討する。たとえば、終末期医療をどう考えていくかという問題がある。また、国民皆保険を維持していくために医療保険の設計をどう考えるかといった課題もある。医療分野において、データ分析に基づいたエビデンスベースの政策、情報開示をより進め、規制を受ける主体のガバナンスを高めていくこと、ＰＤＣＡ（Plan, Do, Check, Action）を回し、客観的な第三者を入れてアウトプットの評価を次の政策改善につなげていく政策が求められていることなどを指摘する。

なお、補章では、読者の参考までにここ10年間の医療制度改革について簡単にレビューし、これらの制度改革の考え方と、筆者も参加した２０１３～16年当時の規制改革会議の医療制度改革および２０１６年からの未来投資会議の活動や考え方を比較しながら、紹介している。

前述のように規制改革会議での3年半の議論や現在の未来投資会議の議論は、本書における筆者の問題意識のベースとなっているが、本書はそうした政府の会議で議論された内容の解説書ではない。近年実現した具体的な改革について、規制改革実施計画で閣議決定されたことや公表資料などを、必要に応じて紹介、言及しているが、それを包含している制度全体や、議論の過程や筆者の感想も交え、現在動いている様々な制度改革を考察し、今後の方向や課題を展望している。

したがって、これらの会議で扱ったテーマのすべてを紹介してはいないほか、規制改革会議・健康医療ワーキング・グループ、未来投資会議・構造改革徹底推進会合それぞれを代表する意見を書いているわけでもない。他の委員の方々には多くのことを教えていただいたが、異なる意見もあり、筆者個人が会議に所属していた期間に、具体的な規制改革に取り組みながら執筆した論稿（初出原稿も含めて巻末に参考文献として掲載）や講演の内容等を修正、整理し直して、大幅に加筆したものが母体となっている。

医療制度はきわめて広い範囲にわたるが、筆者は医学、薬学等の専門家でもない一エコノミスト、一利用者であり、近年この分野の勉強を始めたため、長くこの問題に取り組んでいる医療関係者や研究者の方々から、考慮すべき重要な論点やもっと深めるべき分析があるといったお叱りを受けるかもしれない。しかし、こうした会議を通じて多くの医療現場や企業、利用者の方々の、様々な切実かつ貴重な御意見をうかがう機会もいただいた。筆者としては、最近の医療分野で立て続けに実施されている制度改革の動きの概観や議論の過程で感じられた医療行政の課題を、筆者なりに本書で整理して紹介することにより、医療問題に関心のある多くの方々に健康医療分野の制度改革の課題はどのようなところにありそうなのか、知っていただき、健康長寿社会を実現し、私たちの世代だけでなく子供たちに誇って残せるような医療制度を作り上げていくために今後何をすればよいのか、考えるヒントを少しでも提供できれば幸いである。

２０１７年７月

翁　百合

# 目次

装丁・坂田 政則

# 第1章　本書の検討の視点

## 1　急速な環境変化と医療制度への示唆

本書では、主にエコノミスト、および医療の需要者としての視点から、医療制度について考えていきたい。２０００年代に入ってきてから、政府も高齢化に対応し、社会保障国民会議、社会保障制度改革国民会議を開催し、改革を進めてきている（本書の最後の補章参照）。一方で、様々な医療関連の個別の制度をみていくと、環境が大きく変化するなかで、制度改革が追いつかず、生活者、医療サービス等の一般の利用者、またはその家族としての視点が、医療制度をかたちづくるうえで、あまり反映されていないのではないか、との疑問を持つことが多い。

そこでまず、利用者の視点からみた医療制度を取り巻く環境の変化についての認識と、高齢化が進み技術革新が進む中で医療制度はどう変わっていく必要があるのか、そしてそのような制度を実現するためにどのような視点で改革するべきか、について簡単に問題意識を整理しておく。

## (1) 人口動態の変化と健康長寿への願い

### 深刻な2025年問題

2025年、今後10年以内に、日本はいわゆる「団塊の世代」が75歳以上に到達し、後期高齢者が2179万人、人口全体の約18%（5人に1人）という「超高齢社会」になる。このときの65歳以上の高齢者は30%である。長寿化自体は、医療の進歩によるものでもあり、好ましいことである。ただ、同時に、少子化が続いているのが人口動態としての問題である。この結果、社会の支え手となる15歳〜65歳の生産年齢人口は今後も減少の一途である（図1－1）。こうした中で、支える人に対して、支えられる高齢者の割合が従来の「神輿型」から、支える人が相対的に少なくなる「肩車型」社会が到来する。このため、医療サービスの点でも、今後は高齢者が増えて、従来の医療提供体制では十分でなくなる可能性があるだけでなく、社会保障費の点でも、若い人たちが高齢者を支えきれるのか、といった問題が懸念されてきている。

こうしたわが国の高齢化の動きは、グローバルにみても非常に早い。イタリア、ドイツ、スペインなど欧州先進国はみな今後高齢化していき、経済成長と社会保障をどう両立していくかが大きな課題となっている。実は2011年に実質的にデフォルトを起こしたギリシャも長期的に高齢化が予想されており、このことが財政問題の悪化のひとつの要因といわれている。しかし、図1－2をみてもわかるように、そのスピードは圧倒的に日本が早い状況であり、まさに日本は「課題先進国」といえる。

**図１－１　年齢別人口構成推移**

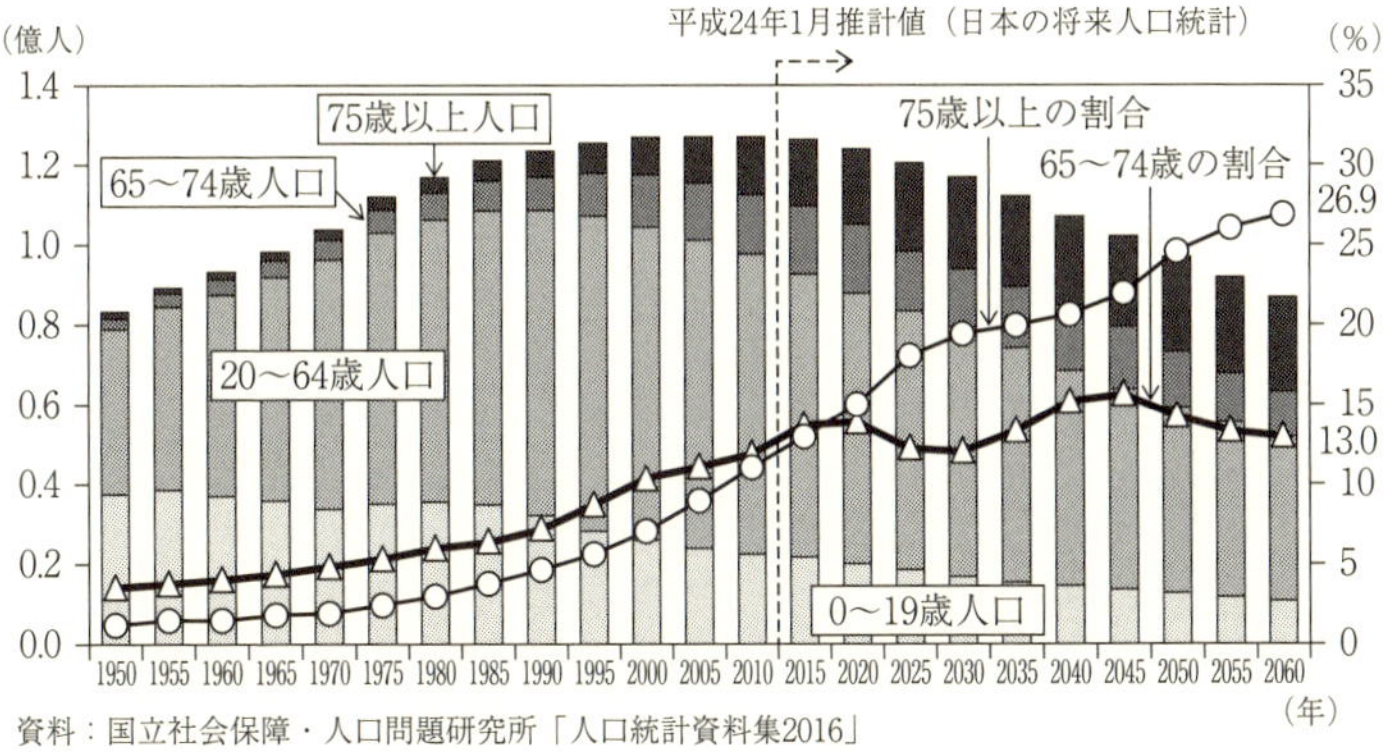


資料：国立社会保障・人口問題研究所「人口統計資料集2016」

## 健康寿命延伸が課題

現在、日本人の健康寿命は男性71・19歳（平均寿命は80・98歳）、女性74・21歳（平均寿命は87・14歳）といわれている。前述の通り、長寿化、すなわち平均寿命が長くなることそれ自体医療の進歩でもたらされたものであり、好ましいことである。しかし、平均寿命と健康寿命との差が大きいことが問題となっている。すなわち、健康でない状態で過ごさなくてはならない老齢期が、男性で９年、女性で13年もあるということである（２０１３年段階、平均寿命は２０１６年）。

その差の時期とは何を意味するか。高齢者一人ひとりのクオリティ・オブ・ライフが低下し、不自由な暮らしが長く続くという問題だけではない。高齢者を支える家族の働き方に影響するし、医療費だけでなく、特に介護に大きなコストがかかるようになることから、家計の負担も大きくなってしまう。

たとえば、高齢化に伴い認知症となると、家族の負担も一段と大きくなる。もちろん、誰でも病気や怪我などによって、こうした生活を余儀なくされることは十分考えられ、そ

**図１－２　先進国と比較した場合の日本の高齢化のスピード**
**（高齢者人口／生産年齢人口）**

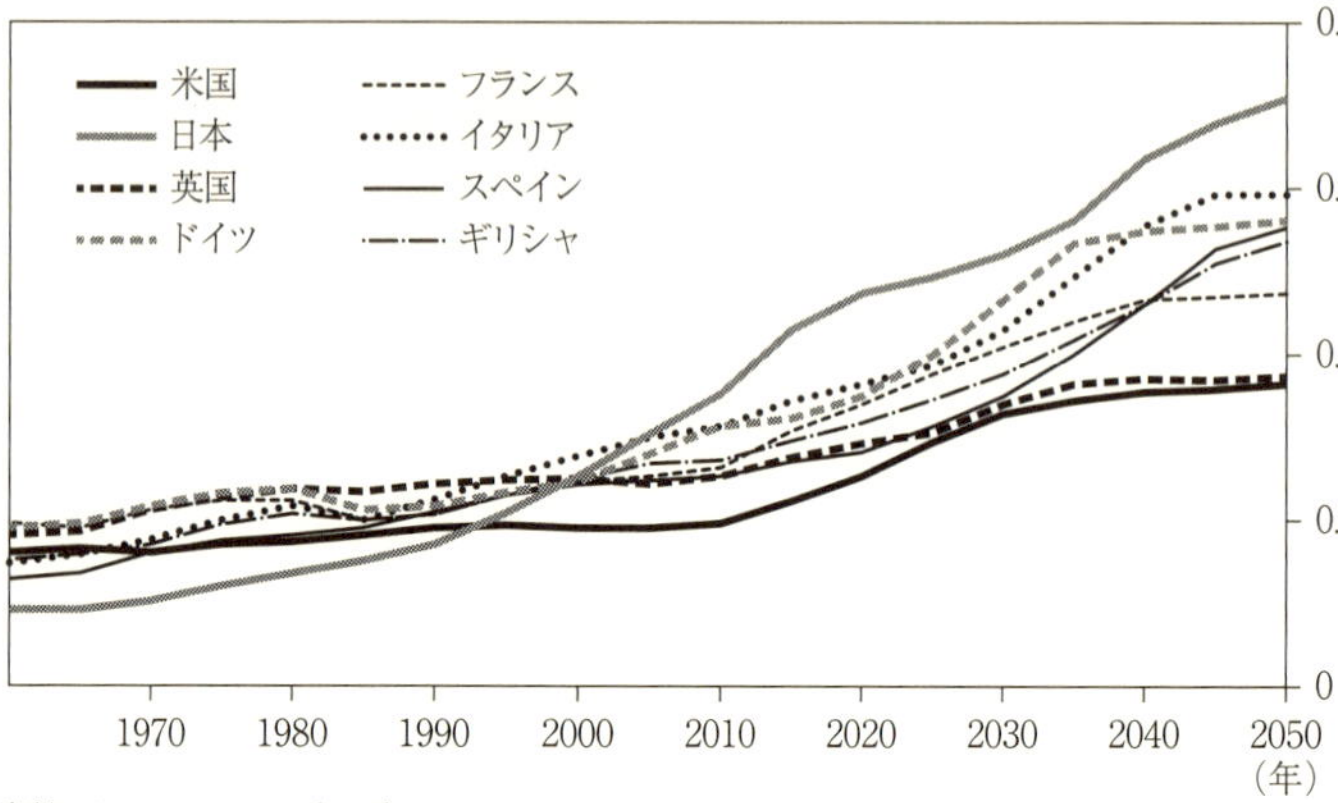


資料：Cecchetti *et al.* (2010)

うした高齢者が少しでもその状態を改善したり、健康を取り戻せる社会を築くことが重要である。ただ、高齢期にこういう事態になるかもしれないという不安は、国民一人ひとりにあるし、その家族も不安を持っている。

こうした状況にできるだけならないように、健康に気をつけて自立して生きていきたい、病気や怪我を克服して何とか少しでも健康に長生きしていきたいという願いは、国民にほぼ共通で、高齢社会になるにつれて強まっていることは間違いない。いかに豊かに人々が暮らすことができるか。それは、一人ひとりが健康長寿を実現することにかかっているといっても過言ではないだろう。

健康長寿でアクティブなシニア層が多い社会となれば、働きたい人々は、積極的に労働市場でその能力を発揮できるようになる。高齢者が働くことを望めば、働くことができる社会を築いていくことは、今後きわめて重要な政策課題であるが、現在、わが国は人手不足時代となっており、その力を発揮する場所を探すことは、以前よりは容易になるであろう。また、アクティブなシニア層は、消費の面で期待ができる。20代から50代の人々に比べれば、格段に時間に余裕がある人々も多いことから、旅行や趣味などにその貯蓄を振り向けることができる人も少なくないはずである。

## 少子化を防ぐと同時に超高齢化への備えが必要

今後の日本の人口動態によって生ずる問題を考えるとき、二つのアプローチが必要である。第一は、人口減少と逆ピラミッド化する人口動態を変えていく努力をすること。長い道程ではあるが、少子化をいかに防いで、働き手となってこれからの社会を支えていく子どもたちが相対的に増える社会を築いていくかが問われている。現在のように高齢者に社会保障の給付が集中している状況を変える必要があることは言うまでもない。保育所の整備や教育の充実などに加え、子どもたちが将来に希望の持てる、また未来の子どもたちが生きる社会を良くする努力が重要である。

第二は、その社会を一人ひとりが自立して豊かに生活できるようにすること。当面は人口動態の流れは大きく変えることはできず、来るべき超高齢社会は避けられないので、高齢者の健康寿命を延ばし、アクティブなシニア層が活躍する社会を築いていく方法を考えるべきである。もちろん、そうした健康寿命と平均寿命の間の期間の高齢者のクオリティ・オブ・ライフをいかに高めていくか、という視点も重要である。第一の課題には息永く着実な努力を重ねつつ、第二の課題に向かって国としてスピーディーに対応する必要がある。国民の健康長寿、生涯現役への願いは、従来より強まってきていると考えられる。

## (2)　将来の医療に対する不安とこれをサポートするＩＴ技術の発展

### 医療介護需要の変動にどう応えるのか

超高齢社会が到来するということは、それだけ医療介護需要が増加することを意味している。たとえば、高血圧、糖尿病などの生活習慣病やがんは、すでに医科診療医療費の３割を占めており、医療需要は高齢化に伴い、徐々に高くなっていく。特に団塊の世代が75歳を過ぎる２０２５年頃からは、医療だけでなく、介護に対する需要は、これを支える生産年齢人口の大きさと比較すると、非常に大きなものになる。それに応える医療、介護制度になっているのか。これから高齢になる人たちにとっての不安は大きい。

すでに２０００年代から生産年齢人口が減少する中で、現在、外食、小売、建設など多くの分野で人手不足が顕在化しているが、介護分野では慢性的に人手が不足している。医療分野においても、各地でミスマッチが起こっており、医師不足は、離島や都市からの遠隔地だけの問題ではなくなっているといえるだろう。

たとえば、国際医療福祉大学の高橋泰教授の平成24年の分析(1)では、都市周辺部であっても、関東地方の東京周辺地域（具体的には東京都市部、埼玉、千葉、神奈川）において、今後医療需要に対して医療提供体制の整備が追いつかなくなると指摘された。また、日本では患者が自由に医療機関を選べることから大病院に患者が殺到し、３時間待ちの３分診療といった状況が顕在化、これによって勤務医の労働環境は悪化している。看護師についても、高齢化や仕事を中断している潜在看護師の増加から、すでに慢性的な不足状況にある医療機関が少なくない。

しかし、今後医療需要が大きく増加したのち、人口減少に伴って医療需要はピークアウトし、減少していくことが予想されている。そしてそのミスマッチの動態的な変化は地域ごとに大きく異なる。今後の医療制度は、そうした人口動態の変化を地域ごとにきめ細かく分析したうえでこれを踏まえ、その地域の人々のニーズに応えていく必要がある。

**病気予防、技術革新の実装、チーム医療などの概念が重要に**

当面の高齢化を考えれば、どう国民の一人ひとりの健康を管理して病気を予防していくかということに重点を置く必要があるが、それと同時に、医療需要増大の状況を踏まえれば、いかに患者視点に立った医療提供体制や介護の体制を効果的に整備していくかという課題に取組み、また地域によっては繁忙度を増すであろう医療、介護従事者の勤務実態も踏まえた改革の必要もある。

高齢者の増加により、医療と介護の分野が近づくにつれ、医師と看護師や薬剤師、理学療法士その他の専門家等がどのように連携してチームとして仕事をしていくかを検討していくことも重要である。また、健診データや診療履歴などの多様なデータの分析を行って、個々人の診療や介護に活かしていったり、必要で効果的な分野において、遠隔モニタリング診療、最近の発展する技術革新をふまえＡＩ（人工知能）の活用を推進するといった取り組みも一段と重要となっている。

患者と医療機関が遠隔であっても、そのデータを常にモニタリングしてもらえている体制をとれることは、患者の安心にもつながる。近年はビッグデータ分析の手法も飛躍的に上がり、そうしたデータ解析をＡＩで判断して、活用することは様々な分野で少しずつ実践的に用いられるようになってきている。

こうした技術革新の進展により、現在行われつつあるレセプト（診療報酬請求明細書）だけでなく、今後カルテなどの各種データを、個人情報をしっかりと保護しつつ、デジタル化、ネットワーク化して活用したり、ビッグデータ化してこれを分析していくことによって、医療の質の向上や医療費増加抑制などにつなげることが技術的には飛躍的に容易になり、人々の不安に応えるひとつの明るい材料となりつつある。

このように、近年の人口動態の変化は、将来の医療や介護制度に対する国民の不安の一層の増大や健康長寿でありたいという健康に対する意識の切実さの高まりにつながってきていると思われ、こうした状況に最近急速に進みつつある技術革新を生かした制度改革等でどう対応していくかを考えることが、ますます重要な課題になってきている。

## 2　本書の検討の視点：三つのポイント

### (1)　医療需要者、利用者の視点にも、より配慮した医療制度へ

より医療需要者側、患者一人ひとりの視点に立った医療制度の改革という点から検討しようとすれ

ば、国民は何を医療に望んでいるかが何より重要になる。国民全体が高齢化していることを考えれば、まず健康でありたい、病気を克服したい、そうした医療を安心して受けたいということであろう。高齢化によって、身体の不自由な方も増える。そうした患者の視点からは、次のような医療制度が必要とされると考えられるが、医療の現場の実態は、まだその理想とは離れており、一層の見直しが必要であるように感じられる。

## 国民の健康への願望をかなえる医療制度へ

第一に、国民の病気を克服したいという切実な願いに応えられる医療制度としていくこと、そして高齢社会においては年齢を重ねても自立して健康でありたい、病気を克服していきたい、という願いが一層高まることを踏まえ、セルフメディケーション（セルフメディケーションの定義は第２章第４節で詳しく説明する）に対する意識を向上させ、病気を予防ないし早期発見して健康を維持したいといった願望に応えるよう制度を見直していくことが重要である。

しかし、たとえば、従来のいわゆる「混合診療禁止」の考え方は、患者視点に立つと必ずしも説得的なものとなっていないことが、たとえば２０１１年の最高裁判決の意見などでは指摘されていた。先進医療を受けることができる、保険外併用療養費制度（保険診療とともに保険外の先進医療などを一緒に受けられる制度、第2章で詳述）は、従来きわめて限られた病院、病気などにしか適用されておらず、３カ月から6カ月ほどの待ち時間があった。なんとしてもこの病気を克服したい、という患者の切実な思いに応えられる制度には必ずしもなっていなかったといえる。

また、健康診断を定期的に行うことを目標として掲げる一方、健康保険組合などの保険者はその間に求められている特定保健指導などを必ずしも実施していない企業が8割を超えている（2017年現在）。さらに年に1回の健康診断の間の時期においても、健康を意識する毎日の中で日常的に私たちは健康状態が気になることはある。たとえば、すぐにかかりつけの医師に相談できる体制ができていたり、簡易に自宅でも検査ができれば、みずからチェックし、心配な場合にすぐに医師を受診するといった対応につながり、病気の早期発見などにも役立つであろう。しかし、従来は身近に相談できるかかりつけの医師を持っている人はそれほど多くなかったし、薬局では販売されている検査薬も尿糖、尿蛋白、妊娠検査の三種類と少なかった。国民のこうした健康維持に対する意識を活かしつつ、保険者の取り組みも強化し、国民みずから安全に健康管理を行いやすい環境を用意していくことは、きわめて重要な課題であろう。

## 医療へのアクセスにハンディのある利用者への配慮

第二に、急速に増加する高齢者やハンディキャップのある方の安全性、利便性に配慮した、医療提供体制が必要である。身近に相談できる医師や看護師などの医療関係者がいて安心できる医療提供体制が構築されていること、足の不自由な方が医師の診療や医薬品に安全で利便性の高い手段でアクセスできること、などである。平成27年版の障害者白書をみると、身体障害者（児）の方は総数で393・7万人であり、そのほとんどである386・4万人が在宅であり、施設入所者数は少ない。この数字には高齢者も含むため、今後高齢化によって、この数字は上昇することが予想される。また独居の高齢者も増加するだろう。

しかし、たとえば現在の医療提供体制は、医療機関同士や薬局が提携し、在宅の患者も含めた健康を24時間サポートする役割を十分に果たしている地域はまだ少なく、今後の超高齢社会を考えると、現状では、患者視点からみて必ずしも理想の姿ではないと思われる。

現在、1年間に１２０万人以上が死亡する時代に入っているが、現状では医師の死後診断を受けるために、都市部においても、臨終の間際になって特別養護老人ホームなどから病院に患者を運ぶといったことが実際に行われており、家族に囲まれた穏やかな「看取り」が実現できるような体制になっていない状況もある。

地域によっては、医療需要の増加で、高度成長期に作られた医療提供体制ではもはや十分に対応できないような状況に陥っているところもある。一方で、前述の通り、当時想定していなかったような技術革新も進み、人々のライフスタイルも、あらゆることを、スマートフォンを活用しながら生活する方向に変化している。こうした技術革新を医療の分野にもうまく取り入れれば、かかりつけ医との関係を強化して病気の重篤化を防止することが可能になっている。また、国民の視点での改革という点では、高齢者の増加で、今後ますます繁忙化する可能性が高い病院勤務医や看護師等の「働き方」を改善する視点も包含する制度改革が必要である。

### (2)　医療の発展、健康関連産業の発展を目指して

次に述べる二つの視点も本書の中では重要な課題であり、最近の動きを紹介しつつ、利用者視点で

もこれらの点を検討する。一つは医療の発展、健康関連産業の発展性、もう一つは、医療の持続可能性の確保である。これらも、最終的には利用者としてのメリットにつながる重要な課題である。

よりよい先進医療が進み、よりよい医薬品、医療機器にアクセスができること、健康を維持できることを国民は何より望んでいるし、支払っている健康保険料が今後高くなりすぎずに、医療制度が持続していくことも当然利用者の視点からのニーズである。

### 期待大きい先端医療の発展

医療分野は多くの医師、研究者や企業による日々のたゆまぬ努力の結果、様々な新しい治療や医薬品、医療機器が生み出されるようになっている。典型的にイメージしやすいのは、再生医療分野であろう。山中伸弥京都大学教授による研究が契機となり、現在、多数の研究機関において多くの企業と連携しながら、多分野でｉＰＳ細胞（人工多能性幹細胞）などを活用した再生医療の実用化への取り組みが行われ、患者の期待を集めている。

医療は営利を主眼として行うものではない。ただし、医療機関は、適切な経営管理をすることにより、地域の人々の生活を持続的に支えていくことが求められている(2)。また、再生医療がまさに、医工連携（医療と企業の工場との連携）で多様な取り組みが実現していくようになっているほか、医薬品や医療機器も企業等によって、日々研究と創意工夫が重ねられ、新薬や新しい医療機器などが次々と開発されている。

このように、医療の周辺、または医療関連の産業の発展は、国民の幸福にとっても、また経済の成長にとってもきわめて重要といえる。特に、日本では自動車などにみられるように、ものづくりは得意分野であるにもかかわらず、医薬品や医療機器は輸入超過を余儀なくされている。この背景には、ドラッグラグ、デバイスラグといった、諸外国と比較した場合に、開発してから市販するまでにかかる長い期間の問題、薬価がコストの積み上げや類似薬を参考に決められている仕組みなどの課題も存在していると指摘されてきた。

## 企業が注目する健康関連分野

また、セルフメディケーション意識の高まりによって、企業にとっても健康関連分野はきわめて将来性のある分野として注目されている。多くの企業がヘルスケア分野への取り組みを始めている。たとえば、食品産業でも、健康増進に効果のある食品などの開発に注力してきている。

ＩＴ関連産業は、身体に装着できるウエアラブルな健康関連医療機器とスマートフォンを連動させて、健康増進を図る人々のニーズに応えようと技術革新を進め、次々と新製品、新サービスを開発してきている。ヘルスケア分野に関しては、ＩＴ関連産業のほかにも多くの企業が関心を示しているが、今後の高齢社会において人々の健康意識の高まりを背景に、こうした裾野の広くなりつつある産業を、医療従事者と連携し、国民に対する安全性を担保しながら、発展を促す環境整備が必要となってきている。

### 表１－１　医療保険制度の収入と支出（2014年度）

（兆円）

| 制度 | 収入 | 保険料 | 公費 | 国 | 地方 | 前期高齢者交付金 | 退職者拠出金 | その他 | 支出 | 給付 | 支援金等 | 後期高齢者支援金 | 前期高齢者納付金 | 退職者拠出金（注3） |
|---|---|---|---|---|---|---|---|---|---|---|---|---|---|---|
| 組合健保 | 7.6 | 7.5 | 0.0 | 0.0 | － | － | － | 0.1 | 7.5 | 3.8 | 3.3 | 1.6 | 1.4 | 0.3 |
| 協会けんぽ | 9.1 | 7.7 | 1.3 | 1.3 | － | － | － | 0.1 | 8.7 | 5.1 | 3.5 | 1.8 | 1.4 | 0.3 |
| 共済組合 | 2.5 | 2.4 | － | － | － | － | － | 0.1 | 2.4 | 1.2 | 1.1 | 0.5 | 0.5 | 0.1 |
| 国民健康保険 | 14.1 | 3.2 | 5.2 | 3.3 | 1.9 | 3.4 | 0.6 | 1.7 | 14.0 | 9.8 | 2.0 | 2.0 | 0.1 | 0.0 |
| 計 | 33.3 | 20.9 | 6.5 | 4.6 | 1.9 | 3.4 | 0.6 | 2.0 | 32.6 | 19.9 | 9.9 | 5.8（注1） | 3.4 | 0.7 |

| 制度 | 収入 | 保険料 | 公費 | 国 | 地方 | 後期高齢者交付金 | 支出 | 給付 |
|---|---|---|---|---|---|---|---|---|
| 後期高齢者医療制度 | 13.6 | 1.1 | 6.9 | 4.4 | 2.5 | 5.6 | 13.5 | 13.4 |

注：１）支援金等は、資金繰りなどの関係から、納付額と交付額が必ずしも一致しない。
２）数値は、小数点２桁を四捨五入。内訳と合計は必ずしも一致しない。
３）退職者拠出金とは、国保に加入する64歳以下の被用者OBを対象とした拠出金。64歳を超えると前職にかかわらず前期高齢者納付金、後期高齢者支援金の対象になる。
４）生活保護などは公費負担の医療給付分は含んでいない。
資料：厚生労働省「医療保険に関する基礎資料」より日本総合研究所作成（西沢（2015）に加筆）。

## (3)　医療の持続可能性を確保する

### 保険の性格が変化している医療保険制度

現在、わが国は国民皆保険制度を実現している。必要な医療については、私たちは日本全国どこで受診しても、医療機関に保険証を見せることによって、治療や処方された医療用医薬品が保険の対象となり、患者の自己負担が大きく軽減されている（通常は3割自己負担）。病気になったときのために、国民は企業の健康保険組合（大企業サラリーマンが主な対象）、協会けんぽ（中小企業サラリーマン）、共済組合（公務員、私学教職員）等の被用者保険や、現在市町村が保険者になっている国民健康保険（国保と呼ばれている、自営業者、非正規職員、農林事業者、74歳以下の年金受給者）、いずれかの医療保険に入り、その保険料を納めている。[3] これらの保険料を受け取り、医療機関に支払う健康保険組合などの主体を「保険者」という。

医療保険制度は、基本的にこうした制度の加入者の保険料によってファイナンスされているが、後期高齢者医療制度も合わせると、公費（国または地方の財政負担）のウエートが高くなっている。注目すべきは、75歳以上の後期高齢者医療制度については、各医療保険制度からの支援金と公費でほとんどが賄われていることである。医療保険の加入者（「被保険者」という）の視点からみると、自分の払っている保険料は国民健康保険や後期高齢者医療制度に対してかなりの部分が再分配されている。

また保険制度間の所得再分配だけでは足りないため、不足分は公費が投入されている。所得再分配が保険制度間で行われているという意味で、医療保険制度は、それぞれの保険制度がその保険制度の中の加入者の共助の仕組みからだんだん離れてきているといえる。また、リスクに応じて保険料を収め、リスクが顕在化したときに給付を受けるため、健康を維持することが当該保険制度の保険料の軽減につながる、といった保険的な性格も薄れてきている。このように、医療費が増大している結果、医療保険制度の性格も徐々に変わってきている。

実際、現在の国民医療費は、ここ数年２％程度の伸び率で上昇し続けている。現状の国民医療費は２０１４（平成26）年度で40兆円を超えている。これらは保険料や公費によって負担されているが、わが国のＧＤＰの２倍にも積み上がった国債など政府負債残高の大きさを考えれば、これ以上将来世代に借金して財政支出をすることは慎重にならざるを得ない。そうなれば、私たちの医療保険制度の

図1－3　国民医療費の推移

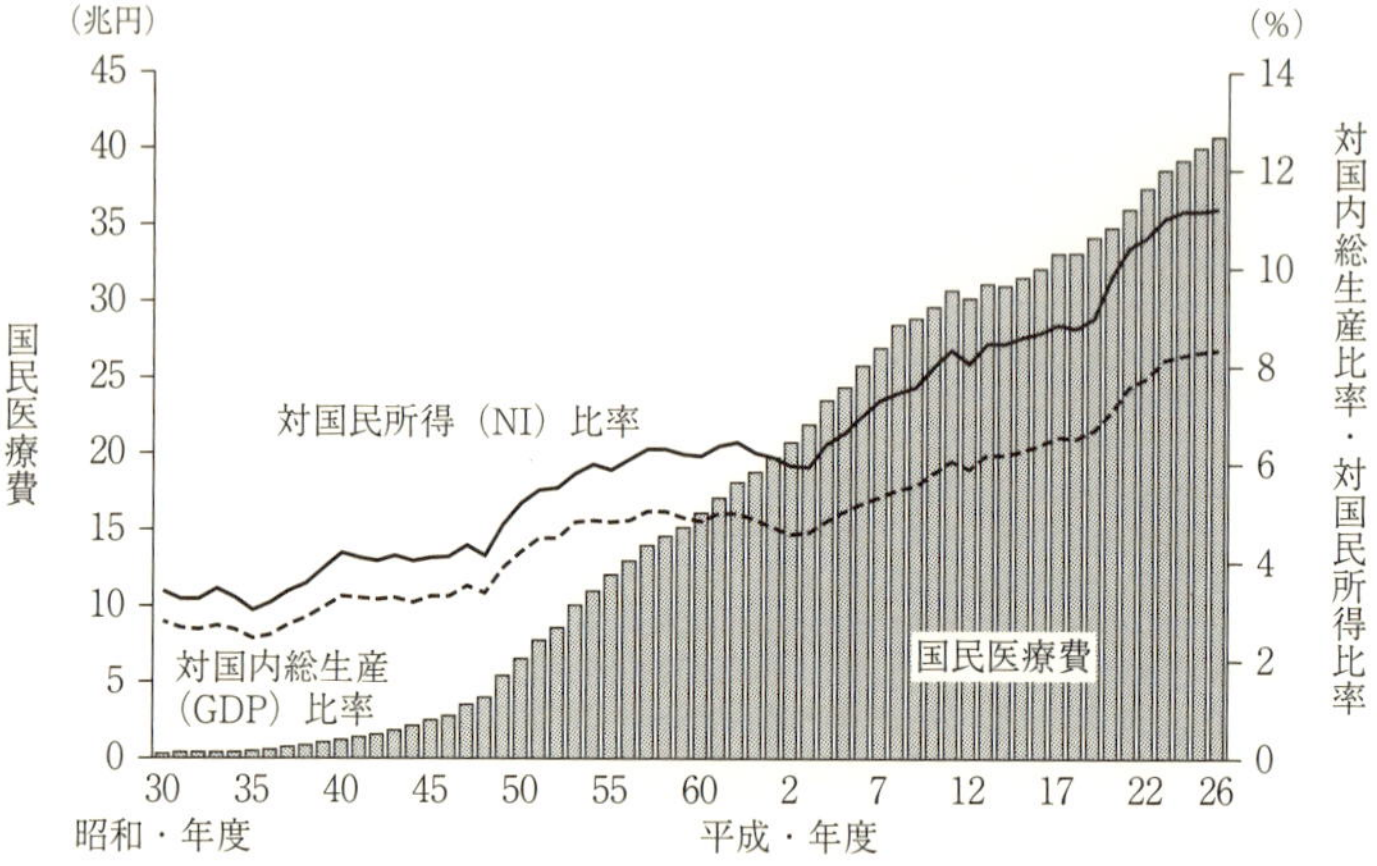


資料：厚生労働省資料

保険料のさらなる引き上げや増税で賄わざるを得ず、医療費増加を抑制しなければ、国民の可処分所得は縮小し、国民の消費拡大も簡単にはのぞめなくなることが懸念される。

## 高齢化によって不安視される医療保険財政

ちなみに、約40兆円のうち75歳以上の後期高齢者の医療費は、14・5兆円（33・6％）となっている。国民一人あたり医療費でみると、75歳未満の医療費は年間約31万円、75歳以上の医療費は同93万円である。後期高齢者はそれ以外の年齢層の3倍の金額がかかっており、前述の通り高血圧や糖尿病などのいわゆる生活習慣病の医療費に占めるシェアも高く（10・6兆円、医科診療医療費の約3分の1、2014［平成26］年度）、やはり高齢化の医療費への影響が避けられないことを示している。

しかも、近年では、医療の進歩によって、高額な医薬品が開発され、高度な医療技術、医療機器などが次々と保険の対象となってくることから、これも医療保険の財政に大きな影響を与えている。保険料の増大は、今後減少していく働き盛りの勤労世代の負担を一段と増加させる。ちなみに、ＯＥＣＤ諸国で比較した場合の医療支出対ＧＤＰ比は、34カ国のうち８位の高さとなっている（２０１３年）。

いま、私たち国民が安心して受けられる医療制度を将来にわたって維持していくことが可能かどうかが問われており、医療保険の支出増加の抑制のために何ができるかについて議論をしていく必要があると考えられる。

病気予防、そして介護予防に力を入れ、健康意識を高めたセルフメディケーションの意識を国民一人ひとりが持つことは重要である。ただし、予防医療が医療費削減に直結するわけではない。むしろ医療供給の過剰があればそれを抑制することがまず重要であろう。また、近年、きわめて高額な医薬品の薬価設定の問題、そしてその後の企業にとっては予測不能な½価格引き下げ（オプジーボ〔本章２節および第３章を参照〕）という重大な問題にも直面している。本腰を入れて、国民の不安を解消しつつ、皆保険を維持するためにはどういった対策を全体として整合的にとっていくべきかという国民的な議論が避けられない。

## ３　医療制度改革の日本経済における意義

本書の検討の視点は以上の通りであるが、第２章で具体的な検討に入る前に、医療制度をめぐる二つの視座について、概念的に検討しておきたい。第一は、医療制度改革の近年の「成長戦略」やマクロ経済政策における位置づけ、第二は、政府関与の手法について他の分野と比較してみた場合の医療分野の特徴についてである。

## (1) 医療制度改革の近年の経済政策における位置づけ

### 金融政策や財政出動の限界

2012年末に安倍政権が誕生し、最初に掲げられたのが、戦国時代の毛利家の「三本の矢」をもじった、いわゆる「アベノミクス三本の矢」である。第一の矢が大胆な金融政策、第二の矢が機動的な財政出動、第三の矢が成長戦略である。

第一の矢については、2013年4月、日本銀行が黒田東彦総裁のもと、2年間で物価上昇率2%を達成するというターゲットを設けて、年間50兆円(2014年10月からは80兆円)の国債購入を主軸とする異次元の金融緩和を開始した。スタート当初は、異次元の大胆な金融緩和であるということが材料とされ、それまでに進んでいた円安を定着させて株価が上昇するという企業のマインドの好転を生んだ。

しかしながら、すでに黒田体制がスタートして4年以上が経つが、依然として物価上昇率は0%近傍で低迷、さらに、2016年からは日本銀行に預けた当座預金の一部に対してマイナス金利を付すという、マイナス金利政策を実施しているが、物価の押し上げには結びついていない状況が続き、金融政策の限界が明らかになりつつある。むしろ、国債の購入が嵩《かさ》み、日本銀行のバランスシートに占める割合がきわめて高くなり、この結果、近い将来、国債購入が限界に近づくだけでなく、将来デフレを脱却した出口の階段で、日本銀行のバランスシートが毀損し、国庫金の支払いができないなど国民のコストとして将来顕在化しかねないなどの様々な副作用が出現する可能性がある。

経済の完全均衡を実現する自然利子率を上回っている実質金利（名目金利から予想物価上昇率を差し引いて算出される金利）を金利操作や期待への働きかけで引き下げようとすることには限界があり、むしろ自然利子率自体を上げていくための成長戦略の重要性が認識されつつある。実際、２０１６年秋に、日本銀行は総括的な検証を行い、金融政策の運営方針の事実上の転換を図り、イールドカーブ・コントロールというかたちで、長短金利の水準自体の維持を目標とする政策に転換している。

それでは第二の矢である機動的な財政出動はこれからも多く繰り出すことが可能であろうか。第二の矢の考え方は、財政出動は、デフレ脱却のために、特に持続的成長に資する分野に重点を置き、成長戦略を後押しするとされている。実際、近年も追加的に補正予算が組まれるなどの対応により、ＧＤＰを押し上げる効果を持った。しかし、財政出動は、やり方によっては、需要の先食いになりかねないリスクを伴う。研究開発分野など持続的成長に資する分野に重点を置いて財政出動をする方針は正しいが、前述のとおりわが国は、先進国の中でも突出するＧＤＰの2倍もの政府負債を抱えている。この点から、財政健全化と両立させながらの財政出動が求められる状況となっている。

このように、第一の矢、第二の矢は、一定の限界があり、本来主役である第三の成長戦略を実現するための時間的猶予を与える脇役にとどまる側面もある。真に必要な成長戦略とは何か。マーケットを海外に対して開放することや、規制改革等によって新たな市場を作り出して民間需要を創出したり、同じく規制・制度の改革や税制の支援等によって投資を促し、生産性を高めたりしていくことである。これらの効果が出るまでには時間がかかるが、思い切った改革を実現することにより、雇用の拡大や報酬の向上を図り、経済成長の好循環を作り出していくことが、必要なはずである。

## 生産性向上が日本経済の最大の課題のひとつ

生産性の向上は、日本経済の成長に決定的に重要な意味を持つと考えられる。GDP成長を労働人口要因と生産性要因に分解したのが図1-4である。この図で明らかなように、1990年代までは、就業者数はプラスに寄与してきた。しかし、2000年代以降これはマイナスに転じ、成長に対して下押し圧力として効いてきている。現在もすでに、多くの産業で人手不足が顕在化していることは前述の通りであるが、今後もさらに生産年齢人口は減少していくことが確実であることから、今後経済成長には一層マイナスに作用してくることが予想される。

一方、生産性についても、1980年代までの勢いはなくなってきている。この点については、高度成長期は、欧米に追随して成長を達成してきており、労働集約的な産業の機械化が進んだことが、生産性を押し上げてきたといえるだろう。しかし、1990年代以降は、労働集約的な製造業から徐々に産業全体のサービス化が進み、非製造業の比率が上昇していることなどから、生産性の伸び率は低下傾向にある。

しかし、日本が長期的な成長を遂げていこうとするならば、何よりこの生産性を向上させていくこ

**図１－４　日本の実質ＧＤＰ成長率の要因分解**

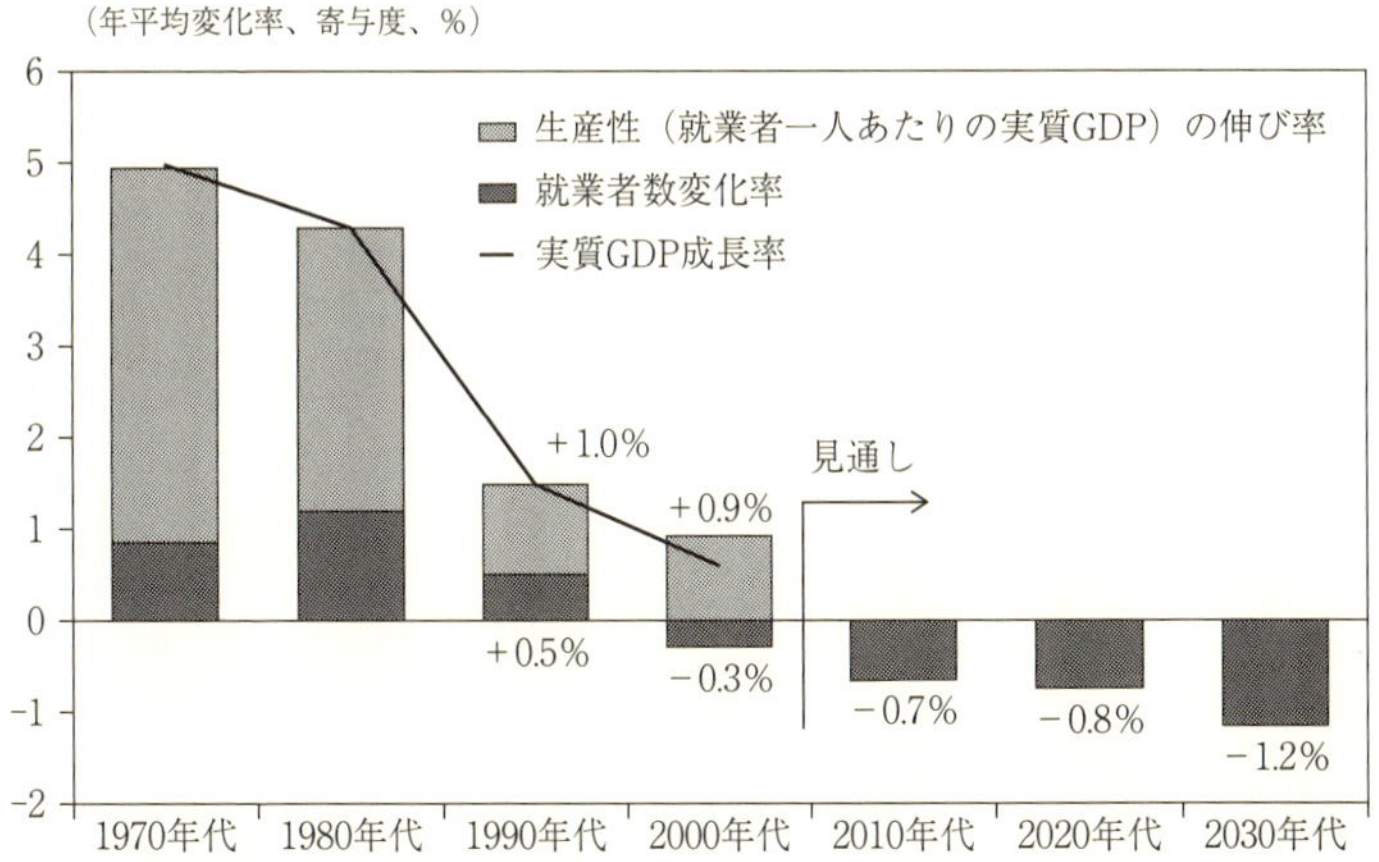


注：1）年度ベース。
　　2）2011年度以降の就業者数変化率は、将来人口の推計値（出生中位、死亡中位のケース）と労働力率の見通し（各年齢層・各性別の労働力率が2010年の値で横ばいで推移と仮定したもの）から試算した労働力人口の年平均変化率。

資料：日本銀行

とが鍵である。まず、国として人材教育のための政策を充実させていくことが必要であるが、民間企業にとっても、従業員の教育や若い頃から様々な実践的な経験を積ませることにより人材の質を高め、技術革新を活用していかに生産性を向上させていくかは、すべての企業に求められる課題といえるだろう。特に重要なのは、非製造業、サービス業の生産性の向上である。中小企業や国際競争にさらされることの少ない非製造業の生産性向上は、きわめて重要な課題となっている。

　すでに、団塊の世代が引退し、多くの業種で人手不足となっていることから、生産性向上は、少ない人手でいかに利益をあげていくか、どの企業にとっても現実の切実な課題となっているといえよう。特に技術革新を取り入れ全要素生産性（ＴＦＰ）を

**表1－2　アベノミクスで打ち出されてきた成長戦略のポイント**

| |
|---|
| 2014年 |
| ・日本の稼ぐ力を取り戻す→コーポレート・ガバナンスの強化、法人実効税率の20%台までの引き下げ、GPIF 改革<br>・担い手を生み出す→女性活躍推進、働き方改革<br>・新たな成長エンジンと地域の支え手となる産業育成→農協等の規制改革による農林水産業の活性化、保険外併用療養制度の拡大等による健康医療産業の活性化<br>・地域活性化の取り組み→観光、農業など |
| 2015年 |
| ・未来投資による生産性革命→イノベーション・ベンチャーの創出、IoT, ビッグデータ、AI による産業構造改革<br>・ローカルアベノミクス→中堅中小企業の稼ぐ力強化 |
| 2016年 |
| ・第４次産業革命の実現→データ利活用プロジェクト推進、人材育成<br>・新たな有望成長市場の創出（健康関連、環境関連）<br>・海外の成長市場の取り込み（TPP を契機にした中堅、中小企業の展開支援等） |

向上させていくことが求められている。

同時に、国内市場を開き、海外の需要を取り込み、モノ、人、カネのすべての面で海外の成長をうまく取り入れながら日本経済を成長させていくことが求められている。

## 成長戦略の評価

こうした要請がある中、２０１２年末に発足した安倍政権の成長戦略はどのようなものであっただろうか。本格的に政権が始動してまとめられた２０１４年以降の成長戦略（毎年6月に打ち出された日本再興戦略）のポイントをまとめたものが、表１－２である。

これをみる限り、２０１７年1月のトランプ米大統領出現によって残念ながら米国を含めたＴＰＰの実現は遠のいてしまったが、日ＥＵ経済連携協定大枠合意やインバウンドの増加、または法人税率の引き下げによって魅力ある日本市場とする努力など、

**図１－５　1980年代以降の日本の潜在成長率と全要素生産性（TFP）の推移**

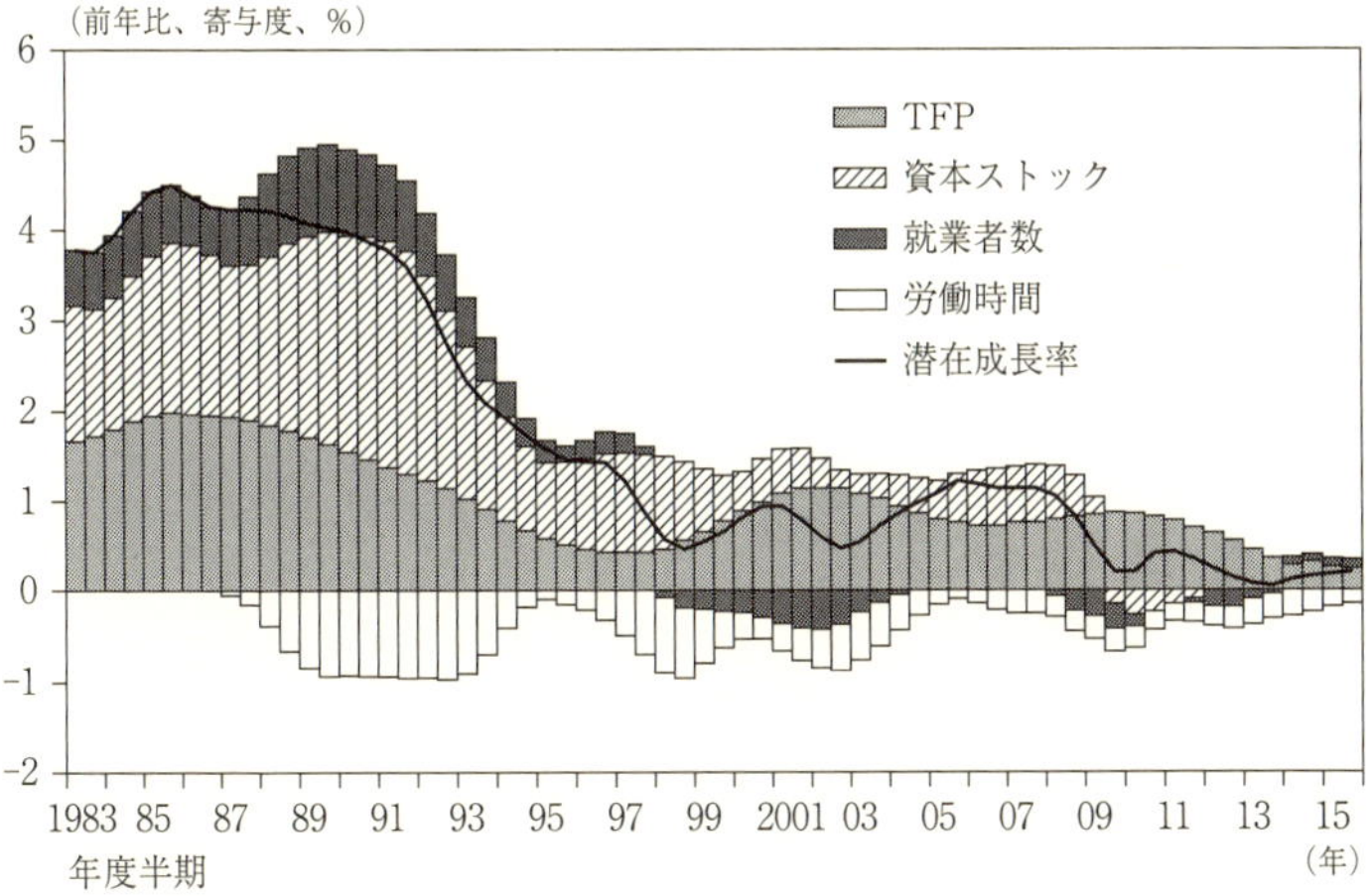


注：１）需給ギャップおよび潜在成長率は、日本銀行調査統計局の試算値。
　　２）短観加重平均DI（全産業全規模）は、生産・営業用設備判断DIと雇用人員判断DIを資本・労働分配率で加重平均して産出。なお、短観の2003/12月調査には、調査の枠組み見直しによる不連続が生じている。

資料：日本銀行

日本のマーケットを開く方向に舵を切っていること、および生産性の向上を鍵としてIT化を一層促進して成長を促そうとしていることは、方向としては正しいといえるだろう。しかし、時系列でみると潜在成長率は図１－５の通り低下してきた。２００８ＳＮＡへの改訂により、若干上昇したとみられるものの、これらの成長戦略の結果がみえてきている状況にはなっていない。

構造改革には、効果が出るまでに時間がかかるという側面もあるだろう。しかし、生産性を上げていくためには、規制改革のスピードを上げていくことや、たとえば中小企業についても、破綻に瀕してしまって再生可能でない企業を秩序立てて撤退させ、そこにいる人々の新たな就労を促すなどの政策も必要となる。その意味では、規制改革の中でも、労働市場の改革などは遅れており、欧州などで採用された積極的労働政策を取り入れ、失業なき雇用流動化がスムーズに進む環境の整備をしていく必要がある。

## 成長戦略の中の医療、ヘルスケア分野——新たなマーケットと生産性向上

日本における新たなマーケットとして今後の拡大の期待が持て、さらに、雇用の拡大、生産性の向上が期待できるのが、サービス業、中でも大きなマーケットである医療関連、ヘルスケア関連市場であると考えられる(4)。

ちなみに、経済産業省資料によれば、ヘルスケア関連市場（医療機器医薬品、再生医療、健康寿命延伸産業、介護関係）合計は２０２０年段階で26兆円であるのに対し、２０３０年には37兆円に拡大すると予想されている。また、総務省労働力調査によれば、２０１４（平成26）年現在、全産業の雇用者５５５３万人に対して医療福祉分野の雇用者は６９８万人と、１割以上のシェアを占めている。しかも、２００２（平成14）年からの10年間で２５０万人もの大幅な増加となっている。実際には、様々な企業のこの分野への関心と取り組みを考えれば、ヘルスケア関連の市場や雇用の規模は、もっと大きいはずであり、今後も日本の中では潜在的に最も大きな可能性のある分野といえるだろう。実際、先進的な医療機器、ＩＴを活用したヘルスケアサービス、再生医療に関する医工連携の動き、食品産業では健康志向食品や要介護の高齢者向け食品の開発と販売など、シニア層の拡大を背景に人々のニーズ拡大に応じた取り組みが各企業で始まっている。

ただし、そのような企業の取り組みにおいても、本書でみるように既存の法律との関係で新たな事

**表１－３　ヘルスケア関連市場の推計**

| | 2020年推計 | 2030年推計 |
|---|---|---|
| ヘルスケア関連市場合計 | 26兆円 | 37兆円 |
| １．医療機器、医薬品、再生医療 | 16兆円 | 23兆円 |
| ２．健康寿命延伸作業、介護（ロボット、福祉機器等） | 10兆円 | 14兆円 |

原資料：『日本再興戦略』等をもとに（公財）流通経済研究所作成。
資料：経済産業省「セルフメディケーション推進に向けたドラッグストアのあり方に関する研究会」報告書　ｐ９図表

業を進めることができなかったり、グレーゾーンとなっていて許容される事業であるかが明確でなく、進めにくかったりする場合がある。規制の見直しを待たず、経済産業省によるグレーゾーン解消法などを活用しつつ、企業は取り組みを進めているケースもある(5)。

また、ＩＴ活用は、日本の医療に対して、非常に大きな質の向上をもたらすはずである。個人診療情報等のデジタル化をさらに進め、ビッグデータ分析を可能にすれば、個々人にとって過去の病歴などを確認したうえで適切な新たな治療を受けることや先進医療を推進する力になる。

さらに、ネットワーク化によって、患者自身が承諾して患者の情報が医療機関や薬局で共有されることになれば、患者の負担や医療従事者の負担も大きく軽減する。加えて日常的なモニタリングが必要とされる分野などについてオンラインでの診療が発展すれば、医療の効果の向上や国民の安心につながる可能性が高い。

このように、成長戦略において、医療分野におけるＩＴ化は、患者の健康増進、利便性向上、医療従事者の負担軽減と生産性の向上、医療の質的向上に向けた潜在的な可能性としては大きな効果をあげる可能性がある。さらに医療よりも普及が遅れている介護分野へのＩＴ活用やセンサーなどのハイテク機器の活用は、人手不足問題への対応という面で多少なりとも改善につな

図1－6　医療制度改革と日本経済成長の道筋

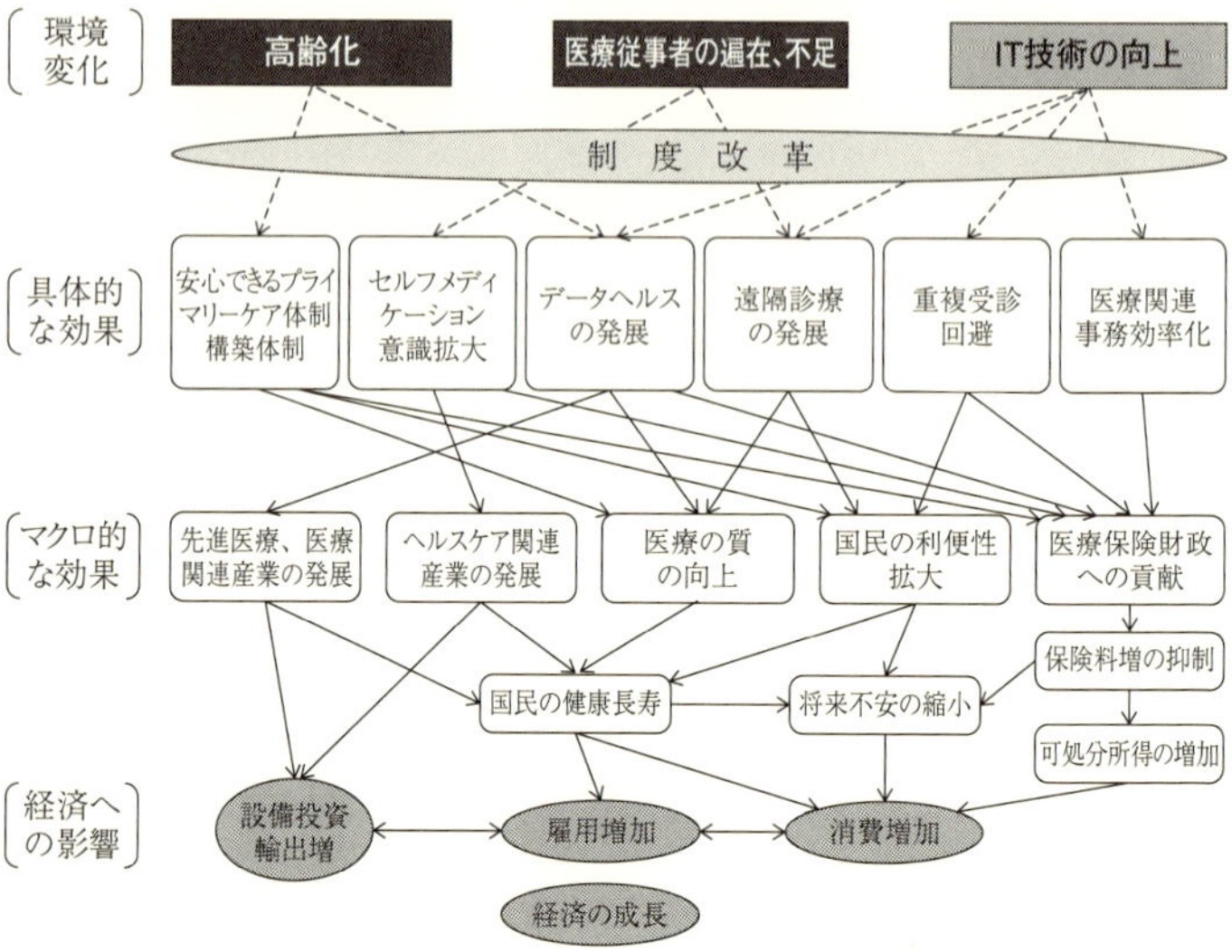


資料：筆者作成。

がる力を持つ可能性があるといえよう。

日本でＩＴの活用や情報共有などの推進が遅れている背景には、国民や医療関係者にそのメリットが実感されていないこと、地域の医療機関と病院同士の連携が難しく、コスト負担の在り方について議論が進まないこと、導入しているシステムのベンダーが異なり標準化が進んでいないこと、個人を特定するデジタルＩＤ番号が導入されていないこと、健康保険組合など保険者との連携の不足などもあり、規制だけが原因であるわけではなく、様々な制度の見直しや官民あげての取り組みが必要となる（この点は第5章で検討）。ただ、本書でみるように、いくつかの規制や、医療関係者からは明確に理解されていなかった局長通知、診療報酬などもＩＴ化推進を阻害する一つの要因となっていた。

## 医療制度改革と日本経済発展への道筋

以上のように、高齢化、医療従事者の偏在や不足、ＩＴ化などの技術革新といった環境変化を迎えている今、医療関連の分野においても様々な規制や制度を見直し、医療分野の人材の育成とともに、インセンティブを付けてＩＴを十分に活用し、高齢者にとって安心な医療制度としていくことが求められている。こうした制度の見直しによって、安心できるプライマリーケア体制、データヘルスの発展、遠隔診療の普及などが実現していけば、医療の質も国民の利便性も向上するであろう。また、制度をより改善することによって、企業が活動しやすくなれば、グローバルにみてもマーケットが拡大している医療関連・健康関連産業は大きく発展する可能性がある。

医療の持続性を確実にしていくためにも、環境変化に応じた法律や通知の見直し、制度の改革、運用の見直しなどは欠かせない。こうした制度改革の果実は、国民の医療に対する安心、安全を担保し、健康長寿に貢献する方向で結実させるべきであるし、経済成長にとってもプラスに寄与すると考えられる。

このように、医療分野における様々な規制の改革、制度の改革は、環境変化に即応して、将来の社会の望ましいイメージを描きつつ進めていくことが求められる。概念図（図１−６）のように、医療制度を時代に合ったものに変えていくことは、国民一人ひとりの幸せにとっても、わが国の経済にとってもきわめて重要な課題といえるだろう。

**表１－４　政府関与の三つの手法と医療制度**

| |
|---|
| １．経済的関与（実際に公的部門が主体となって政策目的を適える）⇒公立病院等 |
| ２．規制（民間主体に対して規制を課すことによって政策目的を適える）⇒病床規制等 |
| ３．財政的関与（経済主体の提供する財サービスの価格の決定に関わる、または補助金等により政策目的を実現する）⇒医療保険制度における診療報酬、薬価等 |

資料：行政改革委員会資料等より筆者作成。

## (2)　健康医療分野への政府の関与の手法──概念的整理と課題

次に、健康医療分野に対する政府の関与の手法について、概念を整理しておきたい。政府の関与の手法は、大きく分けて三つある。サービスの直接供給、民間主体に対する規制、財政的支援である。医療分野も同様の分類が可能である（表１－４）。

### 医療サービスの直接供給には課題も

第一は、サービスの直接供給、すなわち、政府、地方自治体が直接的に医療事業を担ったり、医療サービスを提供したりすることがある。たとえば、独立行政法人の形態はとっているが、国立病院機構に属する国立病院、市民病院のような公立病院のケースである。採算が合いにくいような事業であっても、地域医療や大災害に対するセーフティ・ネット医療、臨床研究の推進など、国、または地方自治体として政策的に重要な医療を担っているため直接供給が必要であるということで、国立または公立の病院となっている。

その一方で、こうした公立病院は、予算制約がソフト（赤字となっても補填される可能性があり規律が弱くなること）になり、経営の非効率が発生したり、税制上の扱いが民間との間で不公平であったりするなど、同様の臨床研究や地域医療を行っている他の民間の医療機関との競争上の問題が発生している可能性もある。

なお、医療は利益を追求する企業が担うべきではないという考えから、わが国においては、医療機関は民間が多いものの、医療機関への民間企業の参入は特区の一部をのぞいて一切認められておらず、民間医療法人等の様々な経営体[6]が経営を担っているほか、介護分野に関してみれば、社会福祉法人と民間企業が経営を担っている[7]。一方で、こうした医療法人や社会福祉法人などには、経営体のガバナンスにかかる多くの課題[8]、また介護分野においては完全に民間企業と業務分野が重なっているにもかかわらず、税制上の恩典が社会福祉法人にはあるという、競争上の問題などが現実には存在している。

**政府による規制**

第二が、民間事業者に対する規制である。医師、薬剤師等、または医療機関や薬局、企業等に対する種々の行為規制、健全性規制などがあり、その多くは患者の安全性を考えた、いわゆる社会的規制（後述）と位置づけられる。ただしそれが結果的に競争制限的な、いわゆる経済的規制の側面を持つものもある。

また、法律だけでなく、本書でみる遠隔診療の扱いのように、たとえば局長通知といった、法律ではない行政による判断が何重にも上書きされ、意図が規制を受ける側にとって不明確になっているケースもある。

### 「公定価格」の存在

第三は、診療報酬、調剤報酬や薬価などの公定価格である。医療の分野では、保険対象となる診療や医薬品などは、すべての価格が公定されており、この診療報酬等次第で、医療機関や薬局、医薬品、医療機器メーカー等の行動を変えることができ、経営に多大な影響を与える。そして、こうした診療報酬や薬価等によって医療保険制度と国家財政の持続可能性も左右される。そして、保険に適用される（これを保険に収載されるという）かどうかで、医療サービスや医薬品などの普及度が決定的に異なる。

したがって、行為規制、健全性規制等の規制に加えて、医療保険制度、診療報酬体系等によって、医療機関や民間事業者の行動は大きく支配され、医療制度はかたちづくられている。ここでは、特に民間事業者に対する規制（表1－4の2）や、診療報酬体系（表1－4の3）が、様々な健康・医療関連の経済主体にどのような影響を及ぼし得るか、概念的に整理する。

### 医師と患者の情報の非対称性ゆえに必要とされる社会的規制

政府が直接実施する公的規制には、経済的規制と社会的規制がある。経済的規制は、規模の経済の存在によって独占企業が生まれてしまうなど、市場に任せておいては、資源配分の非効率が発生する場合に、産業の健全な発展や適切に商品、サービスの提供がなされ、消費者利益を保護することを目的として導入されるものである。たとえば、公益事業である電力企業に対する参入規制、料金規制や銀行等に対する認可、または健全性規制などが例示できる。これを緩和することにより、新規参入、競争が促進され、消費者にも価格の低下や提供される商品、サービスの質の向上といった、メリットが期待できる。１９８０年代以降、日本においては、経済的規制はかなりの程度緩和されてきており、最近でもたとえば電力自由化が実現してきているほか、銀行業についても業務範囲規制が緩和され、フィンテック（ＩＴ技術を使った金融サービス）への対応のためにＩＴベンチャー企業への出資などが認められる方向になっている。

一方、後者の社会的規制は、消費者や労働者の安全、健康の確保、環境保全、災害防止等を目的とし、商品、サービスの質やその提供に伴う活動に一定の基準を設定したりするものであり、国民の生命や財産を守ろうとするものといえる。

健康医療分野は、国民の安全を担保して利用者保護を図るため、また不可欠な医療機能を地域に維持するために規制が設けられており、社会的規制と観念されるものがほとんどである。医療の担い手に対する行為規制、構造規制、業務範囲規制、健全性規制など多くの規制が存在している。患者の安全性は市場メカニズムに任せていては確保できないという根拠は、多くの場合、患者と医師など医療供給者の情報の非対称性にあるといえる。たしかに医療の分野では、この情報の非対称性の問題は大きいと考えられる。たとえば、いわゆる混合診療が全面的に解禁されない理由として指摘される、医師が知識の乏しい患者に対して保険診療と同時に「これをあわせて飲むと効果があります」と言って不要な保険外診療を押しつける、といった事態は比較的容易にありそうに思われる。そうした医療機関に厳しいペナルティを与えられるといった規制遵守のための態勢（エンフォースメント）が事実上できていない現状を考えると、いわゆる混合診療を全面解禁できないことに、それなりの合理性を見出すことができるようにも思える。

## 社会的規制でも経済的規制として作用してしまう可能性

しかし、こうした安全を担保するための規制が、その分野への新規参入を妨げたりすることが往々にしてある。たとえば、一般に販売される医薬品については、従来厚生労働省は薬局に対して対面販売を義務づけ、ITを活用して販売することを全面的に禁止していたが、これに対して事業に参入できない事業者（ケンコーコム㈱）が訴訟を起こし、国が敗訴することになった。これは社会的規制が経済的規制となった典型例であろう。

また、加工食品や生鮮食品の健康増進作用があることについて、パッケージに表示したいという企業があっても、薬事法との関連で、医薬品と間違う可能性があることから、実際にそれをすることができない状況となっていたが、これも、そうした機能性を消費者に対してわかりやすく表示したいという企業や農家にとっては、経済的規制と同様の効果を持っていたといってよいだろう。そのような意味で、健康医療分野の規制は本来患者の安全性を担保し、国民が安心して医療を受けられることを目的として設けられるケースが多いが、実際のところ、経済的規制として機能してしまっているものがある。後述のように、医療機関の情報開示や医療機関評価(9)は依然として限られており、質的な内容についての情報が乏しいことから、この結果として利用者にとって、より良い医療サービスを選択しにくい状況を生んでいる側面もある。

## 規制のエンフォースメントも課題

厚生労働省の行政で課題となっているのは、医療に限らず、規制のエンフォースメントであると考えられる。厚生労働省の規制の実効性確保は、地方の厚生局や地方自治体に任せているものも多いが、厚生行政においては、監督が必要な主体は医療機関、社会福祉法人、医薬品製造業、薬局を経営する企業、介護、保育の事業者等非常に多い。こうしたこともあって、現存している規制が、実態として必ずしも適切にエンフォースされているとは限らない状況となっており、公平性が担保されていると思われない印象を受ける。

たとえば病床規制は、ある地域において必要な病床を管理する規制であるが、病床が多すぎる場合などは、それを民間医療機関に政府や自治体が勧告することはあっても、それを強制することはできないし、一方で適切な競争も必ずしも働かないなど、資源配分の歪みを生みやすい状況となっている。また、医療関係の規制は、法律というよりも、規則や局長通知などによって、医療機関等を監督する立場の都道府県知事に要請していることが多い。このため、その解釈が徹底していなかったり、地方自治体によってその運用の差異も大きかったりする。

混合診療が何を禁止しているのかについては、規制を受ける医師サイドと規制をしている厚生労働省では認識が異なっている（後述、第2章参照）ほか、遠隔診療がどこまで許されているのかが、現場では明確に理解されていなかったり、医薬品の広告、薬局の構造規制などについて地方自治体によって指導内容が異なり、民間事業者側から不満が出たりする背景となっている。

## 公定価格としての診療報酬、保険収載という仕組み

医療分野がほかの分野と異なるのは、中央社会保険医療協議会（以下、「中医協」と略記）という審議会ですべての保険対象の医療の価格が決定されていることである。

厚生労働省が政府として進めたい医療行政の方向に沿って、診療報酬は決定され、医療機関や薬局などの行動変容を促している。中医協は、診療報酬に大きく影響を受ける医師、歯科医師および薬剤師を代表する委員（日本医師会や日本薬剤師会等のメンバー）が7名入っており、一方で支払をする保険者等から7名、そして中立的な公益委員6名のメンバーで構成されている。公益委員は国会同意人事となっており、民主主義的なプロセスを経て決定されている。これら20名の委員に加えて、日本看護協会などから専門委員も加わり、結果的に利害関係者の対立点をコーディネートすることにより、診療報酬が決まる仕組みとなっている。

しかし、誘導してきた政策の効果と報酬体系等の関係についてデータ分析による検証が必ずしも十分なされてこなかった面もある。さらに、医療供給者を報酬で誘導することによって医療政策を実現しようとしているため、医療供給者の視点が重視され、保険者が入っているにもかかわらず、医療の提供を受ける需要者、ユーザー側の立場や医療需要者のインセンティブへの配慮に欠けてしまう側面は否めない。たとえば、以前はお薬手帳を持っていき、記入してもらうと薬局の診療報酬が上がり、結果として患者が支払わなければならない金額も増えた。そうしたことを知らなかった人も多いと思われるし、薬歴を自分で管理しようという気持ちになる患者が少なかったのは自然なことだといえるだろう。

## 医療分野の資源配分に決定的な影響を持つ中医協

実際、中医協の会長を長年務めた森田朗・津田塾大学教授は、その著書『会議の政治学Ⅲ』で次のように中医協の議論の模様を詳しく紹介している。

「支払側は、健康保険組合、協会けんぽ、国民健康保険団体連合会、経団連、連合、船員組合、そして患者団体の代表が委員として選任されている。この支払側は、『健康保険、船員保険及び国民健康保険の保険者並びに被保険者、事業主及び船舶所有者を代表する』者であり、後ろにいる保険料を支払う国民、つまり被保険者の利益を守るのが役割である。しかし、私の印象では、失礼かもしれないが、支払側は、診療側と比べて発言の数も少なく、審議へのインパクトも相対的に弱いといえよう」（64～65ページ）としている。また、中立的な立場である公益委員は、「支払側・診療側の合意が成り立たず、公益裁定になったときに、その判断を示すが、それは例外的な仕事であり、日常的に何をすべきかについては明確でない。法律では、重要な役割を与えられているが、現実には、これまでの慣行では、公益裁定の要員であって、通常は発言せず、支払側・診療側のやりとりを聞いていればよいと、されているようである」（66ページ）。

こうした経緯で決定された診療報酬は、資源配分に大きな影響を与えてきたケースも垣間見られる。たとえば、看護師配置の厚い急性期病院に診療報酬を厚くした結果、急性期病院の病床数が突出して増えるといった状況がもたらされた。また、医薬分業を促すために医療機関と薬局に厚い診療報酬、調剤報酬を手当てしてきていたが、医薬分業という政策がもともと目指した目的が達成されたかどうかの全体の評価（ＰＤＣＡ［Plan, Do, Check, Action］）は必ずしもなされないまま、次々と細かな加算などの報酬改定が行われる結果となってきていた。さらに、前述の通り抗がん剤オプジーボは販売時にはきわめて高い薬価が設定され、それを急遽２分の１に引き下げるといった決定も行われている。

医療の質が異なっても、同一の診療報酬である診療報酬制度は、医療機関間の公平性確保の観点からはたしかにメリットがある。経営体の存続にとって決定的に重要であるため、たとえば小規模の医療機関であっても、地域に不可欠であればその機能を維持できる診療報酬とすることが、医療政策上必要となる。その点は、地域の住民の観点に立てば、非常によく理解できる。

しかし、こうした制度は一方で医療提供者の質的な向上に対するインセンティブを失わせがちで、健全な競争を促す方向には作用しにくいというデメリットも持つ。この結果として、すべての医療機関、薬局等を維持するいわば護送船団的な行政にもなりかねず、病院等の経営が厳しさを増している中、経営努力が報われる制度を少しでも工夫していく必要もある。

上場企業などを含む医薬品メーカーや調剤薬局企業なども、厚生行政として定めた薬価や診療報酬体系によって収益や売り上げ規模、結果的に産業規模が規定されている結果となっているなど、多大な影響を受けている。そして、医薬品や医療機器等が保険に収載されるかどうかは、その製品の普及に決定的に重要な意味を持っている。

以上のように、政府の決定する診療報酬等は、日本経済における医療分野の資源配分をほぼ決定づけているといっても過言ではない。したがって、客観的なデータ分析に基づいて過去の報酬設定の評価をし、修正をしていくというプロセス（ＰＤＣＡのサイクルにより、政策を検証しながら修正していくこと）を回しつつ、医療の利用者に対してもわかりやすく説明できるものとし、医療制度の今後のビジョンを反映した報酬体系にしていくことが問われている。(10)

さらに国民皆保険のもと、今後も必要な医療はすべて保険で対応することが重要であり、医療保険財政が厳しくなっている中で、国民皆保険を維持するために、どのような工夫を考えていくかも、重要な課題となっている。

## 第１章【注】

（１）国際医療福祉大学高橋泰教授「全国の医療・介護の今後の需給見通しについて」説明資料（産業競争力会議）。http://www.kantei.go.jp/jp/singi/sousei/meeting/ccrc/h27-04-24-siryou1.pdf

（２）生活保護を受けている人は国民健康保険の対象となっていないため、医療保険に入れないが、生活保護者医療扶助制度により原則として全額自己負担なしで医療を受けることとなっている。

（３）経営が悪化した医療機関の再生の事例については翁（２０１３ｂ）を参照されたい。

（４）ただし、森川（２０１６）によれば、日本のサービス業全体としてＴＦＰ水準が低いというわけではない。医療サービス分野の生産性改善の余地が大きいのは事実であるが、産業別の日本のＴＦＰ水準を米国と比較すると医療サービスは日本のほうが生産性が高いという実証研究が存在している（Jorgensen *et al.* らによる研究）など、国際比較からみるかぎり、日本の医療サービスは一般に認識されているほど非効率ではない。また、医療サービスの生産性といった場合、アウトプットの質を評価することは難しい。技術進歩による質の向上を過少評価する可能性があることなどに留意して議論する必要がある。

（5）たとえば三菱ケミカル・ホールディング・グループの健康ライフコンパス社「じぶんからだクラブ」では、経済産業省の産業競争力強化法によるグレーゾーン解消制度を活用し、薬局における健康チェック事業を展開し、血糖値などの簡易血液検査をみずから行うセルフメディケーションの普及のための市場創出に力を入れている。この場合は、医師法との関係で地域によって自己採血などが難しいのではないかという判断基準が不明確な状況であったため、グレーゾーン解消制度が活用された。

（6）医療法人は、財団と社団に分類される。財団のうち公益性があるもの、また持分のない社団のうち緊急医療や僻地医療、周産期医療など公益性のあるものを都道府県知事の認可を必要とする社会医療法人、国税庁長官の承認を得る特定医療法人と位置づけており、それぞれに厳しい要件があり、一般の医療法人は法人税が課税されるが、社会医療法人と特定医療法人は、公益性ゆえに、税制上の恩典を受けられる。

（7）民間の株式会社にも、もちろん多くのガバナンス上の課題はあるが、自律的経営を可能とする仕組みが整えられており、他の法人形態と比較すると、ガバナンス面では優れた仕組みである。また、このガバナンス形態のメリットを活用しつつ、公益性が高い分野においても、配当などの社外流出を一定程度に抑制して内部留保によって経営の持続性を担保できる仕組みとしたり、残余財産分配制限をする、社会的利益を代表する社外取締役を入れるなどの工夫をすることで、株式会社に公益性を担保することはできると考えられる。しかし、平成17年度には医療法人の非営利性を徹底する方向で一般社団法人の出資持分あり法人の新設は禁止されるようになり、新たに公益性の高い社会医療法人の新設が認められた。また、医療法人が解散する場合、残余財産は国、地方公共団体または他の医療法人に帰属させることとなり、医療法人の出資者の残余財産分配の制限も行う方向に変更している。

（8）医療法人に医師以外の企業経営の経験のある人材などを理事長に据え、意思決定に活かすことも意義があると考えられるが、現状では都道府県知事の認可や都道府県医療審議会への意見聴取が必要となっており、制限的に運用されており、改善していく必要があると考えられる。

（9）ＩＴ化、情報分析の進展を背景に、たとえば、米国やカナダ政府は、病院評価情報をすでにインターネット上に公表、国民はこれを参考に病院を選択することが可能となっている。

(10)　２０１６年12月に薬価の毎年改定をめぐり、中医協が決定する診療報酬等に経済財政諮問会議がどのように関与すべきか、という点をめぐる議論が行われた。

# 第2章　医療の利用者である国民の視点に立った健康増進、医療機会の提供

本章では、医療の利用者、患者の視点に立ち、近年の具体的な医療制度の改革内容の評価を試み、今後の課題を探る。

わが国は高齢社会となり、今後逆ピラミッド型の人口構成へと変化していく途中段階であるが、30〜40年前のまだ若年層が多い人口ピラミッド型時代の高度成長期に形成された医療制度がまだ多く残っている。こうしたこともあって、現在高齢層の増えた社会において、健康寿命を延伸するうえで患者、利用者の目線からみてアクセスしやすい医療制度となっているか、安心や安全を提供できているのか、点検する必要がある。

また、近年のＩＴ化やビッグデータ分析などの技術革新の取り込みが、先進諸外国と比較すると、日本の医療制度は遅れている。人口動態の面では、すでに生産年齢人口は１９９０年代より減少が始まっている。医療や看護、介護の従事者は、増大する医療需要に比較すると、必ずしも適切に配置されていない状況にあり、地域によるミスマッチも加わり、場所によってはこれらの医療従事者の勤務状況は、繁忙できわめて厳しい状況となっている。この間飛躍的に発展しているＩＴ技術を活用し

て、いかに国民にとってアクセスしやすく、利便性と安全を両立しながら、より質の高い医療を提供する環境を作っていくかが問われている。
そうした本来国民のためにあるべき医療という点から、解決すべき点は多いと考えられるが、保険外併用療養費制度、医療提供体制、医薬分業、セルフメディケーション、といった制度を取り上げ、制度改革の方向について論じていきたい。

## 1　国民の視点からみた保険外併用療養費制度の改革
### ――保険外診療と保険診療を併せて受けると、なぜ保険診療分まで全額自己負担しなければならないのか

患者、国民のための医療という観点で、かねてから様々な議論が行われてきたのが、いわゆる混合診療禁止の問題である。２０１６年に新設された患者申出療養制度の内容と論点を検討することとしたい。

**いわゆる混合診療禁止とは何を禁止しているのか**

日本の医療保険制度は、必要かつ適切な医療が保険診療で行われ、国民が安心してどこでも一定の負担で医療を受けられる、国民皆保険制度となっている。他方、重い病気にかかって先進的な医療技術や海外で承認された新薬を使用する治療等を受けたいと希望するとき、それ自体が医療保険の適用

対象となって（これを保険収載されている、という）いなければ、これらの治療は保険外診療として自己負担で受けることになる。

このとき現行制度では、保険外診療を保険診療と併せて受けると、原則として保険外診療だけでなく、それまでに受けた保険診療（本来保険が適用される治療や検査・入院など）までもが全額自己負担になる（いわゆる混合診療禁止の原則）。

この理由について、厚生労働省は、「（保険給付にかかる費用は国民から集めた税金や保険料で賄うため）併用すること自体の安全性と有効性が確認できない医療には保険制度からは給付できない」「安全性・有効性が確認されていない医療行為に付随する検査等については、安全性・有効性が確認されていない医療行為に起因する給付であることから、保険から給付することは困難である」（規制改革会議厚生労働省資料２０１４年1月21日、なお、同会議の議論の進め方などについては本書最後の補章参照）からである、としている（図２－1）。しかし、この「併用することによるリスク」という理由は、一般の国民レベルからみると、必ずしもわかりやすいものではない。

さらに、厚生労働省と医療関係者の「混合診療禁止についての解釈」が異なっている点は問題があると考えられる。

医療関係者は、「同一医療機関、同一日に保険診療と保険外診療を提供することが問題」としているのに対し、厚生労働省は、「異なる機関、異なる日でも一連の治療であれば、保険診療と保険外診療を提供することは違反である」としている（規制改革会議議事録２０１３年10月24日および同年11月19日参照）。ただし、厚生労働省の解釈による場合、社会保険診療報酬支払基金や健康保険組合等

**図２－１　いわゆる混合診療禁止の規制と保険外併用療養費制度の関係**

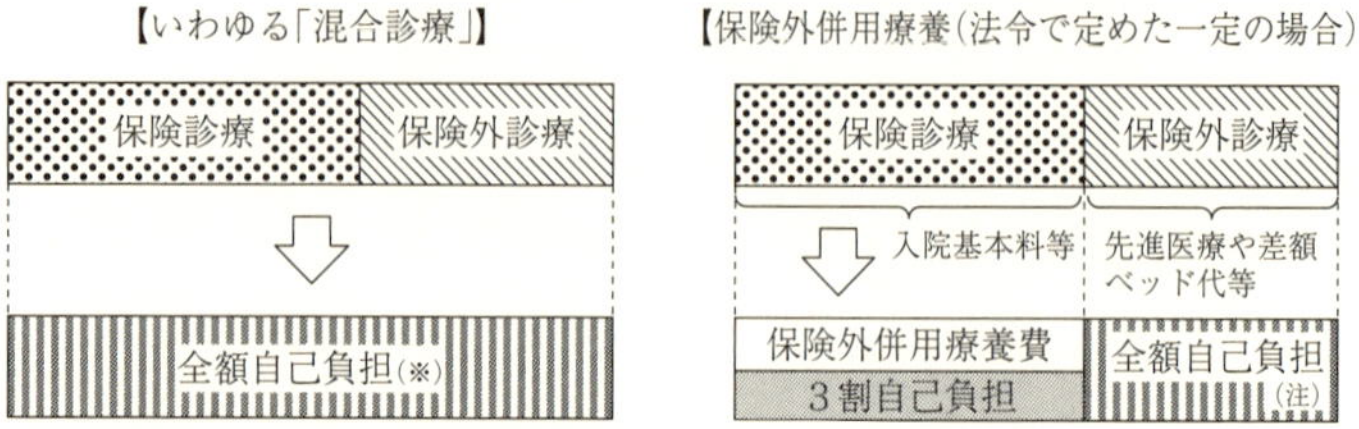


注：自己負担分については研究機関や製薬会社等の資金を充てる場合もある。
資料：厚生労働省（規制改革会議提供資料［2013］）

の保険者が、レセプト（診療報酬請求明細書）審査を通じて保険外診療をチェックすることは困難である。したがって、実際には、意図している効果をあげようとしても、混合診療禁止違反の医師や患者を取り締まることができない、エンフォースメントの困難な規制となっているといわざるを得ない。

実は、いわゆる混合診療禁止を明文化している法律はない。厚生労働省はいわゆる混合診療禁止の法的根拠は、混合診療禁止の例外として認められている保険外併用療養費制度（たとえば先進医療や差額ベッドなど、詳しくは後述、健康保険法第86条に定められている）の反対解釈や、保険医は保険診療を行わなければならず、患者からの法定一部負担金以上の費用の徴収や特殊療法等を禁止する保険医療機関および保険医療費担当規則（いわゆる療担規則［厚生労働省令］）により導かれる、としている（規制改革会議厚生労働省資料２０１３年12月５日）。

混合診療を日本で全面的に解禁していない理由として、患者目線からみて説得的であると考えられる理由があるとすれば、医師と患者の情報の非対称性が大きく、現実に医師のモラルハザードがないとはいえないため、医師が半ば一方的に保険外診療を提供して患者から高額な費用をとることに対する歯止めがかからなくなる可能性があるというものであろう。もちろん医師の裁量権は尊重する必要がある。一方、そうした悪質な医師を監視できるエンフォースメント体制を築けない現状では、患者が不当な費用負担を強いられないような安心を担保している面もあるだろう。

しかし、従来の制度のもとでは、保険診療と併せて保険外診療を受けると保険診療分まで全額自己負担を求められるか、そうでなければ、患者がそれまで保険診療を受けていた医療機関で保険外診療を希望しても断られたり、当該医療機関が別の医療機関であれば禁止されていないと考え、そちらを受診するように勧めたりするため、中には希望した保険外診療を受けることをあきらめざるを得ない人もいるという実情があった。すなわち、従来の混合診療禁止の状況は、医師の裁量権だけでなく患者の選択権を制約してきた側面もあったと考えられる。

### 従来の保険外併用療養費制度では対応できなかった患者のニーズ

こうした疑問は、かねてから規制改革会議などで繰り返し提起されてきた。議論の結果、この問題の解決策として、２００６年、前述の保険外併用療養費制度が創設され、いくつかの保険外診療は、保険外診療であっても、例外的に保険診療との併用が認められるようになった。その第一のジャンルが、特定の薬や治療法を一般的に「保険に収載すべきか評価」する「評価療養」（先進医療［１０８種類（２０１７年1月現在）］など7種類）で、第二が差額ベッド代、セラミック歯等の「選定療養」（10種類）である（表２－１）。

**表２－１　従来の保険外併用療養費制度の概要**

**評価療養：保険導入のための評価を行うもの（７種類）**

- 先進医療（先進Ａ、先進Ｂ）
- 医薬品の治験にかかる診療
- 医療機器の治験にかかる診療
- 薬事法承認後で保険収載前の医薬品の使用
- 薬事法承認後で保険収載前の医療機器の使用
- 薬価基準収載医薬品の適応外使用
- 保険適用医療機器の適応外使用

**選定療養：保険導入を前提としないもの（10種類）**

- 特別の療養環境（差額ベッド）
- 歯科の金合金等
- 金属床総義歯
- 予約診療
- 時間外診療
- 大病院の初診
- 大病院の再診
- 小児う蝕の指導管理
- 180日以上の入院
- 制限回数を超える医療行為

資料：厚生労働省資料から作成。

筆者注：先進Ａとは、医薬品や医療機器を用いた医療のうち、承認や適応の範囲が得られているもの。先進Ｂは、未承認、適応外のもの。

保険外併用療養費制度は、どのようなロジックで混合診療禁止の規制をクリアしているのだろうか。健康保険法第86条においては、一定の場合に限定して、保険診療相当部分について、「保険外併用療養費」という金銭の給付を可能とした。これは、保険診療という「現物の給付」と併せて実施した保険外診療の「費用を患者から同時に徴収できない」という混合診療禁止の原則の中で、法律で定められた範囲でそれらの例外的な保険外診療を受けた場合には、保険診療にかかる費用に相当する額について、保険外併用療養費として「費用の給付」を受けられるというものである。つまり、保険給付も患者の追加負担もともに費用（金銭）であるので現物である診療サービスの給付と費用の徴収を同時に行うことには当たらないという解釈から、混合診療の禁止の規制をクリアしている、と考えられる。

新設された保険外併用療養費制度は、前述のような保険診療と同時に保険外診療を併用すると、患者の経済的、身体的負担が大幅に拡大する問題をある程度解決しようとするものである。保険外併用療養費制度の二つのカテゴリーのうち、評価療養は、より多くの患者が将来保険で治療を受けられるようにするために必要な仕組みで、その後も拡充や運用の改善が図られてきている。中でも先進医療については、審査が迅速化する方向にある。(1) しかし、残念ながら、評価療養は、保険を適用できるかどうかの「評価」が主目的であるため、以下のように、必ずしも患者の切実なニーズに応えられなかった。

① 申請から承認まで３カ月から６カ月かかり、患者が希望しても治療を受けるまでに多くの時間がかかる

② 限られた医療機関でしか受けられない（一診療技術に対して平均10医療機関程度、場合によっては全国で１か所の病院のみといったケースも存在する）

③ 年齢制限や他の病気に罹患していないなどの一定の基準を満たした患者に限定される

なお、保険診療と組み合わせない（または組み合わせても保険診療も全額自己負担する）限り、保険外診療の提供は医師の裁量に委ねられる。こうした診療の提供を自由診療というが、自由診療は、

前述の通り、保険診療とちがって医療機関からレセプト（診療報酬請求明細書）が提出されないため、治療内容や価格も含めてその実態は厚生労働省も把握できない。

また、患者の受診の実態としては、いわゆる混合診療の規制を避けるために、保険診療を受けたのち、別の医療機関に行って保険外診療だけを受ける患者が多い。しかし、患者にとって別々の医療機関で治療を受けることは身体的負担になるほか、一般的に、可能であるならば保険診療と保険外診療が同じ医療機関で、同じ医師の管理のもとで行われるほうが、患者の安全を確保しやすいといえ、混合診療禁止の規制が、その狙いとは異なり、かえって併用のリスクを高める方向に作用している可能性があると思われる。

## いわゆる混合診療についての最高裁判所の判決

こうした状況のもと、２００６年に混合診療禁止規制について訴訟が提起され、２０１１年に最高裁判所の判決がなされた。具体的には、健康保険の被保険者である原告が、すい臓がんの治療のため、健康保険法上の療養の給付にあたる保険診療であるインターフェロン療法と自由診療である自己リンパ球移入療法を併用する診療を保険医療機関Ｋにおいて受けていたが、その後両療法を併用する混合診療を断念した原告が、混合診療を受けた場合にも保険診療相当部分であるインターフェロン療法について法に基づく「療養の給付」を受けることができる地位を有することの確認を求めたものである。

ここでは原告は敗訴し、「法86条等の規定の解釈として、…混合診療が保険外併用療養費の支給要件を満たさない場合には、後者の診療部分（自由診療部分）のみならず、前者の診療部分（保険診療相当部分）についても保険給付を行うことはできないものと解するのが相当である」との判決が出ている。ただし、この判決の意見で、当時の寺田逸郎裁判官（現最高裁判所長官）は、「制度の合理性を検討するうえで問題となるのは…『併用すると本来の給付をも否定する対象』の決め方、いわば給付を受ける権利としての阻害要件として機能するものの在り方である」とするなど、数人の裁判官が制度の設計や運用について疑問を投げかけている。

ジュリスト判決１００選においても、大沢（２０１２）が「補足意見及び意見においては、この原則の下での制度設計や、適用基準の不明確さ等制度運用に大きな問題があることが指摘された。行政府は、この原則が保険「給付を受ける権利の阻害要件として機能する（寺田逸郎裁判官意見）ことを十分認識し、こうした問題提起を真摯に受け止めなければなるまい」としている。

このように、２００６年に保険外併用療養費制度ができても、川渕（２０１４）が指摘するように、その制度自体は年間全患者数が３万人弱と一部の人が利用できるものにとどまっており（表２－２）、病気と闘う患者が「保険外診療を受けると保険診療までなぜ全額自己負担しなければならないのか」といったそもそもの疑問に答える状況にはなっておらず、患者の治療の選択権と医師の裁量権を依然として制約する実態となっていた。

### 患者申出療養制度の創設

患者申出療養は、こうした実態を少しでも改善することを企図した制度として新たに創設された。[2]

**表2－2　先進医療の実績**

| | | 種類（技術数） | 実施医療機関数 | 全患者数（人） | 総金額（億円） | うち保険診療分（億円） |
|---|---|---|---|---|---|---|
| 2008年度 | （H19.7.1～H20.6.30）※1, 2 | 91 | 448 | 9,579 | 102 | 54 |
| 2009年度 | （H20.7.1～H21.6.30） | 107 | 519 | 20,013 | 173 | 107 |
| 2010年度 | （H21.7.1～H22.6.30）※3 | 110 | 488 | 9,775 | 132 | 54 |
| 2011年度 | （H22.7.1～H23.6.30） | 123 | 522 | 14,505 | 173 | 75 |
| 2012年度 | （H23.7.1～H24.6.30）※4 | 102 | 553 | 14,479 | 146 | 46 |
| 2013年度 | （H24.7.1～H25.6.30） | 107 | 604 | 20,665 | 204 | 71 |
| 2014年度 | （H25.7.1～H26.6.30）※5 | 95 | 571 | 23,925 | 247 | 73 |
| 2015年度 | （H26.7.1～H27.6.30） | 108 | 786 | 28,153 | 295 | 90 |

注：1）平成20年度診療報酬改定の際、一部の技術が保険導入又は廃止されたことに留意する必要がある。
2）第3項先進医療制度が平成20年4月に創設されたため、それ以降は第2項先進医療と第3項先進医療の合計値となる。
3）平成22年度診療報酬改定の際、一部の技術が保険導入又は廃止されたことに留意する必要がある。
4）平成24年度診療報酬改定の際、一部の技術が保険導入又は廃止されたことに留意する必要がある。
5）平成26年度診療報酬改定の際、一部の技術が保険導入又は廃止されたことに留意する必要がある。

資料：厚生労働省・第3回先進医療会議および第38回先進医療会議資料より作成。
http://www.mhlw.go.jp/stf/shingi/other-hoken.html?tid=129195

**図２－２　患者申出療養のフロー**

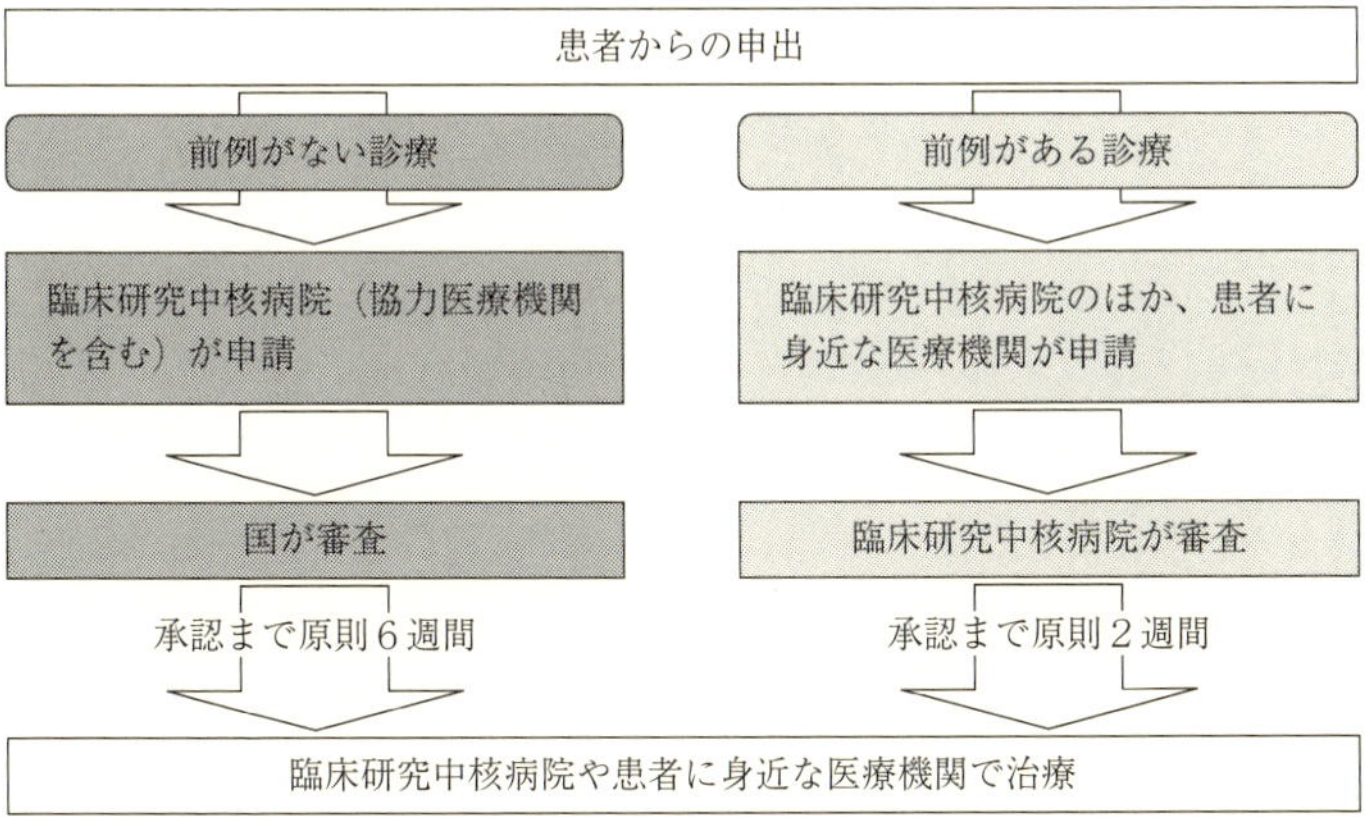


出所：首相官邸HPより引用。

評価療養、選定療養とは異なる第三の保険外併用療養費制度として健康保険法に位置づけられている。すなわち、国民皆保険制度を守ることを前提として、現行の評価療養では必ずしもそのニーズに応えられないような病気と闘う患者を救済することを念頭に、いわゆる例外的制度として併用を認めている保険外併用療養費制度の中に、患者の切実な希望に応えられるような新たな仕組みを創設しようというものであった。

具体的な内容は、次の通りである（事務フローの概略については図2－2を参照）。まず、患者が、かかりつけ医などと相談し、みずからが希望して申出を行い、医師が十分な説明をして患者や家族が納得することを前提に、患者申出療養としての実施例がない診療の場合は、患者からの申出を受けた臨床研究中核病院が国にできるだけすみやかに申請し、国の専門家の合議により申請から原則6週間以内に安全性・有効性を判断して、保険外併用療養として受けられるようになる。

臨床研究中核病院とは、臨床研究の質の向上を目標に、先進医療などを計画、実施できる専門性や基盤を有する病院のことであり、大阪大学などの大学病院や国立がんセンターなど全国でみて臨床研究の水準の高い病院が厚生労働省から承認されている（2017年6月現在11カ所）。申請時に予定協力医療機関のリストを提出すれば、実際の診療（治療）は、臨床研究中核病院以外の医療機関でも受けられる。

また、すでに患者申出療養の実施例がある二例目以降の場合は、患者に身近な医療機関が患者からの申出を受け、前例を取り扱った臨床研究中核病院に申請、治療内容に応じて安全・適切に実施できる体制等が整っているかを臨床研究中核病院が原則2週間で判断し、患者に身近な医療機関で受けられるようになる。さらに、保険収載に向けた実施計画の対象外の患者からの申出の場合は、臨床研究中核病院で安全性、倫理性等の検討を行ったうえで、国の専門家の合議により実施を承認する。

このように、患者申出療養では、①2～6週間と、従来の評価療養より短い期間で、②できるだけ身近な医療機関で、③実施計画の対象外の患者であっても、希望する保険外の治療を受けられる可能性が広がる方向で設計された。この制度は、治療の安全性と有効性を国の専門家が判断するほか、治験等に進むための判断ができるよう実施計画を作成し、国が確認するため、保険収載につながる道が担保されている。

この制度によって、患者の治療の選択権を拡大するほか、医師が目の前にいる患者のために真に必要と考える治療をみずからの責任で提供できる可能性が広がるという意味で、医師が本来持っている裁量権をより確保することができるようにし、また、保険外診療のデータがより集まって、医療の透明性が向上することも期待できると考えたうえで、制度設計された。

## 患者申出療養制度をめぐる論点

患者申出療養の新設という保険外併用療養費制度の改革をめぐっては多くの議論があったが、論点をここで整理してみよう。

第一に、こうした制度を作っても、どの程度の患者のニーズがあるのか、ということが指摘された。情報の非対称性が存在する中で、実際にどの程度の患者が申し出るのかは、将来どのような医薬品や医療技術が出てくるか、それがどの程度保険に収載されるかに依存するので見通せないが、この改革についての議論を始めていた当時、たとえば欧米で認められていながら日本で薬事承認されていない抗がん剤等は多く[3]あった。

医療は日進月歩であり、新しく開発された医薬品等がすぐに保険収載されるわけでもないので、患者のニーズは将来にわたって常に存在するはずである。こうした新制度の創設を歓迎する患者団体の声、たとえば「市民のためのがん治療の会」から、２０１４年6月4日のＨＰで歓迎の意向が示された。また、最高裁判決で敗訴した原告である清郷伸人氏からも、新しい制度創設時にはサポートがあった[4]。もちろん、保険診療と同等またはそれ以上に、治療の安全性と有効性、リスクなどについて医師が説明することが求められるが、医療本来の「患者の治療」という目的のために先進的な医療を受けられる可能性につながる仕組みが創設されたこと自体は重要と考えられる。

第二に、保険外併用療養費制度を拡大することは結局裕福な患者を優遇するだけではないかという声があった。たしかに保険外診療の価格は高いことが多い。しかし、所得の高い人は、現在でも保険診療分を全額自己負担して保険外診療を受けられるが、保険外診療を切実に望む必ずしも裕福でない人にとって、この改革で保険診療分まで全額自己負担をしなくて済むメリットはあるはずである。

また、この仕組みによって、新しい保険外診療が、保険収載につながる可能性が開かれる。患者申出療養制度は、申請時に保険収載に向けた評価のための実施計画を作成し、それに沿って症例を集めて評価する。このため、保険収載へのルートが開かれており、この仕組みの創設によって将来より多くの患者が恩恵を享受できるようになる。今まで自由診療としてしか受けられなかった先進的な治療が患者申出療養として症例が集まり、将来保険適用となっていけば、所得の低い人たちにも恩恵のある仕組みとなろう。また、希望する保険外診療を受けるために別の医療機関に行かざるを得ない患者の負担も小さくなるはずである。

第三に、患者申出療養制度の創設は、保険財政上の問題をもたらすのではないか、という点である。しかし、医療は本来患者の治療のためにあり、患者が切実に希望し、安全や有効性の面で医師も必要であると考える先進技術等を受けたときに、患者の保険受給権を奪われることは合理的でないと考えられる。仮に短期的な財政的負担が大きくなったとしても、これにより先進的な医療が進展すれば、医療の発展や国民の健康長寿につながり、長期的には財政的な負担軽減にもつながるはずである。

なお、多くの場合、患者は診療機関を分けて対応していたり、別の保険診療（または併用が認められている保険外診療）を受けていたりすることもあり、このことは急激な保険給付の拡大につながることではないとも考えられる。むしろ今後保険外併用療養費制度は、医療費が高騰する中で実質的に国民皆保険を守るものとなる側面もあるといえるだろう（この点については、第４章で検討）。言うまでもなく、財政負担の拡大については、医療政策全体の中で解決する努力が必要であり、今後国民皆保険を維持するために、保険の範囲の原則についても議論していくことが求められる。

第四に、合理的な根拠の疑わしい医療の助長や患者負担の不当な拡大につながるのではないか、という点である。この点に関しては、第三者として国が組織する専門家が治療の妥当性を、臨床研究中核病院が治療内容に応じて診療機関の治療実施体制の適切性を、チェックする手続きをとることによって、安全性や有効性を担保する仕組みを導入しており、懸念に答える仕組みとなる。こうした手続きの導入は、患者と医師の間の「情報の非対称性」によって起こり得る医師のモラルハザードを防ぐ仕組みとなると考えられる。

ただし、その前の実施計画を作る臨床研究中核病院で、計画策定に非常に多くの時間がかかってしまうと、切実な患者の願いに応えるという趣旨と異なってきてしまう。切実な個別の患者のニーズに応えていこうという患者申出療養は、評価療養とは異なる側面があり、制度の趣旨に合ったものとしていく必要があると思われる。

第五に、これはいわゆる混合診療の全面解禁か、ということであるが、答えは、いわゆる保険外併用療養費制度を拡大するものであるが、全面解禁をするものではない。実際、保険外併用療養費制度は、いわゆる混合診療禁止の例外として作られた制度である。先進的な治療を行っている医師からは、混合診療全面解禁を求める声もあるが、全面解禁にはいくつかの困難がある。

その最大の懸念は、前述の通り、現状のエンフォースメント体制を前提とすると、患者の視点からみて、医師のモラルハザードを防ぐことができていない状況となっている、という点である。第三者の確認なしに、医師が保険診療と同時に保険外診療を自由に患者に提供できるようになることに対し、患者や医療関係者からの警戒が強いほか、医療財政の視点からも懸念が大きい。河口（２０１２）は、混合診療全面解禁によりもたらされる、所得層によるアクセス権格差は民間医療保険の利用により改善するが、「民間医療保険の利用による事後モラルハザードおよび保険外診療における供給者誘発需要のおそれが強い」としている。したがって、患者の選択権の制約の問題という不利益を改善するためには、保険外併用療養費制度を拡大することが現実的と考えられる。

第六に、医療の発展への影響であるが、この制度によって先進的な医療が進展し、医薬品、医療機器メーカー、医療機関の発展につながることが期待される。ただし、この点については、今中（２０１４）が「長い目でみれば、新制度は新たな医療の提供や開発の競争力を推進しうる。それが海外でも利用されるようになると、外貨の獲得につながる。そのようなケースが今までの制度に比し、どれだけ加速して増えるかは、安全性・有効性の検証プロセスの効率化の度合いによる。…少なくとも当面は国内経済よりも、新薬など知的財産を多く有する海外経済への貢献にとどまりかねない」と指摘している。その意味では、わが国の先進的な医療の発展には総合的な取り組みが必要といえよう。

## 一例目の実施と今後の運用上の課題

いわゆる混合診療をめぐっては、長年議論が繰り返されてきたが、患者申出療養の創設によって、安全性・有効性の確認や保険収載に向けた実施計画の作成、確認を行いつつ、現行制度で応えきれない患者のニーズに迅速に対応できるようになれば、これまでこの問題の最大の争点とされてきた「患者の不利益」が解消できる可能性があると考えられていた。しかしながら、こうした制度が広がるかどうかは、その制度の運用次第で決まる側面は否めない。現状では法的に新たな第三の保険外併用療養費制度として位置づけられたものの、臨床研究中核病院で保険収載のための実施計画の作成に時間がかかることなどが課題となってしまっている。

２０１６年9月21日、患者申出療養評価会議は、東京大医学部付属病院が申請した腹膜播種陽性または腹腔細胞診陽性の胃がんに対する「パクリタキセル腹腔内投与及び静脈内投与ならびにＳ－１内服併用療法」を条件つきで初めて了承し、ようやく一例目が誕生した。この療法は、２００９年より評価療養（先進医療Ｂ、表2－1参照）として実施していたが、すでに終了している。報道によれば、今回の申出では先進医療Ｂの適格基準から外れていた患者一人から東大病院へ相談があったとのことであり、終了していた先進医療Ｂを受けていた患者も申出療養で新たに決められた適格基準に適合すれば引き続き治療できる見込みとなり、１２１人が対象となったとのことである。

このほかにも、ステロイド治療で十分な効果が出ない難治性皮膚疾患への新治療（慶應大学病院、対象となった患者数10人［予定］）、心臓移植が適用外の患者への植え込み型補助心臓の活用（大阪大学病院、同６人）、小脳にできる悪性腫瘍への未承認薬の使用（名古屋大学病院、同５人）の計四件のみが承認されている（２０１７年5月時点）。

今後は、病気と闘い切実なニーズを持つ患者にとって、保険診療にかかる経済的負担が治療の妨げにならないよう治療の選択肢を拡大し、結果として医療の長期的な発展につながるよう、制度改革の本来の趣旨が生かされるかたちで実際の運用の改善が行われ、患者への情報提供も充実させ、さらに多くの患者にとってメリットの大きい制度となることが求められる。

## 2　安心できる地域医療提供体制の整備

### (1)　病床規制や地域保健医療計画をめぐる今後の課題
#### ――病床数が西高東低であったり、急性期病院が増え続けてきたのはなぜか

**病床規制とは何か**

高齢化が進展するわが国でどのように最適な地域医療を実現していくか、医療提供体制の整備はきわめて重要な課題といえよう。地域医療の提供体制については、わが国では、医療法により、都道府県において従来地域保健医療計画（以下「医療計画」と記す）が5年ごとに制定され、それに基づいて実施されてきた。その医療計画の中に、いわゆる二次医療圏が設定されており、ベッド数、つまり基準病床数も定められてきたのである。

「二次医療圏」とは、都道府県知事が地域の実情に応じて基準病床数を設定し病床の整備を図る地域単位となっており、複数の区や市町村を単位とする圏域となっている。つまり、「一般の入院」にかかる医療を提供する単位といえる。ちなみに、一次医療圏は区や市町村域を指し、医療法では規定さ

れていないが、身近な医療を提供する医療圏となっており、三次医療圏は臓器移植など特殊な医療を提供する単位とされており、ほぼ都道府県単位となっている。

この二次医療圏において病床管理のために導入されているのが病床規制である。昭和60（１９８５）年に医療費抑制を念頭に導入されている。しかし、ベッド数（病床）の算定式は、現状追認型のものとなっており、多くの病床が配分されている病院の中では、医師や看護師が不足して不稼働となっている病床が多く存在する医療機関もある。このことは、病院の新規参入を抑制する方向に作用するため、結果的に十分な医療提供ができない状況となっている地域も少なくない。

## 高知県はなぜ病床数が多いのか

２００８年に開催された社会保障国民会議（本書最後の補章参照）などで議論されたのは、地域ごとに、人口あたりの病床数にかなりの差があることである。現状でも、人口（10万人）あたり病院の病床数が「西高東低」の傾向がある状況となっており、最大の高知県（２４８２・４病床）と最小の神奈川県（８１４・９病床）との間では3倍近い大きな差が開いている（厚生労働省医療施設調査２０１４年10月1日時点）。

高知県ではなぜ病床数が多いのだろうか。その背景としては、「全国に先行して高齢化が進み、独居の高齢者が多い、通院に不便な中山間地が多い、核家族化が進行しており介護できる人がいない、製造業などの産業が脆弱な中、公的病院の病床数が少ないことから、医療機関が主な投資先となり、民間病院開設が進み、今に至っている」（全国保険医新聞２０１６年4月5日号）ということがあると、同県は分析している。

このように、病床数の格差といっても、地勢、産業構造、世帯の構成などその地域に独特の様々な影響が絡み合ってこうした状況となっており、全国で画一的に病床を減らせばいいというような簡単なものではないことがわかる。

## ワイングラス型といわれる病棟別病床数

また、7対1 看護基準（患者7人に対して看護師1人を配置する手厚い看護体制）を実現している急性期病院には、2006年より厚い入院基本料という診療報酬を与えてきたため、資金力のある病院は急性期病院となって病床が多くなってしまい、高齢化で今後患者が増えるであろう慢性期、亜急性期の病院の病床が不足し、図2－3の通り、病棟別の病床数は、「ワイングラス」のような形になってきた。

従来二次医療圏ごとに、基準病床を超えるような場合には、厚生労働大臣は、公的医療機関の場合は、増床を許可しないことができたり、民間医療機関の場合は、都道府県知事が勧告を行うことができたりする。しかし、強制的なものとはなっていないため、需給調整を政府や地方自治体が行うことにはなっていなかった。すなわち、病床の需給は、市場原理が働くわけではないが、かといって政府も強制的にも命令できないまま、地域やタイプ別の病院の病床調整が行われないという状況が続き、資源配分の歪みを生んでしまっていたといえよう。

また、日本の病床数は、近年減少傾向にあるものの、人口千人あたり14病床程度である。他の先進

**図２－３　2010年の一般病棟の病床数**

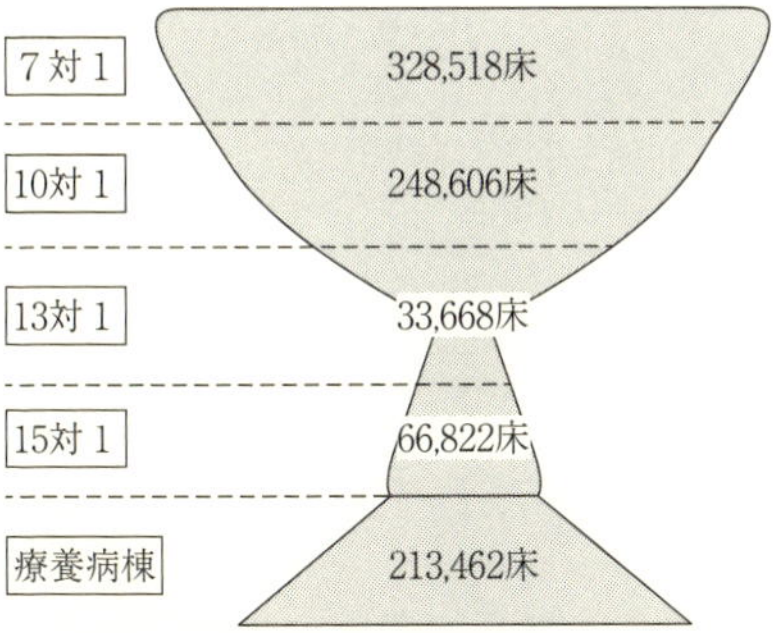


出所：厚生労働省（社会保障審議会医療保険部会資料［2013年7月25日］）に加筆
筆者注：7対1といった数字は患者7人に看護師1人といった看護基準ごとに入院基本料が異なることを示す。上ほど急性期、下ほど慢性期になっている。

国は、同10病床以下となっており、日本は非常に病床数が多い状況となっている。

一方で医師の地域別の偏在も大きく、人口あたり医師（医療施設従事者）数で最多の京都（人口10万人あたり３０７・９人）と最小の埼玉（同１５２・８人）では、２倍の格差が存在している（２０１４年末）。ちなみに専門領域ごとにみると、外科、産婦人科、小児科の医師が減少傾向にある。

こうした医師の地域偏在を是正するために、各県ごとに地域医療支援センターが設けられ、必要医師数の調査や医師確保の方針などの策定を行っているが、問題は必ずしも解決される状況にはなっていない。しかし、一方で前述の7対1看護基準を実現している急性期病院には、看護師が偏在し、真にニーズのある病院の看護師の一層の不足を招いたという指摘もある。

**地域医療構想策定の動きと病床再編**

病床の再編が必要といった問題意識は、従来厚生労働

**図２－４　地域医療構想策定時に推計された2025年の必要病床数**

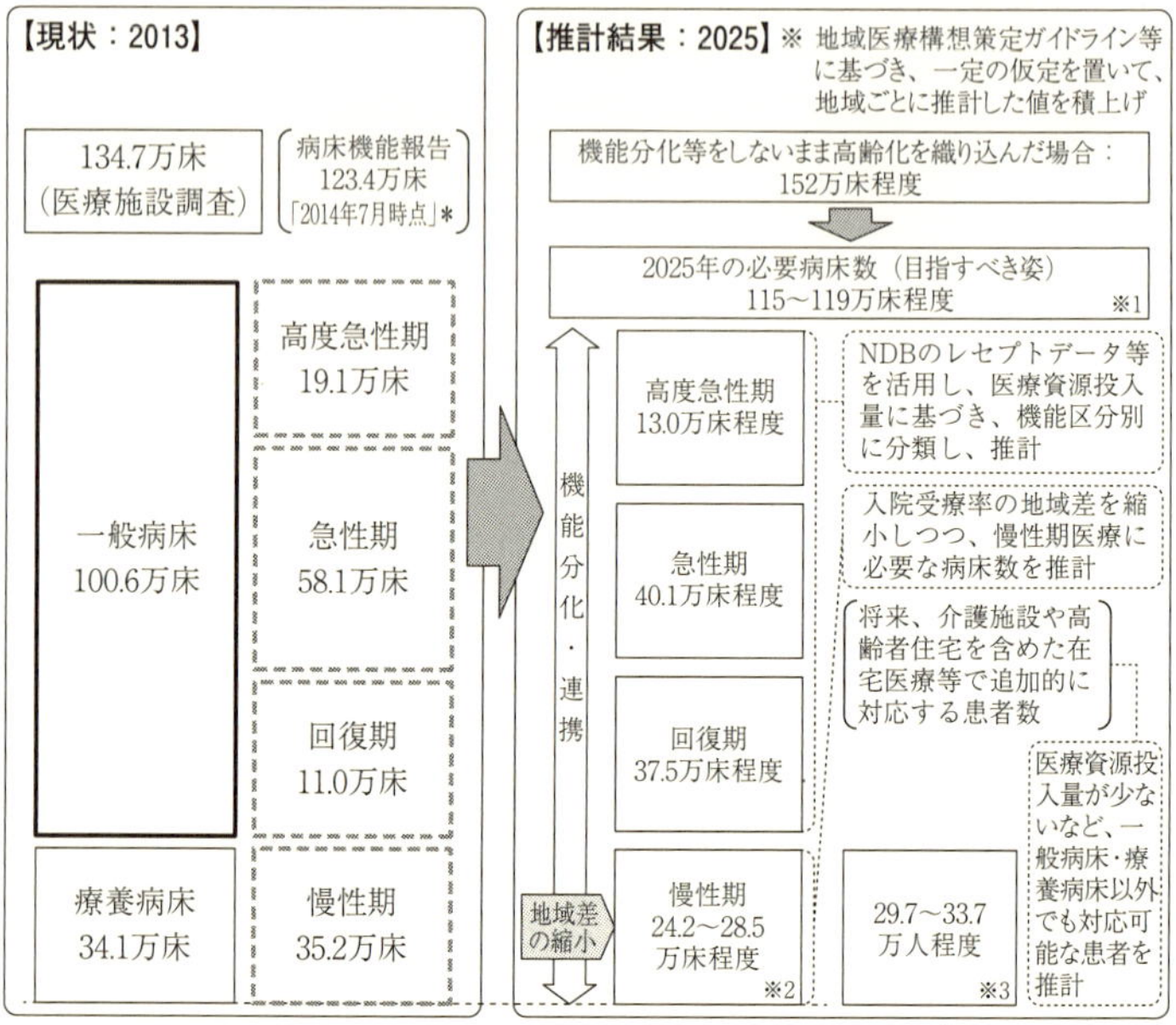


＊　未報告・未集計病床数などがあり、現状の病床数（134.7万床）とは一致しない。なお、今回の病床機能報告は、各医療機関が定性的な基準を参考に医療機能を選択したものであり、今回の推計における機能区分の考え方によるものではない。

※１　パターンA：115万床程度、パターンB：118万床程度、パターンC：119万床程度

※２　パターンA：24.2万床程度、パターンB：27.5万床程度、パターンC：28.5万床程度

※３　パターンA：33.7万床程度、パターンB：30.6万床程度、パターンC：29.7万床程度

出所：厚生労働省（「医療・介護情報の活用による改革の推進に関する専門調査会」［2015年６月15日］）より引用

省も持っており、どのように病床数を適正化するかについて議論が行われてきた。２０１３年の社会保障制度改革国民会議の報告書（補章参照）を基に、最終的に２０１４（平成26）年度の通常国会で成立した「医療介護総合確保推進法」により、15年「地域医療構想」策定を都道府県に義務づけ、地域医療計画の中で２０２５年の医療需要を推計し、全国に

133万ある病床数を110万台後半に減らしていくと同時に、高度急性、急性、回復、慢性に分けて病床の機能分化を一層進める方向となった。

図2－4の推計は、DPC（いわゆる包括払い制度、コラム①を参照）データとよばれる病院の包括払いで使われている情報、レセプトデータによる推計に基づき、病床数を厚生労働省の会議で松田晋哉教授が報告したものである。こうした2025年の姿を描きつつ、都道府県は「地域医療構想」を策定していくこととなった。

その策定にあたり、厚生労働省がガイドラインを発出している。いわば政府主導でガイドラインを出すことにより地域差は極力解消しつつ、都道府県が直接の担い手となって、計画的に病床を減らし、地方の実情に合うかたちで、病床を機能別に配分していこうという動きをとり始めた。この意味で、従来型の病床の状況は、資源配分の意味から問題があったことが改めて認識され、大きく見直されることになったといえる。

なお2017年春に各都道府県の「地域医療構想」が出揃い、2025年の必要病床数は119万床程度と推計され、現在はこれに向けた実行段階に入ってきている。

## 【コラム①】　包括払い方式と出来高払い方式

診療報酬の支払い方式には二つある。一つは出来高払い方式であり、医療にかかった費用について個別項目ごとに単価が決められているので、それを合計してそのまま請求する方式である。従来は、この出来高払い方式しかなかった。しかし、この方式は、必要以上の医療行為をしてもそのまま保険者に請求できてしまうので、この方法では特に様々な治療を行う大病院などでは過剰診療に結びつく可能性も否定できず、問題ではないか、と指摘されるようになった。本来は過剰診療は、審査の段階でチェックされるべきものであるが、医療が必ずしもすべて標準化されていないことから、そのチェックは現実的にはなかなか難しい。

こうした問題を解消するために導入されたのが、いわゆる包括払い方式である。本章3節でも言及するが、包括払い方式の比率は徐々に拡大してきている（現状、すでに全一般病床の過半を占めている）。

包括払いは、疾病を類型化することにより、一日あたりにかかる診療報酬額について、様々な項目を包括して定める方式である。包括払いについては、比較的定型的な慢性期の医療などに適用されているものと、複雑で高度な治療を行う病院に適用される場合がある。そして、この後者の病院等に対して、疾病ごとに一日あたりの額が定められた「診療群分類別包括評価方式」（Diagnosis Procedure Combination：いわゆるＤＰＣ）が２００３年から導入されることになった。

ＤＰＣであると、治療がどのように行われようと、支払われる診療報酬は定額となる。このため、出来高払いの問題点である過剰診療のおそれについては、解消することができる。しかし一方で、包括払いであると、診療が十分に行われないことも懸念される。このため、ＤＰＣを導入している病院からは診療内容についてのデータ提出が義務づけられており、そうした懸念を最小化しようとしている。

医療費増加抑制の観点のみから判断すると、出来高払いよりも包括払いのほうが、過剰な診療を抑制する方向に作用するのでよりよいようにみえるが、実際には包括払いの報酬がどのようにつけられるかに依存する面もあるといえる。しかしながら、ＤＰＣを導入し、これがナショナル・データベース化することによって、多様な医療のデータ分析が可能となり、多くの研究や政策決定に生かされるようになっている。こうした点も含めて考えると、包括払い方式の導入は、日本の医療にとって大きな意義を持った改革であったといえる。

## 急がれるプライマリーケア体制の充実

前述の２０１３（平成25）年の社会保障制度改革国民会議の報告書においては、大病院、重装備の病院は急性期等の患者に特化する必要があり、いわゆる「緩やかなゲートキーパー機能」を備えた「かかりつけ医」の普及が必須であることも打ち出した。こうした大病院への紹介状なしの初診等は保険外診療（選定療養）とし、従来患者に追加料金を求めることで抑制しようとしてきたが、実際のところ、加算している病院はそれほど多くなく、全国平均では追加料金は２０００円程度にしかなっていなかった。日本では患者のフリーアクセスが担保されて行きたい病院に行くことができるため、患者は急性期病院にまだ殺到して「３時間待ち３分診療」といわれるような長時間の待ち時間を余儀なくされ、急性期病院の医療について患者側だけでなく医療提供者側からも不満が出る状況となっている。

一方、高齢者の増加に伴い、自宅での在宅医療の提供体制の充実が課題となっているが、現状の診療所の外来機能要件が存在し、在宅専門で診療をしようと思っても、一定の基準を満たした外来用の診療所がなくてはならないといった「外来応需の体制を有していること」を保険医療機関に求める運用をしていたり、地方厚生局によってその指導内容や方法などに違いがあるといったことから、在宅医療を専門に行いたい診療所にとって制約となるなどの指摘もみられてきていた。

## 住民に身近なかかりつけ医の連携

こうした状況に鑑みると、今後わが国で地域医療提供体制として求められる政策の主軸は、まずは患者の初期診療を担う医師によるプライマリーケアの体制を充実させることであると考えられる。かかりつけの医師が、地域の住民の日常的な健康管理と医療を継続的に担当し、急性期医療に特化した病院との連携もとれる医療提供体制を作ることであろう。特に高齢の住民が、必要な医療をその地域で安心して受けられるようにすることが重要である。

そのような体制が築かれていない現状では、患者が医師を選べるように、一定のフリーアクセスは確保する必要があるが、信頼できる総合的な診療の可能な診療所、かかりつけ医同士の連携、またはそれを提供できる看護師や薬剤師なども入ったチームを地域ごとに構築し、在宅の患者にも対応可能で、夜間も含む24時間診療可能な体制を作ることがまず急がれるといえるだろう。[5]

英国やスウェーデンなどの北欧諸国などでは、こうしたプライマリーケアの体制が整備されている。英国ではＧＰ（General Practitioner）とよばれる家庭医が、地域の患者や家族の健康問題の相談相手となり、患者の様々な症状に対応して診察を行い、必要な場合には病院を紹介する体制が実現している。実際にＧＰとして活躍される澤憲明氏によれば、医療ニーズの９割に対応し、医療制度に対する患者の満足度も９割を超えている（澤［２０１２］）という。

スウェーデンでは、ＧＰ４～６名を中心に他の専門スタッフ（看護師、理学療法士等）も含めたチーム医療で地域医療を支えている（Anell *et al.*［２０１２］）。欧州とはいろいろと事情は異なるが、日本でも、高齢社会ではこうした住民が安心できる地域における家庭医、かかりつけ医の連携体制をまず作ることが必要であろう。

そうした体制が整備されれば、大病院へのアクセスが、より制限的な運用となったとしても、患者の不便や不満はそれほど生じないことになるであろう。また、こうした体制を作るうえで、国民に対して、医療提供体制の変化についてわかりやすく説明していくことも必要である。こうした環境を作れば、３時間待ち３分診療のために高度な機能を持つ病院にいきなり国民が行くといった状況を、単に追加の特別料金を課すといった手法に頼るのではなく、自然に改善する前提ができることになるだろう。

現状では、こうしたプライマリーケア体制を充実させる前の段階であるにもかかわらず、紹介状なしの大病院（具体的には、特定機能病院や一般病床５００床以上の地域医療支援病院）受診時の定額負担を最低５０００円（初診時のみ）とすることが、２０１６（平成28）年４月の診療報酬改定で決まった（これは選定療養費の位置づけとなっている）。こうした手法のみでは必ずしも効果があがるとは考えにくく、述べてきたような総合的な体制整備が必要であると考えられる。

図２－５　諸外国と比較したＭＲＩやＣＴの装備状況（2013年）

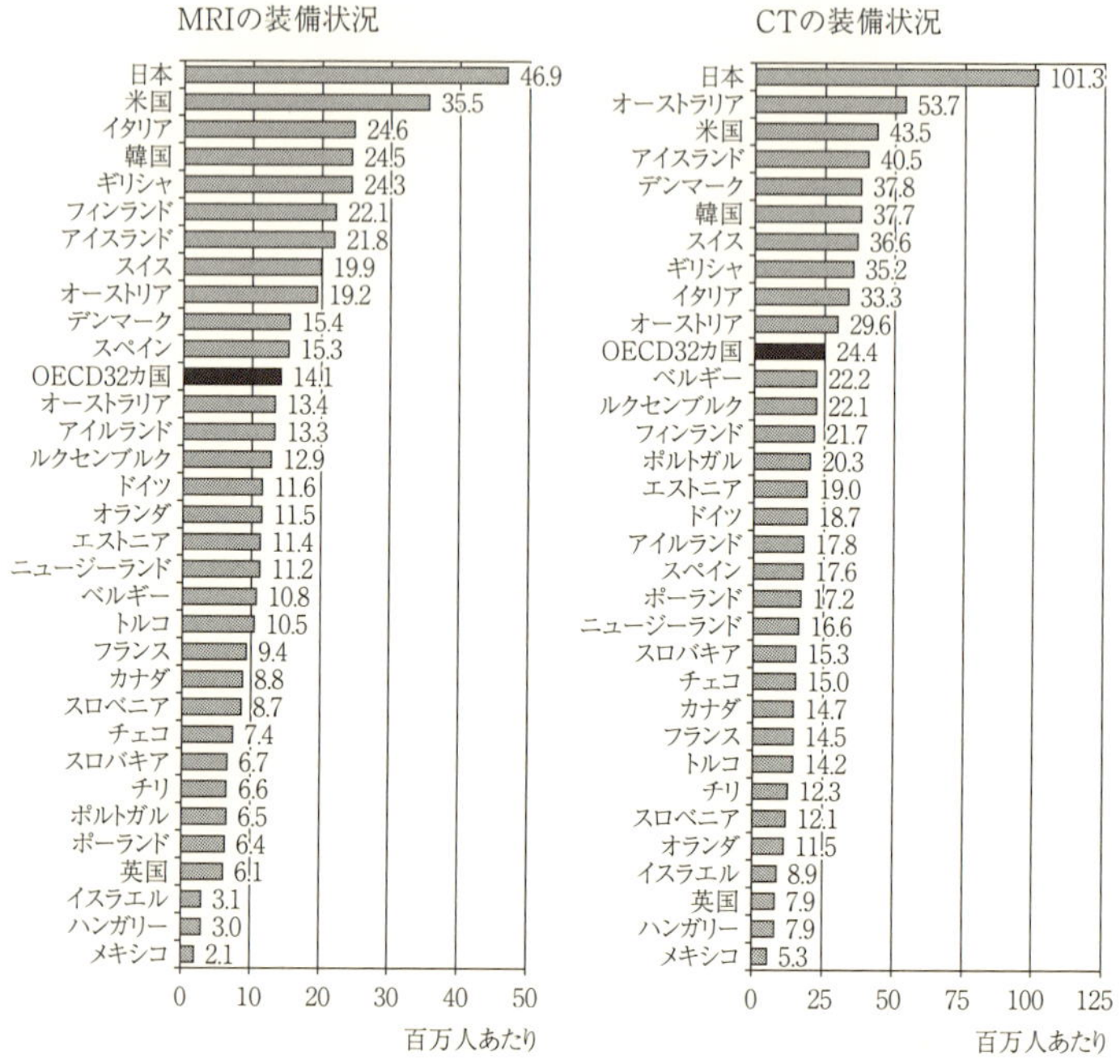


資料：OECD Health at a Glance

## 医療連携にはＩＴ化対応が求められる

そうしたプライマリーケア体制構築を図ったうえで、地域医療構想に基づき、病床数などの医療提供体制のビジョンを地域の医療計画で考える必要があるだろう。その際、診療報酬体系も将来の医療ビジョンを検討したうえで見直していく必要があると考えられる。

地域の中核となる実力のある病院に対しては、資金や人材を集中的に投入していく必要もあるだろう。わが国では、ＭＲＩ（磁気共鳴画像法検査装置）やＣＴ（コンピューター断層撮影検査装置）の装備率が先進国の中でも際立って高い（図2－5）。MRIやCTなどの高額な機材を多くの医療法人が持ち、患者がその画像データを診療機関から病院へ持ち運んだり、何度も同じ検査を受けることを余儀なくされる重複受診は、非効率であり、患者視点からも程遠いだけでなく、医療費の面でも問題となる。医療機関同士がこうした設備で他の医療機関より優位性を維持しようと競争を行うようになっているのは、医療機関の提供する医療の質が必ずしも患者からはわかりにくいことも影響していると思われる。

また、この点、個人の医療データをつなぐITネットワーク化を図ることによって、地域で医療機関間の連携を強化していく医療計画を構築し、そうした方向に沿って高齢社会への対応を進めていくことは、すでに政府の方針としても定められているが、現状では、まだ全国で250ほどの地域でしか実践されていない（第5章参照）。しかし、地域でのITを活用した医療情報連携は、患者の視点からも、また医療保険の持続性の観点からも、欠かせない重要な対応といえる。

## 地域医療の充実に不可欠な保険者機能の発揮と専門医の育成

一方、地域医療構想は、実行段階に入っているものの、地方自治体が民間医療機関の病床の削減や機能分化、充実した地域医療連携体制を実際に進めていけるのか、実効性の点で疑問が残る。従来、病床数については病床規制のほか、診療報酬で誘導することにより診療所や病院の経営戦略に影響を与えてきたが、資源配分の適正化には不十分であったという反省に立ち、こうした「医療計画」という手法をより強化して補完しようとしているようにみえる。

しかし、医療機関の病床機能分化を指導する主体は都道府県であり、都道府県の医療担当部局の指導力は限られている。そのうえ、高知県の例でみたように、それぞれの地域の産業や地勢、家族形態の特徴などによって病床数のちがいは生まれており、厳しい経営環境に置かれている医療機関に対してハードな交渉で調整をしていくことは難しい作業であると考えられる。実際、岡崎誠也・高知市長は新聞のインタビューで「任意ということなので、実際にどこまで減るかは分からない」との見解を明らかにしている（2017年6月2日「日本経済新聞」）。

それではどのような方策で補完することによって、医療資源の配分の適正化を促すべきであろうか。その答えのひとつは、先に述べたプライマリーケア体制の充実と医療IT化による連携であり、もうひとつは医療計画策定の段階で、医療ユーザーである住民や患者、および医療保険財政の健全性維持の視点などを反映させることのできる保険者（保険料を加入者から集め医療機関に支払っている国民健康保険等）などの意見を、さらに取り入れていくことだろう。[6] 実際に、医療需要側、また医療費を意識する側の意見が医療計画に反映されるような方向で2014（平成26）年に医療法が改正された。今後、いかに保険者が医療計画に保険者機能を発揮していくか、が問われている。たとえば、レセプト（診療報酬請求明細書）などから得られるデータ分析を最大限活用し、意見を反映させていくことなどが求められよう。

また、政府としても、すでに始まっているが、診療報酬の面で、医療機関にとっての予見可能性を確保しながら病床の偏在を是正する方向と整合的な体系に修正していくことが必要と考えられる。

なお、高齢者が増加し、医療と介護の分野が近接してきているにもかかわらず、医療計画は都道府県で5年ごとに作られ、３年ごとに作られる都道府県の介護保険事業支援計画との連携もとれていない、といった問題も存在していた。幸い、医療計画と介護計画を両輪として地域の医療・介護体制を構築していく方向で、これも近い将来実現する方向となっている[7]。

なお、現在、市町村の「地域包括ケアシステム」（地域の包括的な支援・サービス提供体制）の構築により、２０２５年をめどに、高齢者ができるだけ住み慣れた地域で最後まで人生を送ることができる体制を作れるよう、各市町村が地域の特性を踏まえ、３年ごとの介護保険事業支援計画の策定実施を通じて、各地域に即したケアシステムを構築することが推進されている。これらを、都道府県の介護保険事業計画、医療計画とも連携して構築していくことは日本の地域医療提供体制の充実のための大きな課題であるといえるだろう。

### 【コラム②】　ＰＨＭに基づく地域包括ケアに取り組む広島県大崎上島町

広島県大崎上島《おおさきかみしま》町では、ポピュレーション・ヘルス・マネジメント（集団健康管理、以下ＰＨＭ）の考え方を基盤にした地域包括ケアシステムの構築を行っている。大崎上島町は、瀬戸内海に浮かぶ三原と呉の中間地点から近い、みかん栽培の盛んな島である。人口約８０００人、高齢化率43％、一人暮らしの高齢者の多い場所で、診療所5カ所に医師が9名いて、今後医療資源の減少が見込まれている場所である。

ＰＨＭとは、「集団に属するすべての者が何らかの健康支援を必要とするとの認識に立ち、集団に属する人々を身体・心理社会的ニーズ評価から資源の投入度等に応じてリスク分類（階層化）し、そのリスク特性に応じたプログラム・サービスを提供すること」（森川［2016］）を指す。

森川（2016）によれば、大崎上島町では、レセプトデータ（後期高齢者医療制度、国保、介護保険）を用いて、入退院を繰り返している人の傾向や医療費、疾病動向等の分析を行い、これをもとに、住民をリスクの状態に応じて①在宅看取り、②医療的見守り、③疾病管理、④健康増進（介護予防、特定保健指導等）の四つの範疇に分類した。

①の人たちには、生活を見守りサポートする「寄り添いパートナー」の育成を始めている。②の人たちには、入退院を繰り返し多額の医療費を使わないで済むように、経過を遠隔モニタリングできるようにし、重症化予防のための介入をすることによって、医療費の削減に成功している。③の人たちには、高血圧や糖尿病などにならないように、自己管理行動の指導を行っている。今後はこうしたデータ分析に基づき医療と介護を結びつけた、病気予防、自立支援型の地域包括ケアが求められるといえるだろう。

こうした取り組みは、広島県呉市でも始まっているが、全国に広まるためには、保険者がデータ分析に取り組めるよう、人材育成などのサポートが必要であり、こうした環境整備もしながら、より良い地域医療提供体制を構築できるように促す必要がある。

### 地域医療の質の確保の問題

このほかにも、医師と看護師の偏在、医療提供の質の格差等、地域医療提供体制についてはきわめて多くの問題が残っている。[8] こうした問題を是正するためには、診療報酬体系の見直しのほか、病院や医療機関同士が一層「連携」していくことを考える必要があるだろう。

地域の医療の質の確保は、病院などがその質を開示し、患者がよりよい医療を選択できる仕組みなども工夫する必要があるが、何よりいかに地域におけるかかりつけ医として、幅広い知識を持ち、あらゆる領域の疾患に対応でき、継続的に患者を診られる総合診療専門医を育てていくかにかかっている。山田（２０１５）は、プライマリーケア国際分類によるデータ収集調査の結果、地域の外来ニーズは、①風邪などの軽症疾患の対応、②安定的な慢性疾患管理、③ごく初期の未分化な病状への対応、④高齢者の複合的健康管理への介入など、であるとしている。こうした地域のニーズに的確に応えられるように、地域医療を担う、地域で信頼される医師を養成することが求められる。[9]

## (2)　穏やかな看取りを可能にするために
## ——看取りのために終末期の患者の病院への移動を余儀なくされるのはなぜか

### 死亡場所の８割が病院

高齢化社会は、死亡数の増加する社会でもある。国立社会保障人口問題研究所の推計によれば、日本人の死亡数は今後大きく伸び続ける。２０１５年の段階では、年間１２０万人程度であるが、２０４０年の段階では１６０万人となることが予想されている。人口１０００人あたりの死者数も上昇を続け、2015年では9・5人であるのに対し、2060年には17・7人になると推計されている。

また、日本では多くの人が最期は自宅に帰りたいという意向があるが、実際の死亡場所の内訳をみると、日本は8割が病院（2010年）である。これに対し、スウェーデンやオランダなどでは3〜4割であり、あとは施設や自宅で亡くなるケースが多い状況となっている。日本でも1950年代は自宅で亡くなる方の割合が8割を超えていたが、その状況は大きく変化している。

現状では、死亡者数の増加に伴い、離島遠隔地、都市周辺部などの、医師が比較的人口に対して少ない地域においては、医師による速やかな「死亡診断」が難しいという状況がすでに顕在化している。

現在、日本では診療中の患者が受診後24時間以内に死亡した場合は、例外的に死後診察を行わなくても死亡診断書を交付することが認められている。一方で、受診後24時間を過ぎると、死亡診断書の交付に際して改めて死後診察が必要とされている。これらは医師法の第20条およびその但し書きで規定されている。こうした規制が設けられている背景は、医師が患者の最期の瞬間まで専門性の観点から死亡を診断する必要があり、まれに患者の事故死、不審死などがあり得るため、医師が、異状がないかを判断する必要があると考えられているからである。

### 自宅や施設での穏やかな看取りが難しくなっている

しかし、こういう規定があるために、終末期に在宅、または特別養護老人ホームなどでこのままで過ごしたいと患者や患者家族が希望していても、死亡診断を受けるために、最期の段階で医師のいる病院に移動させるケースや、ご遺体を長時間自宅に保存したり、長距離搬送したりすることが必要となる場合などが出てきている。

日本看護協会の規制改革会議提出資料（２０１５年10月23日）によれば、主治医が連休で遠方に出かけている間に、自宅で心肺停止状態になり、主治医が戻るまで自宅で遺体をそのままの状態で待ち、３日後に主治医が来て死亡確認を行い、死亡診断書が交付された事例がある。また、嘱託医による24時間対応がない特別養護老人ホームで、入居者が突然心筋梗塞を起こしたが、延命措置を望んでいなかったことはわかっていたものの、嘱託医が不在で死亡診断のために死亡確認前の入居者を病院搬送した例などが紹介されている。

こうした問題は離島や遠隔地だけでなく、都市周辺部でも実際に起こっている。現在の医療提供体制では、24時間速やかに死後診察を行える体制をとることは難しく、都市部の特別養護老人ホームでは、嘱託の医師はいても、24時間常駐体制のある施設は少ないことが背景として指摘できる。

当初は、厚生労働省は医師の数が少ない離島や遠隔地の問題である、としていたが、医師が多くても、実際に孤独死が起こったり、医療機関や特別養護老人ホームとの連携等がとれていなかったりすることは、都市部でも頻繁に起こっている。

実際に会議に参加されていた医師の方々も、都市部の医療に従事されており、その実態について危機感を持っておられた。また実際に「家族を死亡診断のために特別養護老人ホームから病院に運ばざるを得なかった」「二度も三度も救急車で病院に運んで、最期に病院で亡くなった家族を持っている」等々、会議に参加している委員、専門委員の方々の体験談も聞かれた（規制改革会議健康医療ワーキング・グループ議事録（「2015年12月24日」）。

## 在宅での穏やかな看取りを可能とするために

まず必要なのは、前項で述べた通り、地域におけるプライマリーケア体制――24時間、医師が連携できる体制――の構築を急ぐことであろう。それでも、今後急速に増加する死亡者への対処は、難しい可能性が高い。そうしたことから、在宅医療での医師同士や介護施設における協力病院の確保なども含めて地域での看取りを円滑に進めるための取り組みを具体的に推進していくことが求められる。加えて、在宅での看取りにおける死亡診断に関わる手続きを以下のような方向で整備されることとなった[10]。

具体的には、次の五つの要件をすべて満たす場合には、死後24時間が経過していても、医師が亡くなった方の死後診察によらず死亡診断を行い、死亡診断書を交付できるように具体的な運用を検討し、規制を見直すこととしている。

五つの条件とは①医師による直接対面での診療の経過から早晩死亡することが予測されていること、②終末期の際の対応について事前の取り決めがあるなど、医師と看護師の十分な連携が取れており、患者や家族の合意があること、③医師間や医療機関・介護施設間の連携に努めたとしても、医師による速やかな対面での死後診察が困難な状況にあること、④法医学等に関する一定の教育を受けた看護師が、死の三徴候（心拍停止、呼吸停止、瞳孔の対光反射の消失）の確認を含め、医師とあらかじめ取り決めた事項など、医師の判断に必要な情報を速やかに報告できること、⑤看護師からの報告を受けた医師が、テレビ電話装置等のＩＣＴを活用した通信手段を組み合わせて患者の状況を把握することなどにより、死亡の事実の確認や異状がないことが判断できること、である。

こうした条件を満たすためには、たとえば法医学等に関する教育を看護師が受けられるようにするなど、相当な準備が必要である。今後、死亡者数が増加し、相対的に医師の不足する地域が増えている現状を考えれば、できるだけ速やかに在宅での穏やかな看取りを可能とする環境を整えていく必要があると思われる。

### (3)　遠隔診療のメリットを活かす時代へ——遠隔診療がなかなか進まなかったのはなぜか

#### 遠隔診療の今までの位置づけ

診療を受ける患者側から考えれば、オンライン・ネットワークによって、かかりつけの医療機関に自分の体調に関するデータが送られ、体調の変化などについてモニタリングをしてもらえる体制をとってもらえれば安心であり、病気の重篤化を防ぐことも可能になる。また、多忙な人にとっては、医療機関に出向かなくても受診することができるといったメリットもある。医療機関側からみても、患者の症状を継続的に正確に知ることができ、データをあらかじめ分析しておいて、効果的に患者に対して、時間をかけて診療できるようなケースもあるだろう。

先進国を中心として、遠隔診療はかなり進んでいる。ちなみに、米国では２０１５年に遠隔医療を専門とする病院（Virtual Care Center）が登場している（Mercy という名称の地域医療ネットワークで、40あまりの病院で患者情報を共有）。患者はパソコンやスマートフォンを活用して、医師とコミュニケーションをとり、検査結果を閲覧、処方箋の再発行をしてもらい、次回の受診予約をすることなどができる。また、デンマークでは、患者が自宅で、パソコン画面を通じて療法士の指導を受けながらリハビリテーションを行うことができ、在宅ケアを推進して足の不自由な方が移動する負担を軽減する工夫がなされている。

従来わが国では、他の先進諸国と比較すると、遠隔診療はあまり活用されてこなかった。その背景には、厚生労働省の局長通知で「医師法第20条における『診察』とは、問診、視診、触診、聴診その他手段のいかんを問わないが、現代医学からみて疾病に対して一応の診断を下し得る程度のものをいう」とされていたことがある。同通知において、診察は、医師または歯科医師と患者が直接対面して行われることが基本とされ、遠隔診療は離島僻地などでは許容されるという例示が出されており、許容範囲が限られていると医師等に認識されてきたことがあった。

加えて、診療報酬の面でも、遠隔で診療を行った場合、電話等再診および処方箋料しか認められておらず、医療機器によっては、遠隔モニタリング技術が十分評価されていないこともあって遠隔モニタリングの診療報酬が認められないため、遠隔モニタリング機器[11]によって生体情報や使用状況が把握できる場合も、頻繁に医療機関の受診が求められるなど利便性を欠く運用がなされてきている側面もあった。

## 慢性疾患の増加と遠隔診療ニーズの高まり

ただ、今後の高齢社会での慢性的な疾患を抱える患者が増加するなどの変化予想を考えると、医療分野での遠隔診療、遠隔モニタリングの推進は、患者の安心の確保や移動負担の軽減、重篤化予防といった治療効果、病院勤務医の負担軽減等から考えても、また、わが国のＩＴ技術の発達や今後の医療機器の発展を考えても、効果的な分野については推進していく必要があると考えられる。

２０１５年の規制改革会議（３月５日）資料では、以下のような医療現場の声が紹介されている。たとえば大津市民病院の平沼修医師からは、睡眠時無呼吸症候群の診療において遠隔モニタリングを実施し、これが非常に有益であったとの紹介があった。遠隔モニタリングを実施すると、医療機関側も事前にデータを参照し、診療前日には使用状況が把握でき、医療従事者の負担が軽減するメリットがあるということであった。

さらに、医療機関側にもメリットがあることについても説明があった。具体的には、当日の外来でデータをＳＤカードで持ち込んでも、マンパワー不足でその場ですぐ解析できないといった問題を、遠隔モニタリングによって解消できるというものである。しかも、遠隔モニタリングのほうが療法の継続率が上がり、予後の改善に寄与できるという大きな効果が得られる。また、遠隔モニタリングに変更した33名の患者のアンケートの紹介もあり、67％の人が、安心感が向上（残りの33％は変わらず）、79％の人がデータ持ち込みなどの煩わしさが減少した（残りの21％は変わらず）という高評価を得ていた。

加えて、東松山医師会病院の松本万夫医師も、心臓ペースメーカーの遠隔モニタリングを考案し、デバイスチェックやデータ保存にかかる時間を削減、外来における診療効率が改善する一方、患者の管理精度をより改善することができた、としている。患者にとっても、やはり安心感と通院機会が年

3回来院から年1回の来院に削減でき、入院回数の軽減、患者死亡率の軽減に寄与するなど、メリットが大きい、としている。

鳥取大学の鰤岡直人医師からも在宅酸素療法の遠隔モニタリングは、在宅における低酸素状態の状況を把握できて、非常に意義があるとの説明があった。

## 局長通知の明確化とその先の課題

検討が行われた結果、従来の局長通知平成9年12月24日、平成15年3月31日一部改正、平成23年3月31日一部改正「情報通信機器を用いた診療（いわゆる「遠隔診療」）について」における遠隔診療の取り扱いが不明確であるため、修正をして遠隔診療を推進すべきであるという方向となった。そして「遠隔診療についても、現代医学からみて、疾病に対して一応の診断を下し得る程度のものであれば、医師法第20条等に抵触するものではない」ことを明らかにし、「患者側の要請に基づき、患者側の利点を十分に勘案した上で、直接の対面診療と適切に組み合わせて行われるときは、遠隔診療によっても差し支えないこととされており、直接の対面診療を行った上で、遠隔診療を行わなければならないものではない」という内容で、2015（平成27）年8月10日に各都道府県知事宛に通知が出されることになった[12]。

この通知は、厚生労働省医政局長の事務連絡という形式で出された。これにより、離島等のもともとの局長通知に示されている対象範囲はあくまで遠隔診療の例示であって、これだけに許容されるものではなく、地理的な制限や、対象疾患など適用範囲を狭く解釈しなくてよいこと等を「明確化」した。このため、医療機器の製造メーカーなどの遠隔モニタリング機器開発への取り組みが徐々に本格化し始めた。通知の「明確化」により、従来、離島などでなければ遠隔診療が認められないのではないか、というような医療関係者の認識は変わり、遠隔診療を推進する方向に舵を切ったといえる。

同事務連絡は平成９年12月24日付に出された考え方を平成15年と平成23年に改定、それを参照し、加筆して「明確化する」形式をとっていたが、もともとの通知がわかりにくかったことが背景にあり、むしろ新しく通知を書き換えるほうが、メッセージが伝わると考えられた。この点、２０１７年６月の規制改革実施計画により、７月には新たな通知が発出され、「テレビ電話や電子メール、ソーシャルネットワーキング・サービス等の情報通信機器を組み合わせた遠隔診療についても、直接の対面診療に代替し得る程度の患者の心身の状況に関する有用な情報を得られる場合には、ただちに医師法第20条に抵触しない」ことも明確になった。

なお、２０１６年の規制改革実施計画では、「厚生労働省は、医療資源の適正化や産業振興の観点からも、遠隔診療を主体的に推進し、遠隔医療技術に関する評価及び学会との連携の強化等、安全性・有効性に関するエビデンスを積極的に確立する仕組みを構築する」こととなっていたが、推進策のとりまとめなどは遅れており、遠隔診療技術についての研究開発や実用化は急がれる状況にある。また、診療報酬上、遠隔診療をどう評価していくかが、今後の推進にとって非常に重要になっている。これらの点については、２０１６年11月10日の未来投資会議で、遠隔診療の推進も含めたＩＣＴ化について、診療報酬体系を含めて後押ししていく方向も打ち出された。

このように、遠隔診療の普及には、一歩進んだルールの明確化に加え、その効果についてのエビデンスの積み上げ、そしてこれに基づいた診療報酬上の評価をする方向となってきている。

### 安全に運用する環境を整備をしながら遠隔診療の推進を

遠隔診療は、すでに述べてきたように様々なメリットがあるが、今後はかかりつけ医との関係をより強化する手段として考えていく必要があるだろう。医療法人鉄祐会・株式会社インテグリティ・ヘルスケアの武藤真祐医師は、医療のオンラインモニタリング、オンライン診療が可能になれば、患者を「待つ医療」（Passive）から「参加する医療」（Active）へ変化させ、かかりつけ医との関係強化を促進することにつながるとしている（２０１７年3月9日未来投資会議・構造改革徹底推進会合資料）。

また、株式会社メドレーの豊田剛一郎医師は、遠隔診療は、特に生活習慣病などの重症化予防に対面とオンライン診療を組み合わせることにより通院継続率、治療率が上昇することなど、具体的なメリットを明らかにし、対面診療の置き換えではなく、医師の判断で対面とオンラインを使い分けることが重要としている（同会議資料）。その一方で、診療の質を落とさない、正しい普及のための啓発やルール整備が重要としている。

このように、今後は対面診療との比較の議論ではなく、これとうまく組み合わせて、患者のメリットや医療の質の向上を促すようなオンライン診療の事例を明らかにし、その考え方を整理しながら、効果の高い遠隔診療を報酬上評価して推進していくことが重要と考えられる（第5章コラム⑥も参照されたい）。

## 3　患者がメリットを実感できる医薬分業とは
### ――院内処方よりも院外処方のほうが患者のコスト負担が大きくなっているのはなぜか

現在、日本には薬局が約5万8000軒も存在し、コンビニエンスストアの数よりも多く、その数は年々増え続けてきた。平成5年段階では約3万8000軒であったが、この20年で2万軒も増加している（社会保障統計年報）。都市部の大病院の道を隔てた場所には多くの薬局が所狭しと林立している。実際、いわゆる門前薬局と言われる薬局の比率は、約7割[13]に達し、医療機関の近くにフェンスや道を隔てて存在する薬局が圧倒的に多い。

国民が日常的に目にするこうした光景は、厚生労働省が決定する調剤報酬等の構造や医薬分業にかかる規制など、薬局に対する政策誘導は、どういう考え方に基づいてやってきたのか、と関心を抱かせるものである。本節では、政府が現在まで診療報酬、調剤報酬などによって進めてきた医薬分業政策について検討し、今後の課題について検討することとしたい。

### (1)　医薬分業の歴史と現状

**1974（昭和49）年が起点**

日本では、江戸時代までは漢方治療が主体で、医師による薬の調剤が定着していた。[14]しかし、明治時代、西欧先進国に様々な制度を学ぶ中、すでにドイツで採用されていた医薬分業に倣い、それらの制度を取り入れた。ただし、当時は薬剤師や薬舗が不足しており、引き続き医師による調剤が認められていたため、医薬分業が実態として進むことはなかった。

第二次世界大戦後、米国が日本を占領するもとで、GHQが日本政府に対して米国流の医薬分業の実施を迫った。この背景には薬剤師協会の働きかけがあったとされるが、日本医師会は、投薬は医療行為であるとの声明を出し、医薬分業に反対する姿勢をとった。

このような反対はあったが、厚生省は1951（昭和26）年に「医薬分業法案」を提出し、成立させた。実際には、日本医師会の反対もあり、医薬分業は1956（昭和31）年から実施とされたものの、収益源でもある薬価差益を手放すことを医師は好まず、医師が薬を調剤する状況がその後も続くこととなった。

こうした状況が大きく変化したのが1974（昭和49）年の診療報酬改定である。この年に、医師の処方箋料が前年まで6点（60円）であったのが、50点（500円）に引き上げられた。この結果、医薬分業は実態として進むこととなった。したがって、日本の医薬分業の本格的展開のスタートは1974年であると考えられている。

医薬分業の最大の狙いは、医師と薬剤師が独立の立場からそれぞれの機能を発揮して、患者の安全性を確保することである。薬剤師は薬学的見地から医師の処方箋を確認し、ミス等を防ぐと同時に、患者の薬歴を確認し、副作用などが出ないように指導することが求められる。

もう一つの狙いは、いわゆる「薬漬け医療」「薬の過剰投与」の防止であるといわれる。薬価は公定価格であり、医療機関や薬局は患者に対しては公定価格で医薬品を販売することを義務づけられているが、薬の仕入れ価格については、卸業者との交渉で決定される。このため、医療機関や薬局は、安く仕入れて、公定価格で販売することによって、いわゆる「薬価差益」を享受できる仕組みとなっている。したがって、医療機関であれ、薬局であれ、こうした価格差が存在すれば、医薬品を卸から購入して公定価格で販売すればするほど儲かる仕組みとなっている。1989（平成元）年11月には、薬価差益は1兆3000億円（当時の薬剤費全体の25%もの規模）という金額が衆議院決算委員会で公表され、大きく報道されたことから、こうした薬価差益を縮小していくためにも、医師の処方を薬剤師がチェックすることは意味があるという議論が出てくるようになったと考えられる。

## 医薬分業率は全国で7割、福井県は4割

それでは、医薬分業率[15]は1974年以降どのように推移しただろうか。これを示したのが、図2－6である。

医薬分業率は、40年かけて約7割まで上昇してきた。その背景には、前述の通り、厚生労働省が医療機関に対する処方箋料と薬局に対する調剤報酬を高めに設定し、医薬分業を誘導したことがある。しかし、医薬分業率に一定の数値目標があったわけではないし、医薬分業率100%が目標とされていたわけでもない。薬剤師が少ない地域もあるため、薬局を開設できず、地域の医師が処方せざるを得ない場合もあると考えられるので、現実問題として、医薬分業を全国で徹底できないのはやむを得ないこととも考えられる。

**図２－６　医薬分業率の推移**

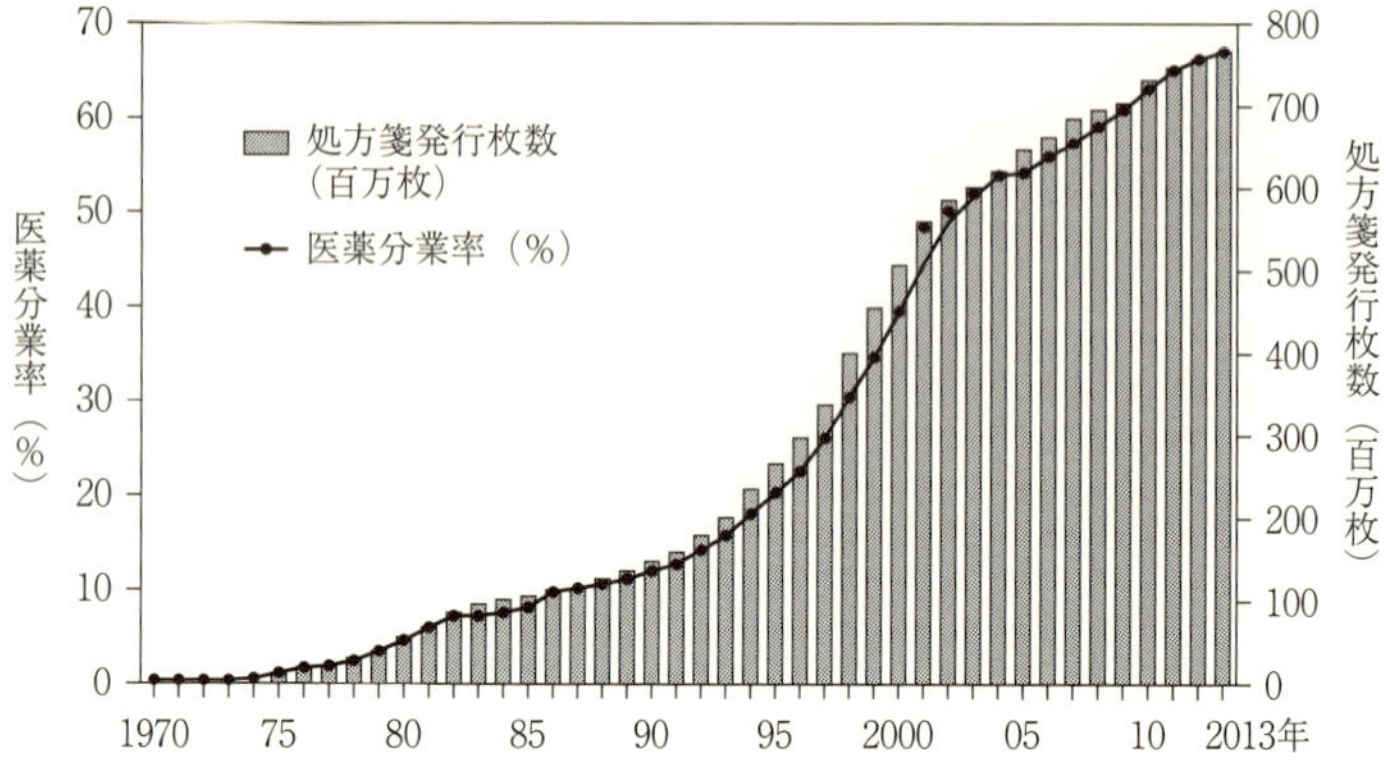


資料：厚生労働省（規制改革会議提出資料［2015年３月12日］）

筆者注：2016年度の医薬分業率は73.9％に達したことが2017年７月に厚生労働省から公表された。

厚生労働省は、「医薬品の適正利用」の評価基準としてこの医薬分業率を指標として位置づけ、医薬分業を促す診療報酬体系を40年間微修正しながら維持し続けてきた。これに対し、厚生労働省は、２０１５年の規制改革会議で初めて、「医薬分業率が７割近くまで上昇」し、「今後は、医薬品の適正使用に資する医薬分業の評価を量から質（疑義照会や在宅医療への参画など）に転換していく必要がある」として、７割水準で量的目標は達成したとの考え方を示している（規制改革会議健康・医療ワーキング・グループ　２０１５年5月11日　厚生労働省資料1、15ページ）。この時点で、公式に初めて7割でほぼ数的な目標は達成し、量から質に転換するという姿勢が示された。

なお、医薬分業率については、地域ごとの格差がかなりある。福井県は49・4％と低いのに対して、秋田県では86・9％となっており（２０１６［平成28］年度、日本薬剤師会調べ）、その格差は大きい。しかし、この差自体を厚生労働省が大きな問題と捉えて、地域間の格差是正を図ってきたわけでもないようである。福井県も秋田県も県内に薬科大学がないので県内大学を卒業する薬剤師がいないという実態があるが、秋田県は医療機関の数も全国と比較してもかなり少ないため、薬剤師の多くが薬局に勤めているという事情があるものと考えられる。

## 院内処方を続ける医療機関の理由

それでは診療報酬で誘導しているにもかかわらず、院外処方を選ばず、院内処方を続ける医療機関は、どのような理由からこうした選択を続けているのだろうか。

後述するが、院内処方は院外処方と比較すると、調剤にかかる報酬が低く、一方で医療機関が卸から医薬品を仕入れて公定価格と仕入値の差である薬価差益を確保できるとしてもその差益は縮小傾向にあるため、１万７０００種類もの医薬品が販売されている現在、院内での薬の在庫管理のコストなどを考えれば、院内処方は収益的には以前よりメリットが小さい状況となっている。いくつかの診療機関のヒアリングでは、院内処方を続けていることについて、収益面以外の理由として、以下のような要因を指摘していた。

第一に、薬局が少ない地域においては、医療機関が院内処方を維持せざるを得ないという場合がある。地域によっては住民の高齢化が進んでおり、高齢者などが遠くの薬局に行く必要があるため、患者の利便性を考え、医療機関が善意で処方を続けている場合がある。

なお、院内処方の場合、医療機関の中で医師自身が処方と合わせ調剤している場合と、医療機関の中の薬剤師が調剤している場合がある。後者の場合は組織内の適切な役割分担のもとで相互に牽制機能を果たしていれば問題は少ないが、前者の場合、地域によっては薬剤師不足などでやむを得ない場合があるとしても、相互チェック機能が果たされていない問題点がある。

たとえば、健康保険組合連合会（健保連）の分析によると、市販品類似薬である湿布薬の処方をみると、湿布薬剤費の高低は、患者よりも、医療機関に起因しており、患者が多くの処方を求めるという要因よりも、（院外、院内処方のちがいは明確ではないが、）医療機関が通常よりも多めの処方をするという要因のほうが強い可能性が高いことが、レセプトデータ分析から明らかとなっている（この点については、第4章に詳しく紹介しているので、参照されたい）。こうした点をみると、多めの処方の誘因が、いまだに医師が薬価差益を少しでも享受できるという考えを持っている可能性が否定できない。

第二に、患者に対する治療のフォローの観点から院内処方を維持し続けているところもある。たとえば、東京都内では慶應義塾大学病院などの大病院であっても院内処方を維持しているところもある。こうした病院は、院内処方とすることによって、院内の医師と薬剤師が連携して患者の病名や症状を確認し合ってチーム医療体制がとれるため、病院としてデータを継続的に集め、患者の治療や臨床研究に生かしやすいという考えもあって院内処方を続けている。処方箋には、患者の病名は記載されていない。このため院外の薬剤師が処方箋から病名を知ることはできず、薬剤師のチェック機能に一定の限界があることも確かである。

なお、入院患者の場合は、院内調剤を医師と薬剤師のチーム医療で実現しているのであり、外来患者の場合のみ院内調剤が問題となるわけではないように考えられる。特に大病院の場合は重い病気の患者が多く、街中の薬局で医薬品が入手困難な場合もあり、また副作用や薬の効き具合などを継続的にフォローする必要があると考えている側面もあるのだろう。

このように、現在も院内処方を続けている医療機関の中には、薬価差益のほか、善意または医療機関としての独自の考えから、これを維持しているところもあると考えられる。ちなみに、２０１４年に新設された、かかりつけ医機能を評価する地域包括診療料等では、医療機関が主治医としての役割を担う場合、院内処方が原則とされている。24時間開局対応している薬局との連携でも可能とされているが、院内処方自体が問題とされた状況から年数が経ち、厚生労働省の認識自体が変化してきたこともうかがわれる。

実際、厚生労働省からも、現状、院内処方について問題があるとは考えていない、すなわち、「(分業していないところでも)こんな問題がというだけの材料を持っておりません」(厚生労働省吉田審議官　２０１５年5月11日健康医療ワーキング・グループでの発言)との見解を明らかにしている。

## (2)　医薬分業と医療費の関係

### ①　調剤報酬と薬剤費、医療費の関係

**医薬分業の効果は薬剤費比率の低下という説明は説得的か**

それでは、医薬分業が進捗している中で、薬局に支払われる調剤報酬、医薬品の価格である薬剤費、医療全体にかかる医療費の関係はどのように推移してきているのだろうか。図２－７は、ここ20

**図２－７　国民医療費、薬剤費、薬価差の20年間の推移**

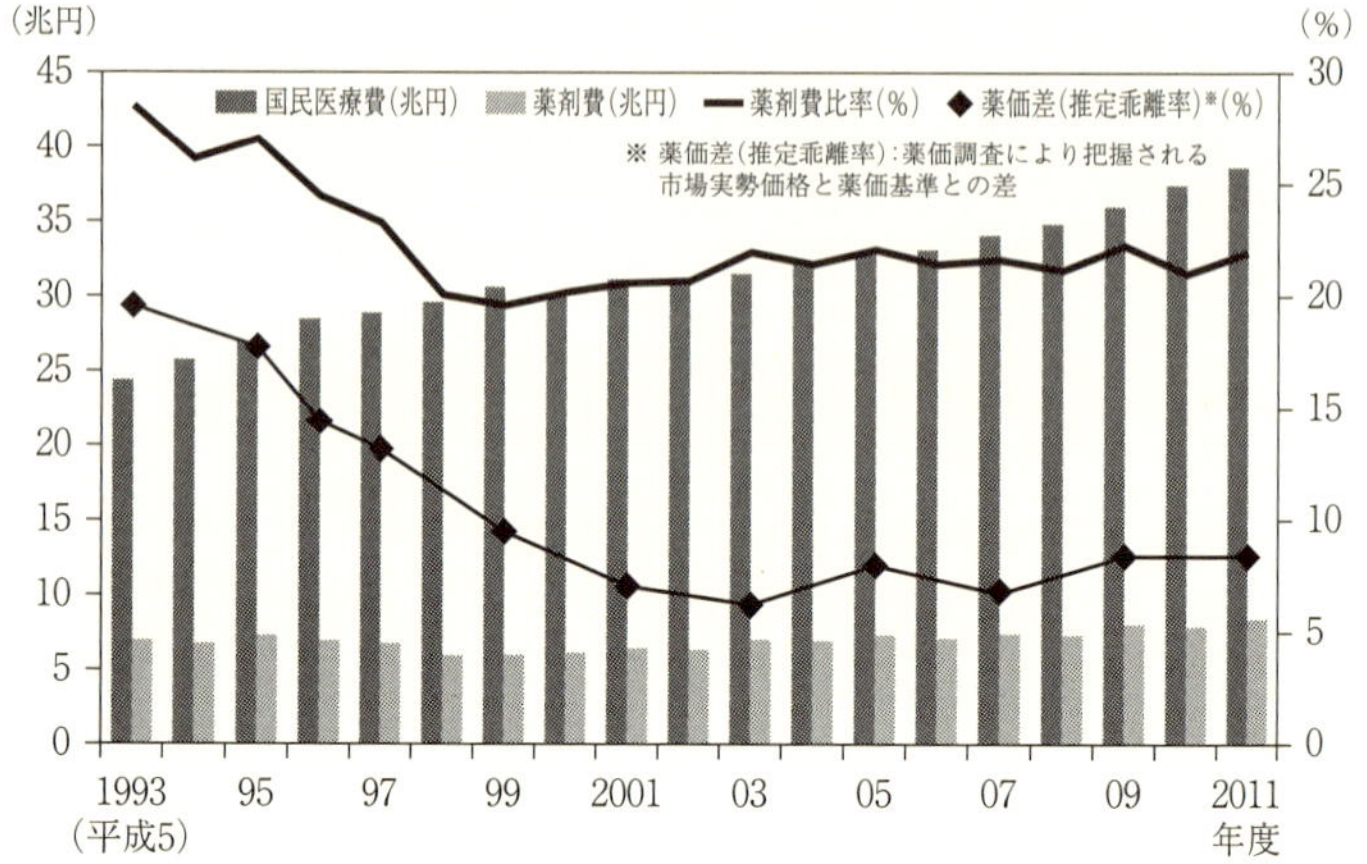


資料：厚生労働省（規制改革会議提出資料［2015年３月12日］）

年間の薬剤費と医療費の推移である。

まず、国民医療費はここ20年間で一貫して上昇を続け、現在約40兆円まで達している。こうした中で薬剤費は、１９９８（平成10）年度前後にかけて低下を示した後上昇傾向にあり、国民医療費に対する薬剤費の比率である薬剤費比率をみると、１９９３（平成５）年度には20％台後半であったが、いったん低下したあと、ここ10年ほどは20％台前半からじりじりと増加している（２０１５年は９・６兆円）。一方、厚生労働省が推計している薬価差をみると、20％くらいであったが、近年は８％まで大きく低下してきている。

これらの数字をみるかぎり、薬価差も国民医療費における薬剤費比率も20年前よりは低下していることから、医薬分業によって、薬漬けといわれた状況が改善し、医療費改善効果があるようにみえる。

ただし、薬局等に支払われる調剤技術料等は、医薬分業政策のためにかけた「費用」としての側面もある。また、薬剤費比率と医薬分業の関係についてのデータの解釈は、以下の四点から、留意してみる必要があると考えられ、そもそも薬剤費比率で医薬分業の効果を評価することが適切か、疑問が残る。

## 日本の薬剤費は推計値である

第一に、実際の薬剤費は、公表されているデータよりも、いくつかの点から高いことが従来指摘されており、実際の薬剤費比率はそれほど顕著に低下していない可能性が高い。

まず、薬剤費のデータは、それ自体の集計されたデータがあるわけではなく、薬剤費比率が先にあり、国民医療費に薬剤費比率を乗じて算出されている。すなわち薬剤費は、薬剤費比率（国民医療費における医療保険適用薬剤の比率）を利用して、薬剤費総額を算出している。この薬剤費比率は、小藪（２０１３）によれば、社会医療診療行為別調査の薬剤費比率をメディアス（概算医療費データベース）で補正して算出したとされているが、その計算式は不明となっている。さらに、薬剤費比率が算出されている社会医療診療行為別調査は、全数調査でなく6月ひと月分の診療の調査であるという問題もある。

また、多くの病院で採用されている診療群分類包括評価方式（ＤＰＣ：Diagnosis Procedure Combination［コラム①参照］）の薬剤費は、薬剤費比率算出の対象に含まれていない。このため、実際には薬剤費は、平成22（２０１０）年の段階でも、公表されているデータよりも８９００億円ほど多い状況となっている（平成23年厚生労働省社会保障審議会医療保険部会資料４参照）。

**表２－３　薬剤費の推移と薬剤費比率**

| 年度 | 国民医療費（兆円）A | 薬剤費（兆円）B | 薬剤費比率（%）B/A | 医科のみ（兆円） | 推定乖離率（%）※ | 調剤金額（兆円） |
|---|---|---|---|---|---|---|
| 1991年度 | 21.8 | 6.4 | 29.5 | | 23.1 | |
| 1992年度 | 23.5 | 6.6 | 28.0 | | | |
| 1993年度 | 24.4 | 6.9 | 28.5 | | 19.6 | |
| 1994年度 | 25.8 | 6.7 | 26.1 | 29.6 | | |
| 1995年度 | 27.0 | 7.3 | 27.0 | 31.0 | 17.8 | 1.23 |
| 1996年度 | 28.5 | 7.0 | 24.5 | 28.5 | 14.5 | 1.41 |
| 1997年度 | 29.1 | 6.8 | 23.3 | 27.5 | 13.1 | 1.63 |
| 1998年度 | 29.8 | 6.0 | 20.2 | 24.0 | 8.2 | 1.93 |
| 1999年度 | 30.9 | 6.1 | 19.6 | 23.5 | 9.5 | 2.33 |
| 2000年度 | 30.4 | 6.1 | 20.2 | 22.8 | | 2.70 |
| 2001年度 | 31.3 | 6.4 | 20.6 | 22.5 | 7.1 | 3.14 |
| 2002年度 | 31.0 | 6.4 | 20.7 | 21.6 | | 3.44 |
| 2003年度 | 31.5 | 6.9 | 21.9 | 22.2 | 6.3 | 3.89 |
| 2004年度 | 32.1 | 6.9 | 21.5 | 21.6 | | 4.19 |
| 2005年度 | 33.1 | 7.3 | 22.1 | 22.1 | 8.0 | 4.56 |
| 2006年度 | 33.1 | 7.1 | 21.4 | 21.7 | | 4.71 |
| 2007年度 | 34.1 | 7.4 | 21.7 | 21.5 | 6.9 | 5.12 |
| 2008年度 | 34.8 | 7.3 | 21.2 | 20.7 | | 5.44 |
| 2009年度 | 36.0 | 8.0 | 22.3 | 26.2 | 8.4 | 5.86 |
| 2010年度 | 37.4 | 7.9<br>(8.7?) | 21.1<br>(23.6？) | 27.2 | | 6.08 |
| 2011年度 | 38.5 | 8.4 | 21.9 | 27.8 | 8.4 | 6.62 |
| 2012年度 | 39.2 | | | | | 6.71 |

資料：川渕孝一教授（規制改革会議提出資料［2015年３月12日］）に加筆
筆者注：※は薬価差

２０１０年度の薬剤費比率は21・1％、７・９兆円と公表されているが、実際には、23・6％、８・７兆円ということになる（表２－３）。包括払い制度は２００３（平成15）年度にスタートし大きく広がりをみせている。したがって、見かけ上の薬剤費比率の低下は、こうした包括払い制度の増加によってももたらされたことになる。

さらに、川渕（２０１５）によれば、薬剤費比率には、そもそも薬剤費比率の低い透析が分母・分子に入っているため、これを除いて算出すると入院外の薬剤費比率はさらに上昇するとの指摘もある。

このように薬剤費そのものについて、様々な統計上の課題があり、それだけに薬剤費比率の横ばい状況を捉えて、医薬分業の効果によるものと判断することは必ずしも適切とは思われない。

**薬剤費は近年医療費の中で増加額が大きい**

第二に、薬剤費比率が横ばい状況となってからの平成12（２０００）年度以降の15年間の概算医療費を分析すると、医療費の中での薬剤費の増加額は、他の費目の伸びと比較すると高い。全国保険医団体連合会によれば、医療費全体の増加額の中で高いのは、調剤薬局と病院入院費となっている（表２－４）。

調剤薬局の中身をみると（表２－５）調剤報酬自体のこの間の増加額は８０００億円（９０００億円➡１・７兆円）程度となっており、むしろ薬剤料そのものが上昇しており、３兆円の増加となっている。この背景には、薬価そのものが新薬などにより上昇傾向にあることが一因である。

**表２－４　概算医療費の推移とその内訳**

（単位：兆円）

| 年度 | 病院 | | | 診療所 | | | 歯科 | 調剤薬局 | 訪問看護 | 概算医療費 |
|---|---|---|---|---|---|---|---|---|---|---|
| | 入院 | 外来 | 合計 | 入院 | 外来 | 合計 | | | | |
| 2000 | 11.71 | 4.98 | 16.69 | 0.44 | 6.92 | 7.36 | 2.56 | 2.79 | 0.03 | 29.4 |
| 2001 | 11.94 | 5.01 | 16.94 | 0.43 | 7.13 | 7.56 | 2.60 | 3.25 | 0.03 | 30.4 |
| 2002 | 11.92 | 4.77 | 16.69 | 0.40 | 6.89 | 7.29 | 2.59 | 3.57 | 0.04 | 30.2 |
| 2003 | 12.17 | 4.77 | 16.94 | 0.40 | 6.98 | 7.38 | 2.54 | 3.92 | 0.04 | 30.8 |
| 2004 | 12.33 | 4.72 | 17.05 | 0.39 | 7.17 | 7.56 | 2.55 | 4.23 | 0.04 | 31.4 |
| 2005 | 12.61 | 4.82 | 17.43 | 0.39 | 7.36 | 7.75 | 2.58 | 4.59 | 0.05 | 32.4 |
| 2006 | 12.62 | 4.75 | 17.37 | 0.38 | 7.40 | 7.77 | 2.51 | 4.75 | 0.05 | 32.4 |
| 2007 | 12.98 | 4.80 | 17.78 | 0.37 | 7.56 | 7.93 | 2.50 | 5.17 | 0.06 | 33.4 |
| 2008 | 13.23 | 4.80 | 18.03 | 0.38 | 7.58 | 7.95 | 2.57 | 5.44 | 0.06 | 34.1 |
| 2009 | 13.66 | 4.99 | 18.66 | 0.37 | 7.74 | 8.11 | 2.55 | 5.87 | 0.07 | 35.3 |
| 2010 | 14.52 | 5.14 | 19.66 | 0.38 | 7.82 | 8.20 | 2.59 | 6.08 | 0.08 | 36.6 |
| 2011 | 14.84 | 5.29 | 20.12 | 0.37 | 7.96 | 8.34 | 2.66 | 6.56 | 0.09 | 37.8 |
| 2012 | 15.21 | 5.39 | 20.60 | 0.37 | 7.99 | 8.36 | 2.69 | 6.64 | 0.10 | 38.4 |
| 2013 | 15.42 | 5.54 | 20.96 | 0.36 | 8.07 | 8.42 | 2.72 | 7.04 | 0.12 | 39.3 |
| 2014 | 15.69 | 5.64 | 21.33 | 0.35 | 8.13 | 8.49 | 2.80 | 7.20 | 0.14 | 40.0 |
| 伸び額 | 3.98 | 0.66 | 4.64 | −0.08 | 1.21 | 1.13 | 0.24 | 4.41 | 0.11 | 10.53 |
| 伸び率 | 34.0% | 13.2% | 27.8% | −18.9% | 17.5% | 15.3% | 9.3% | 157.9% | 369.5% | 35.7% |

注：四捨五入の関係で合計、差額の数字が小数点以下で合わない場合がある。以下同。
資料：全国保険医団体連合会（2016）から引用
筆者注：概算医療費は、国民医療費から全額自己負担の医療や労災医療費がのぞかれている。

また、ミクロレベルでは、ジェネリックの推進などに積極的な薬局も多いが、必ずしもマクロ的にみるとまだ十分ではない可能性も示唆している。実際、ジェネリックは、院内処方と院外処方を金額ベースでみると、前者が47・0％、後者が52・2％とほぼ同じ水準である（平成26年社会医療診療行為別調査の概況）。

**残薬解消が課題**

第三に、残薬の問題である。これも厚生労働省が患者に対する残薬確認を近年

**表２－５　調剤薬局医療費の内訳**

（単位：兆円）

| 年度 | 調剤技術料 | 指導管理料 | 薬剤料 | 特定保健医療材料 | 合計 |
|---|---|---|---|---|---|
| 2000 | 0.74 | 0.20 | 1.84 | 0.00 | 2.79 |
| 2001 | 0.83 | 0.23 | 2.20 | 0.00 | 3.25 |
| 2002 | 0.90 | 0.24 | 2.42 | 0.00 | 3.57 |
| 2003 | 0.94 | 0.23 | 2.74 | 0.00 | 3.92 |
| 2004 | 0.98 | 0.24 | 3.00 | 0.01 | 4.23 |
| 2005 | 1.04 | 0.25 | 3.30 | 0.01 | 4.59 |
| 2006 | 1.09 | 0.26 | 3.39 | 0.00 | 4.75 |
| 2007 | 1.12 | 0.27 | 3.77 | 0.01 | 5.17 |
| 2008 | 1.21 | 0.26 | 3.96 | 0.01 | 5.44 |
| 2009 | 1.25 | 0.27 | 4.34 | 0.01 | 5.87 |
| 2010 | 1.35 | 0.30 | 4.42 | 0.02 | 6.08 |
| 2011 | 1.41 | 0.31 | 4.83 | 0.01 | 6.56 |
| 2012 | 1.43 | 0.33 | 4.87 | 0.01 | 6.64 |
| 2013 | 1.46 | 0.33 | 5.23 | 0.01 | 7.04 |
| 2014 | 1.49 | 0.33 | 5.37 | 0.01 | 7.20 |
| 伸び額 | 0.74 | 0.12 | 3.53 | 0.01 | 4.41 |
| 伸び率 | 100% | 60% | 191% | 533% | 158% |

| 年度 | 院外処方率 |
|---|---|
| 2000 | 38.1% |
| 2001 | 41.5% |
| 2002 | 46.0% |
| 2003 | 48.9% |
| 2004 | 51.7% |
| 2005 | 52.8% |
| 2006 | 54.6% |
| 2007 | 59.8% |
| 2008 | 59.3% |
| 2009 | 62.0% |
| 2010 | 62.8% |
| 2011 | 65.3% |
| 2012 | 65.8% |
| 2013 | 70.2% |
| 2014 | 71.8% |

注：2000年度は推計値。
資料：全国保険医団体連合会（2016）から引用

になって薬局に求めるようになっており、２０１３（平成25）年度の厚生労働省による全国９９８の薬局を対象とした「薬局の機能にかかる実態調査」によれば、９割の薬局が医薬品の減量を行っているという結果が出ている。

なお、同調査では、交付する医薬品の減量を行うきっかけは、41・8％が薬剤師からの提案、患者や家族等からの要望が39・7％、医師からの指示が16・9％となっている。ただし、患者１９２７人に対するアンケート調査によれば、「大量に薬が余ったことがある」「余ったことがある」は合わせて５

割を超えている。

このように、全体としてみると、残薬解消に向けた取り組みはみられるものの、これを広げていく必要があり、医療費の観点から見直すべき重要な課題となっている。

**薬価差益縮小は実現**

第四に、薬価差益縮小の解釈は、たしかに医療機関が大量に医薬品等を処方する、いわゆる「薬漬け」の問題が改善した可能性があるという点で、医薬分業の効果といえる可能性が高い。ただし、薬価差益とは、医薬品を「患者に売るときの公定価格」マイナス「卸からの仕入れの値段」であるため、公定価格と仕入れ値双方の分析が必要である。

１９９０年代の公定価格の引き下げについては、92（平成４）年に導入された市場実勢価格を反映させる薬価算定方式の影響が大きかったといわれているが、もし、仕入れ値が高止まりしているのであれば、仕入れ値は卸と医療機関、または薬局の交渉によって決定されるため、医療機関や薬局の交渉力が低下したことも背景として考えられる。

このように、とくに薬剤費比率の推移で医薬分業政策の効果を測ることは難しい。むしろ、多剤処方や重複投薬の防止の効果があったかどうかをみるためには、複数の医療機関からの処方の可能性も踏まえつつ、あくまで患者一人あたり薬剤使用量や薬剤費、薬剤種類数などの推移を検証、分析すべきであると考えられる。今後レセプトデータ分析によって、こうした効果が検証されていくことが求められる。

**表２－６　７日間内服薬処方の場合の院内と院外の診療報酬比較（2015年時点）**

| 院外処方 | | 院内処方 | |
|---|---|---|---|
| 医療機関<br>処方せん料 | <br>680円 | 医療機関<br>薬剤情報提供料<br>手帳記載加算<br>調剤料<br>処方料<br>調剤技術基本料 | <br>100円<br>30円<br>90円<br>420円<br>30円 |
| 小計 | 680円 | 小計 | 720円 |
| 薬局<br>調剤基本料<br>調剤料<br>薬剤服用歴管理指導料 | <br>410円<br>350円<br>410円 | 薬局<br>なし | |
| 小計 | 1170円 | 小計 | 0円 |
| 合計 | 1850円 | 合計 | 720円 |

注：薬剤費および初・再診料を除く。
　　自己負担部分と保険部分を含む総額。
資料：規制改革会議公開ディスカッション資料（2015年３月12日）

②　調剤報酬の構造

**院内処方よりも高い院外処方の患者負担**

次に医薬品そのものの価格ではなく、薬局または医療機関の調剤行為に支払われる報酬である調剤報酬等について検討する。なお、調剤報酬は２０１４年度で約１・８兆円となっている。

調剤報酬は処方箋の内容に基づき計算されるため、調剤報酬の水準は、処方箋によって異なり、注意深く分析する必要がある。典型的な例として２０１５年度時点の７日間の内服薬が医療機関で処方された場合の院外と院内の診療報酬の比較をした計算例が表２－６である。

院外処方の場合、医療機関に対して処方箋料が支払われ、院内処方で調剤をしている場合とほぼ同等の報酬が医療機関に入る構造となっていたことがわかる。実際には、医療機関が医薬品の在庫を持つのはコストがかかる一方で薬価差益が減少していることから、院内処方の採算性が悪化し、医療機関が院内処方から院外処方に切り替えるインセンティブを与える体系となっていた。

次に医療機関が院内で処方をすると、医療機関に対して調剤に関する報酬として720円支払われるのに対して、院外処方の場合、同じ薬の処方であっても薬局には1170円の調剤報酬が支払われていた。さらに院外処方では医療機関の処方箋料680円が支払われるため、併せて考えると、同じ薬を処方されるのに1000円近く診療報酬が異なっていたので（実際には保険適用されているため、3割負担の患者の自己負担額は約300円）、全体として、院外処方が患者および医療保険制度にとってはコスト高となっていた構造がみてとれる。

## 調剤報酬の中身

調剤報酬の項目の中で、「調剤料」は処方薬の種類や処方の日数によって大きく変動する。一方、「調剤基本料」は、処方箋の受付ごとにかかる報酬であり、2015年の時点では410円が支払われる仕組みとなっていたが、いわゆる門前薬局[16]などの基本料はすでに250円に引き下げられていた。

また、「薬剤服用歴管理指導料」の410円もほとんどの薬局が受け取っているため、基本的には処方箋1枚に対し、調剤基本料と管理指導料の800円余りの報酬が多くの薬局に支払われる仕組みとなっていた。

実際には、こうした単純な計算例だけではなく、きわめて複雑な加算が数多くつけられている。たとえば、調剤技術料では、嚥下困難者用製剤加算、麻薬等加算、自家製剤加算、計量混合調剤加算、時間外等加算等、薬学管理料では、長期投薬情報提供料、服薬情報等提供料、在宅患者訪問薬剤管理指導料等である。また、お薬手帳による薬剤情報提供を行う場合は、薬局は処方箋受付1回につき70円の収入（患者にとっては21円の費用負担）が得られる仕組みとなっていた。

中医協で診療報酬改定のたびに議論されて加算減算がつけられてきているが、このような報酬体系は、その水準自体の合理性や患者にとっての合理性（調剤のみならず診療報酬制度全体の問題として、供給者のみに着目したものとなっている）が必ずしも明確でないと思われるものがあった。

### 調剤報酬構造と患者の受け止め

患者からみた納得感という視点では、第一に、そもそも院内と院外でメリットの大きな差を感じない患者が多かった。実際にアンケート調査を行った結果でも、医薬分業のメリットがわからない、または院外処方にメリットを感じないという人たちは少なくない（内閣府およびイーウーマン・円卓会議アンケート調査、規制改革会議公開ディスカッション資料、2015年3月12日）。さらに、これに加算によって追加的に支払われる調剤報酬水準自体の合理性も患者にとってはなかなか説得力が乏しいものである。たとえば、調剤料は、薬の投与期間が増加すればするほど院外処方については高く設定されている。このため、長期に多剤を長期間服薬している高齢者などの場合、院外処方には調剤料が上がり、30日間のいくつかの薬の処方で、院内処方と院外処方で5000円近くの差がつく場合があった。(17)

第二に、供給者のインセンティブに着目した診療報酬として、後発医薬品（ジェネリック）調剤体制加算が挙げられる。患者が仮に先発品を選んだとしても、後発薬を揃えている薬局にたまたま入った場合、その体制加算分を患者が負担する仕組みとなっている。薬局というサービス提供者に対する後発薬を用意させるインセンティブとして報酬の水準を決定している結果であり、患者はどの薬局がそうした体制を整えているかを事前に知らずに入り、たまたま入った薬局で請求される可能性のある報酬といえる[18]。

以上のように、従来の調剤報酬の体系は、(i)医薬分業を推進するため、薬局の経営の安定も考慮して、調剤基本料や薬剤服用歴指導管理料の報酬水準が決められてきた、(ii)供給者である薬局の行動を変えるために、報酬で誘導してきた、といえよう。その結果、患者側からみれば、納得感の得にくい報酬体系が構築されてきたという側面がある。

### (3) 医薬分業によって医療の質は上がったのか

それでは最大の目的であった、患者の安全性確保という課題に対して、医薬分業は十分効果を発揮してきたのであろうか。

薬剤師に期待されていることは、患者の他の医薬品との飲み合わせの確認、副作用の確認など薬学的見地からの確認である。患者の安全性を担保するためには、薬歴の管理と適切な服薬指導、医師とのコミュニケーションが決定的に重要となる。多くの薬局ではこうした対応をとっているが、現在も様々な課題がある。

## 薬歴管理の課題

現在薬局は来訪した患者についての薬歴（調剤録）の記録と保存という、その薬局における患者の薬歴の確認を行っている。この薬歴は一つの薬局にとどまっている。患者が利用する複数の様々な薬局における薬歴を確認する際、薬局はお薬手帳という手段に頼っている。もちろん、通常お薬手帳は利用している薬局が複数あったとしても一冊に集約して利用するものであろうし、仮に各薬局が発行したお薬手帳が複数あっても本人が常にすべて携帯していれば、ある程度の確認はできる。

しかし、お薬手帳を携行している人は多くないし、お薬手帳を携行していない場合には、薬局はシールを発行するが、それをお薬手帳に貼るかどうかは患者に任されており、また以前は手帳やシールにより追加的な支払いが生じることから、患者はこれに必ずしも応じていなかった。このようなことから、多くの病院や医療機関にかかりその医療機関の近くの薬局で薬を購入しているような患者について、お薬手帳では、患者のすべての薬歴を把握することは事実上難しく、中途半端な薬歴管理しかできていないという課題がある。これはデジタル化、地域の医療機関、薬局のネットワーク化（ＥＨＲ：Electronic Health Record の構築、第5章参照）で解決を図ることが最も適切である。この点、各地で、電子お薬手帳の使用が始まっているが、日本薬剤師会は、「ｅ薬Ｌｉｎｋ（イークスリンク）」を提供し、異なる電子お薬手帳の相互閲覧を可能にする仕組みを開始している。

また、２０１５年には薬歴不記載（大手薬局２社で、患者の薬歴を確認、保存せずに、薬歴服用歴管理指導料を請求した）問題(19)が発生し、コンプライアンス面も含め、様々な課題も指摘された。

## 服薬後のフォローアップが課題

次に患者への適切な服薬指導ができているか、という点である。

第一に、薬局の薬剤師は、薬を渡す時に薬の服用方法について患者に対して説明している。ただしあくまでも事前の指導が中心であり、薬を飲んだ後の事後的検証、トレースを行っている薬剤師は少ない。特に重篤な患者や多剤を服用している高齢者などに対して安全な服用に薬剤師が責任を持つためには、そうした患者の医薬品服用後のトレースによって副作用の有無や飲み忘れの確認をすることが必要であるが、そうした取り組みは少ないのが実情である（狭間［2014］）。

第二に、処方箋には、医師が診断した病名が記載されていない。こうしたことから、薬剤師が限られた情報のみで安全な服用を指導したり、副作用を確認したり、適切なアドバイスをすることは難しいという限界がある。こうしたことから、近年処方箋に検査値を掲載する取り組み[20]なども始まっている。

## 医師とのコミュニケーションをどう図るか――医薬協働が必要

本来、医薬分業の趣旨は、医師と薬剤師が独立した立場からその専門性を発揮し患者の安全性を確保することである。しかしながら、現在、医師が出した処方箋に従って薬剤師が医薬品を出すこともあって、処方する医師とそれを受ける薬剤師の関係では、なかなか対等な立場からコミュニケーションをとることは難しく、薬剤師が疑問を持ってもこれについて医師に対して照会するということができていないとの指摘がある。しかし、長野県の上田薬剤師会のように、かかりつけ薬局として従来から地道な活動をしながら、患者のための薬局を作り上げてきている実績もある（コラム③を参照）。

処方が間違っている、飲み合わせの問題がある、といった患者の危険回避に関しては、両者の独立性の意味を間違えるとかえってコミュニケーション不足になりやすい。今後服薬後のモニターを重視していくことを考えても、あくまでも両者の機能がそれぞれ十分に発揮されることが重要であって、そのためには患者の診断についても情報共有し、地域のかかりつけ医などと、むしろ連携、協働していくことが必要と考えられる。

一方、処方される薬が多すぎる、といったチェックも薬剤師にとって必要な役割であろう。同じ薬が各医療機関でだぶっていたり、薬を多めに出す医療機関も少なくないと思われる。こうした場合も、薬剤師がトータルな服薬を患者の立場に立ってマネジメントするためには、より積極的に地域の医師とコミュニケーションをとることが求められるように思われる。

### 【コラム③】　患者のための薬局を地道に築き上げている上田薬剤師会

一般社団法人　上田薬剤師会は、戦国武将真田昌幸が城を築いた長野県上田市を中心として、２市２町村、約１００軒の薬局が、約19万５０００人の住民に対し、患者視点での薬局ネットワークを地道に築き上げている。上田薬剤師会の薬局は、基本的に門前薬局ではなく、調剤以外の一般用医薬品等を扱っている薬局がほとんどで、かかりつけの薬局として面分業を展開している。

患者視点に立った薬局の展開として、24時間365日対応が責務と考え、まず1996（平成8）年より薬剤師会の中で、日曜、祝祭日などの医師、歯科医師の処方箋に基づく調剤ニーズに応えるべく、休日当番を決めて、全国に先駆けて20年以上、地域住民のニーズに応えている。夜間についても同様であり、通常の開局時間以外の時間帯における調剤に対応できるように、同じ時期から輪番制の夜間当番を決めている。その規定には、夜間当番薬局は日頃から緊急時対応での必要性を想定し、あるいは、通常の慢性疾患用薬剤でも備蓄薬の充実・整備に努める、としている。

また、患者からの声を聞き取るべく、第三者による「患者満足度調査」を実施し、これから得られたデータをもとに、経営改善に取り組んでいる。上田薬剤師会会長の飯島康典氏は、医薬分業について「政策的に進められた体制というものは、砂上の楼閣ではないが、すぐに崩れてしまう、生活者から本当に支持される薬局や薬剤師の役割を確立しなければいけない」（DRUG magazine［2009］）との認識に立ち、上田市医師会とも良好な関係を築いている。

このほか独自の活動として、所属の薬剤師向けに研修会を開き、新しい動きにキャッチアップしつつ勉強する場を提供し、日常業務の支援を行う「地域医療活動」を行っているほか、情報共有を図っている。２０１６年には、日本薬学会から、健康サポート薬局（後述）の要件である「薬剤師研究」の研修実施機関として認定を受けている。日本薬剤師会や、日本保険薬局協会などに続く4件目だが、地域薬剤師会が単独で認定を受けたのは初めてである。また、「地域社会活動」として、様々な勉強会に講師を派遣したり、薬と病気についての内容をまとめた広報誌を出したりするなどの広報活動を行っている。さらに、「学術研修活動」として、薬剤師の会員向けの勉強会を開催している。

興味深いのは、近年地域の外から薬局がこの地域の病院前に進出して開局したが、この上田薬剤師会のネットワークのもとで、患者や医療機関との関係が構築できていたことから、３年で撤退を余儀なくされたことである。現在もいわゆる門前薬局はわずか１・２％ということである。このように、地域に密着した地域包括ケアのハブとしての薬局経営が可能であることを、上田薬剤師会の例は示している。

## 厚生労働省のエンフォースメントの手法に課題はないか

前述の、薬歴不記載問題は、厚生労働省が必ずしも薬局の監督を普段から適切にできていなかったことも示しているといえ、今後さらに、そうした問題が起こらないよう適切な指導に努める必要があると思われる。この薬歴不記載問題について厚生労働省からは、薬剤師不足が原因の一つとして指摘され、一人一日あたり40処方箋という薬剤師の配置基準を順守することが大事である旨公表されている。しかし、薬局の中には、東証一部上場企業なども多いのが実態である。こうした初歩的な問題の解決のためには、むしろ企業のコーポレート・ガバナンスの強化とコンプライアンス体制の強化も課題といえる。

また、患者のニーズに必ず応えられるように医薬品の在庫管理やデータ整備に人手がかかっている事務処理があれば、これはＩＴ化で相当効率化が図れるはずである。一方で、服薬指導の必要な人のニーズに応えられるように、必要な指導に時間を配分するといった組み合わせが必要なはずであり、こうした数量規制を前提とする指導の在り方は技術革新などを考え合わせた見直しが必要になると考えられる。

## (4) 今後の在り方

### 医薬分業の政策目標を明確にし、ＰＤＣＡを回す

以上みてきたように、医薬分業は、患者に対する医療の質的な効果をあげるための手段であるにもかかわらず、医薬分業率引上げ自体が自己目的化されてきたようにみえる。前述したように、厚生労働省が実施していた政策評価は「医薬品の適正使用の推進」という施策目標の評価であり、その測定指標として医薬分業率が位置づけられていた。したがって、医薬分業によって、患者にとっての安全性や利便性など全体的に質的な評価がどう向上したかや、かかった費用（調剤報酬の増加）に対して、どの程度の政策効果があがったかに関する検証がなされてこなかったといえよう。

調剤薬局の医療費の金額は、年間約7兆円、そのうち薬局に入る調剤報酬は２０１４年度1年間で約1・8兆円であり、これまでに医薬分業のために投じられてきた金額は大きい。それだけに、患者の安全性の向上効果や医療費削減の効果をどの程度高めたのか、費用対効果の分析を行う必要がある。[21]

厚生労働省は、規制改革会議等との議論等を契機に、２０１５（平成27）年10月に「患者のための薬局ビジョン」を発表した。そして２０１７年4月に同省はアクションプランを作成し、「かかりつけ薬剤師・薬局」の役割や機能である、①服薬情報の一元的かつ継続的な把握、薬学的管理・指導、

②24時間対応・在宅対応、③医療機関との連携、④薬学的管理・指導の取り組みを評価できる指標KPI（Key Performance Indicator）を公表した。

また、２０１６（平成28）年報酬改定は、こうした方針を受けて多くの改定が行われた。薬剤服用歴管理指導料を、前述のような一元管理、24時間対応などの基準を満たした、かかりつけ薬局の場合は、４００円からさらに７００円に引き上げ、それ以外は５００円とした。調剤基本料は、大型門前薬局はさらに引き下げる、調剤料は、長期処方についての報酬の引き下げを行った。報酬を努力した薬局が報われるような方向に変化させたことは第一歩といえよう。今後も、薬局の努力に見合った成果があがっているかを検証して、報酬体系を検討していくべきである。

## 薬局と医療機関のＩＴネットワーク化

次に、薬局の薬剤師の役割は患者の安心、安全性の向上にあるが、同時に薬局間、および医療機関の間でのＩＴによるネットワーク化は欠かせない。院外処方の効果を出そうとするのであれば、お薬手帳はデジタル化が必須であり、２０１８年から導入が決まっている医療ＩＤを活用するなど、薬歴がすべて個人ベースでもまた薬剤師もリアルタイムで把握できるような体制を構築しなければ、安全、安心な環境を作ることはできない。一方、院内処方が残っていることを考えると、異なる薬局同士だけでなく、医療機関と薬局同士も地域においてＩＴネットワークを構築して、患者のすべての薬歴を薬剤師が確認できるようにする必要がある。

いずれにせよ、効率的効果的に薬歴を確認するためには、前述の通りＩＣＴ化と地域でのデータの共有、ネットワーク化（ＥＨＲ：Electronic Health Record）の構築が欠かせない（第5章参照）。

## 地域住民の健康サポート役としての薬局

国民のセルフメディケーション意識が高まってくる中で、スイッチＯＴＣ（over the counter：店頭販売）医薬品（医療用医薬品から一般用医薬品に転用される医薬品のこと）やＯＴＣ検査薬（同様の経過をとる検査薬のこと）などが増加していく（この点については、次節参照）方向にある。こうした中で、薬剤師の説明責任や受診勧奨などが求められるようになるため、薬剤師の潜在的な能力をより有効に生かす必要性が大きく増していくことが考えられる。このためにも、高齢化する地域医療、地域包括ケアにおいて、健康維持の相談窓口となると同時に、かかりつけ医である医療機関と協働して、患者の健康をサポートしていくことが期待される。

こうした観点から、厚生労働省からは、前述の「かかりつけ薬局、薬剤師」という概念が打ち出されると同時に、「健康サポート薬局」の概念も打ち出し、地域の薬局が地域の人々の健康促進のための拠点になることも奨励している。どちらも薬局が地域の医療において質的に重要な役割を負ってほしいという期待であり、そうした役割を追求していくことが必要であろう。

特に、服用後の患者の指導は、高齢化や認知症の増加などもあり、今後副作用や飲み忘れの回避のために必要とされる度合いが高まる。特に高齢者など、多剤を併用している患者に対しては、患者の薬の服用状況を把握する薬剤師の存在がかかりつけ医との連携において重要であり、地域包括ケアの中で、そうした方向で政策を誘導していく必要がある。病状が安定している患者には、医師の指示に基づくリフィル処方（反復使用できる処方箋を使って薬局で薬を受け取れる）も可能にしていくための検討も必要であろう。

一方で、日常的に薬局をそれほど利用しない、働き盛りのビジネスマンや、子育てと仕事の両立で多忙な主婦など、国民のニーズは多様である。そうした人たちには、出先でどの薬局に入っても、必要な薬が入手できること、そして薬局間、および医療機関間のＩＴ化、ネットワーク化によって、患者の薬歴の確認が地域のどこでも可能になるような状況が作られることが望ましい。実際、病院の近くであれば、そこに必要な医薬品は揃えられるが、地域の薬局ではすでに１万７０００種類余りにもなった医薬品を常に揃えられなかったり、そのための在庫備蓄コストがさらに高まったりする可能性もあり、地域内での連携など経営上の工夫が必要となるであろう。

高齢化に伴い、患者の健康をサポートし、在宅にも対応する地域のかかりつけ薬局を基本とすることが必要であるが、そうした薬局ではニーズを満たせない患者、利用者の視点も踏まえた検討も必要であろう。さらに、慢性期と急性期とそれぞれの状況にあった、適切な指導が受けられる状況も求められる。

このように、今後あり得るべき薬局像は議論すべき論点が多いが、いずれにせよ、医師と薬剤師が独立に機能を発揮しつつ、情報は共有し「医薬協働」で患者の安全を確保することが求められている。今後は、医療を担う薬剤師の潜在的な能力をもっと生かす必要があり、大学における薬学部での教育内容も、今後薬剤師に一層求められる役割に即して中長期的に見直しを検討していくことが必要になると思われる。

## 【コラム④】患者の視点からみた薬局の構造規制――薬局に行くために、患者が医療機関との間の公道を必ず渡らなくてはならなかったのはなぜか

医薬分業政策を背景に、医療機関と薬局の機能を分けることが企図されたが、そこで重要なのは、医師と薬剤師がそれぞれ独立し、互いに機能を発揮して患者に向き合うことであると考えられる。ところが、日本では医薬分業にあたって、門前薬局が増加し、その独立性を担保するために物理的、構造的に医療機関と薬局を隔てる構造規制が（昭和32年厚生省令による保険薬局及び保険薬剤師療養担当規則）が定められ、その間には公道や隣接地の場合にはフェンス等を設置することが求められるようになった。

従来の構造規制は、医療機関と薬局の従属関係を防止するために設けられたが、医療機関へのリベート等薬局と医療機関の癒着が問題になったことから、1996（平成8）年に強化された。しかし、構造上の規制の解釈を杓子定規に考えるべきでないとの考え方は東京高裁の判決や総務省斡旋において出されていた。2013（平成25）年6月26日東京高裁の保険薬局指定拒否処分取消等請求控訴事件の判決では、「医薬分業という見地からは、経営上の独立性に比べて構造上の独立性はより間接的要件といえるから……経営上の独立性が十分に確保されている場合には、構造上の独立性に関する規定は緩やかに解するのが相当」とされた。

また、2014（平成26）年10月31日の総務省行政評価局の斡旋で、「保険薬局と保険医療機関とが隣接している場合に、両施設の敷地境界にフェンス等を設けている。……いったん公

道に出て入り直すべきとする杓子定規な考え方は見直してほしい」との申し出に対し、「杓子定規な考え方はせずに、判決を踏まえ、対応する必要がある」とされている。

実際、筆者も家族が東京都内の病院に検査、診察を受けたときに処方箋を持って、高齢の家族を車椅子に乗せて、悪天候の中で道を渡って薬を受け取りに行かざるを得ず、困った経験がある。移動をスムーズにできない車椅子の高齢者や小さな子供連れ、緊急に医薬品を必要とする患者にとっては、こうした規制は負担が大きい。地域にかかりつけの薬局があってもなお残るそのようなニーズへの対応を考えれば、高齢化で社会としてバリアフリー化が必要とされる現在、医療機関と薬局の癒着の防止は、門前薬局に行くためにフェンスを設置したり公道を隔てて患者や家族への負担を求めるよりも、ほかの、よりスマートな方法があるのではないだろうか。

本来、医師と薬剤師はその専門性と機能を独立に発揮する必要がある。また財務的な独立性を担保するためのルールを明確にし、利用者に情報開示をする方法もある。それでも不十分な場合、厚生労働省がルール遵守を監督するエンフォースメントを強化させる必要がある。

２０１５（平成27）年に医療機関と薬局の間に公道やフェンスを設けるといった構造規制は見直す方向に転換が行われ、閣議決定された[22]。

## 4　セルフメディケーションをサポートする薬局への転換

現在、健康維持に対する国民の意識はきわめて高いものになっている。そうした中で、セルフメディケーションという概念が、人口に膾炙するようになっている。

セルフメディケーションとは、世界保健機構（ＷＨＯ）による報告書“The Role of Pharmacist in the Self Care and Self Medication”（１９９８）の定義によれば、「自分自身の健康に責任を持ち、軽度な身体の不調は自分で手当てすること」とされており、その重要性が増し、薬剤師の果たす役割が大きく変化していることが指摘されている。その意味で、国民のニーズや期待に沿ったかたちで、薬局などに関連する薬事行政も見直していくことが求められている。

薬事行政も、患者の安全性を第一に考え、様々な社会的規制が実施されている。ただ、本節で取り上げる、薬局をめぐるいくつかの規制は、ユーザーの多様で変化しているニーズ、セルフメディケーションへの期待と徐々に整合的でなくなってきている印象を受ける。

特に、今後の高齢社会技術革新を考えても、患者の安全性、利便性を考慮し、見直す必要があると思われる規制が存在していた。

## (1)　一般用医薬品のＩＴを活用した販売の禁止規制の緩和と今後の課題
### ――なぜ薬剤師がＩＴを活用して一般用医薬品を販売できなかったのか

**薬局で販売できる「一般用医薬品」**

「一般用医薬品」とは、医療用医薬品とは異なり、薬局で私たちが処方箋なしで購入できる医薬品のことをいう。一般的に医師が処方箋を出す医療用医薬品よりはリスクは小さいものが多いものの、一部には劇薬などもあり、薬剤師や、リスクの低い医薬品（後述するが、具体的には第二類、第三類という）は登録販売者（後述）がリスクや服用の仕方などを利用者に説明してこれらを売ることが求められている。

国民にとって、ごく軽い症状の場合には、身近な薬局の薬剤師等に相談してこれらの一般用医薬品を利用することにより、症状の悪化を防げるという点で、一般用医薬品の拡大は、セルフメディケーションに資すると考えられる。しかし、その際も、私たち一般の国民には知識がないので、薬剤師や登録販売者の指導を受けて服用する環境が整備されている。

現在は、そうした環境を整備しつつ、医療用医薬品や医療用検査薬などで、安全で薬剤師等でも販売指導ができるものについては薬局で売れる一般用医薬品に転用していくこと（スイッチＯＴＣ化）が進められている。そのうえで、薬局を国民の健康をサポートする拠点にしていく取り組みが本格化している。２０１７年からはセルフメディケーション税制がスタートし、税制でも健康の維持増進、疾病の予防への取り組みを行う個人をサポートするようになった。スイッチＯＴＣ医薬品を購入した際に、その購入費用について一定額まで所得控除を受けられるようになったのである。

こうした一般用医薬品の販売については、どのように患者にその使用法や副作用などについて適切に説明し、安全性を確保する販売方法を担保しながら、国民のアクセスを良くしていくのか、という点が重要な論点である。

## リスクの程度によって分類

現在、一般用医薬品には表2－7に示す通り、第一、二、三類とリスクの高い順番に分類され、リスクの高い第一類は必ず薬剤師の指導のもとで購入することとなっている。この分類は2006（平成18）年の薬事法改正によって定められ、一般用医薬品を販売する事業者を店舗販売業として統一し、一般用医薬品を販売できる登録販売者制度を新設した。登録販売者とは、一般用医薬品販売の国家資格であり、都道府県知事が厚生労働省令で定める試験に合格し、2年間の実務経験を経るなどの要件を満たす必要がある。

一般用医薬品の販売をめぐる規制は、国民の安全を確保するためにきわめて重要であるが、IT技術の発展やOTC医薬品の増加といった環境の激変の中、利用者の視点から改めて検討する必要のあるものも存在していた。たとえば、患者が遠隔地に住んでいたり、または車椅子など物理的に身軽に動けない患者のニーズに応えるために、IT画面を通じて薬剤師が説明販売し、郵送しようと思っても、厚生労働省の薬事法施行規則によってできないとか、登録販売者は、試験に合格し一定の基準を満たすことによって第三類、第二類といったリスクの低い一般用医薬品を販売することが許可されて

**表２－７　一般用医薬品の分類**

| 第一類医薬品 | 第二類医薬品 | 第三類医薬品 |
|---|---|---|
| 特にリスクが高い<br>《94品目》<br>（例）胃腸薬<br>解熱鎮痛薬　等 | リスクが比較的高い<br>《8,126品目》<br>（例）解熱鎮痛薬<br>かぜ薬　等 | リスクが比較的低い<br>《2,993品目》<br>（例）ビタミン剤<br>整腸薬　等 |

注：品目数は2015年時点。
資料：厚生労働省資料より作成

いるが、薬剤師が一時的であっても留守のときには、薬局全体を閉めなくてはならない、などの規制が存在していた。

こうした規制を見直すことにより、より多くの人たちが、一般用医薬品にアクセスしやすくなる。これらの論点について、規制緩和に向けた議論が行われてきた。

### ＩＴを活用した販売規制で国が敗訴

従来、厚生労働省は、２００６（平成18）年に改正された薬事法のもとで、薬事法施行規則により、一般用医薬品についてＩＴを活用して販売し、郵送をして顧客まで届ける方法を第三類に限定し、リスクが高いとされる第一類、第二類については禁止していた。だが、厚生労働省のこの規制は、最高裁判決により２０１３（平成25）年１月11日違法であるとされた。

具体的には、ケンコーコム株式会社等が、第一類、第二類医薬品のインターネット販売を行う権利の確認等を求めていたが、国は以下の判決を受け敗訴した。判決の内容は「インターネットによる郵便等販売に対する需要は現実に相当程度存在している。郵便等販売に対する新たな規制は、郵便等販売を事業の柱としてきた者の就業活動の自由を相当程度制約することは明らかである。国会が薬事法可決に際して、第一類、第二類医薬品の郵便等販売を禁止すべきとの意思を有していたとは言いがたい。そうすると、薬事法の授権の趣旨が、第一類、第二類医薬品の郵便等販売を一律に禁止する旨の省令の制定までをも意味するものとして明確であると解するのは困難である。したがって、省令で第一類、第二類医薬品について、郵便等販売をしてはならないとする規定は、これら各医薬品にかかる郵便等販売を一律に禁止することとなる限度において、薬事法の趣旨に適合するものではなく、薬事法の委任の範囲を逸脱した違法なものとして無効である」(規制改革会議　厚生労働省説明資料［2014年］より抜粋)というものである。

この判決により国は敗訴したが、このため、安全に一般用医薬品を販売するルールがなくなってしまい、このため、そのルール作りが急務とされ、敗訴が確定して以降、厚生労働省でルールをどう定めていくかについての議論が進められていた。

ここで、一般用医薬品をインターネットなどのIT技術を活用して販売し、郵送するといった規制緩和は、野放図に安全性も無視してインターネットで販売を解禁することを意味しているのではない。国民が安心して一般用医薬品を購入できるためには、あくまでも薬剤師(第一類は登録販売師による販売は不可で薬剤師の情報提供が必要)の管理下で、ITを有効活用した販売方法である必要がある。特に、今後、高齢者が増加し、車椅子を利用しないと移動できないなど、移動が制約される国民が大幅に増加する。こうした方々の利便性を考えると、いかに技術革新の恩恵をうまく活用しながら、安全に医薬品を販売し、利用者まで届けることができる選択肢を増やすか、といったことに知恵を絞っていくことが求められる。

### 対面販売とＩＴ活用による販売それぞれのメリット・デメリット

薬剤師等と患者がＩＴを活用してコミュニケーションし、医薬品等を販売するメリットは、いくつかの点を指摘することができる。具体的には、利用者は医薬品を服用するうえで必要な効用、服用方法、注意事項などがデータベースとなっているため、何度でもパソコンやスマートフォンの画面から確認することができる。また、利用者にとっては、開店している時間外であっても、遠隔地であっても、物理的な制約なく、医薬品の情報を入手でき、メールなどで薬剤師とコミュニケーションをとることも可能となる。購入履歴をデータで持つことも可能となる。

薬局の側からみても一見の買い物客でなく、購入相手の購入履歴をデータとして保存することが可能となり、トレイサビリティーが高まり、薬の服用後の副作用などのフォローアップがしやすくなる。また、何か医薬品についての注意が必要なときに連絡をとって情報を提供したり、安全性確認ができるメリットもある。さらに、薬剤師も在宅患者への訪問なども増え、実際に薬局で対面販売する時間がないこともあろう。互いに待ち時間や移動時間を気にせずに、コミュニケーションをとったり、迅速に対応ができたりするというメリットもある。

もちろん、対面販売は、実際に会って、症状を確認しコミュニケーションしながら安心して購入できるという大きなメリットがあるが、一方で、時間的制約やトレイサビリティーに限界があるなど、デメリットは前述のインターネット販売のメリットの裏返しといえるだろう。

このように、販売方法については、対面とＩＴ活用それぞれに有利な点、不利な点がある。対面、ＩＴを活用する場合、それぞれの特性に合わせて安全性確保のために必要なルールを考えて、ＩＴを活用した販売については、販売できる主体をルールや基準を満たす良質な事業者に限ることなどにより、身体的、地理的制約のある患者のアクセスをよりよくする選択肢を増やしていく必要があるだろう。厚生労働省の会議でも、こうしたＩＴに特有のメリットを活かしつつ、対面だけでなくても一般用医薬品にアクセスする国民の選択肢を増やせる方向で議論をする必要があると考えられ、ルール整備が進められた。

第一類医薬品であっても、安全性を重視し、販売ルールを明確にして遵守することによって、ＩＴ活用によっても販売できるようにする、[23]といった方向で厚生労働省の専門委員会では議論が行われ、最終的に厚生労働省は、劇薬、および医療用医薬品からスイッチされた直後の一般用医薬品以外の99・８％の医薬品については、ＩＴを活用して販売できることとした。販売ルールとしては、専門家の関与の担保、適切な情報提供、販売の担保、店舗での販売の許可を取得した販売が行われていること、偽販売サイト、偽造医薬品への対応ができていること、等のルールであり、販売の具体的な流れについても定められている。

ＩＴを活用した販売か対面販売かにかかわらず、安全性を確保するルールを整備することにより、ＩＴを活用した販売も認め、高齢化に伴い薬局に行くのが困難な人の利便性に配慮することは求められており、一般用医薬品についてこの原則が認められたことは、国民の選択肢を広げたと考えられる。

## 技術革新進展、超高齢社会の環境変化と今後の課題

ただし、厚生労働省の決定では、委任した薬学などの専門家の見解を引用し、第一類医薬品の中からスイッチ直後品目（医療用医薬品から一般用医薬品に変更した直後の品目）については特別に扱い、これらの医薬品については対面販売が3年間は必須であるとされた。さらに、医師から処方された医療用医薬品についても対面販売が義務づけられることが法律に明記された。これらの医薬品について対面が必要である理由として、薬剤師の「五感」を使うことが必要であるから、というのが厚生労働省の見解である。[24] しかし、患者の代理人への医薬品販売は事実上認められている。このような場合は、薬剤師は患者と対面しなくても売れるループホール（抜け道）となっている。

私たちは、薬局で一般医薬品を購入するとき、対面で薬剤師にいろいろと相談し、最も適切な一般用医薬品を販売してもらえば安心感がある。薬剤師はほとんどの場合、利用者を見て、会話して患者の状態を確認しながら販売している。処方薬の場合も、適切な指導をしながら手交している。

ただ高齢化で在宅患者が増加することもあり、患者が薬局に行けない場合には、かかりつけの薬剤師がみずから在宅で医薬品の指導をするために訪問をすることが、今後一層求められる。薬局を訪れる人に応需する必要があることを考えても、とくに小規模薬局ではすべての在宅患者に薬剤師が対応するには限界がある。そのようなときに、選択肢として、薬剤師がITを活用し、オンラインでもアドバイスやコミュニケーション、服薬の事後フォローまで行い利用者をサポートすることが、技術革新により可能になりつつあるのではないだろうか。これがいわゆる遠隔服薬指導である。[25]

ルールを遵守している優良なかかりつけ薬局には、地理的、身体的制約のある人たちのために、医

師が処方した医療用医薬品などについても、明確なルールを設けて薬剤師がIT画面を活用して医薬品の指導をしながら届けることができる選択肢を認めることは、遠隔診療についてもより広げていく方向の中、今後検討していく必要があると思われる。実際、前述の通り、患者を診察する医師でも、情報通信機器を用いた遠隔診療で有用な情報が得られる場合、これを可能とする通知が2017年7月に厚生労働省から出されている。

また、ITを活用した販売がルールに則って適切に行われているか、あるいは第一類医薬品の販売記録の作成・保存の義務づけなど、対面販売についても新たなルールに沿った「薬剤師の対面による情報提供及び指導」が全国各地で実際にどのように行われ、専門家が評価している「対面による安全性確保」が有効に機能しているかどうかも確認していく必要がある。なお、対面であれITを活用した方法であれ、ルールに則っていない販売を行う事業者については、厳しいペナルティが必要だろう。

## (2)　薬局における薬剤師の常駐義務規制の緩和
### ——薬剤師が不在の時間に、資格を持つ登録販売者がいても薬局で第二類、第三類の薬品を買えないのはなぜか

**薬局の登録販売者は12万人**

薬局の定義は、「医薬品、医療機器等の品質、有効性及び安全性の確保等に関する法律」（以下、医薬品医療機器等法）により、薬剤師が販売または授与の目的で調剤の業務を行うところとされており、しかも薬局開店時間内は、常時薬剤師が勤務していなければならない、とされている。このた

め、医療用医薬品以外の一般用医薬品を販売している薬局では、薬剤師が不在の場合、登録販売者は、第二類、第三類は売ることができる資格を持っているにもかかわらず、薬局全体を閉じなくてはならないため、一般用医薬品を売ることができない。すでに12万人以上の人たちが登録販売者になっているが、薬剤師が留守にしている間は、薬局で一般用医薬品第二類、第三類が販売できないことになっている。

前述の通り、薬局は地域住民のセルフメディケーションをサポートするための「健康サポート薬局」として、２０１４（平成26）年より地域の住民の健康維持にとって重要な拠点（ハブ）と位置づけられるようになってきている。しかし、利用者は薬剤師不在のときに、第二類、第三類の医薬品を購入できない。薬局が薬剤師不在時に薬局を閉じずに一般用医薬品を販売するためには、店舗販売業の申請をすることが必要とされ、その場合、薬局ゾーンと店舗販売ゾーンをたとえば１・８メートルの通路を隔てなければならないといった構造規制も存在していた。

## 在宅患者の投薬指導と薬局での健康サポートの両立

薬剤師が薬局にいないときには薬局を閉鎖しなければならないという規制の目的は、薬局とは調剤をすることが必須であり、また登録販売者は必ず薬剤師の管理下で第二類、第三類の医薬品も販売することが必要であるとの考え方からきている。歴史的に薬局は、調剤業務、すなわち処方薬（医療用医薬品）のみを扱ってきており、一般用医薬品はほとんど扱われていなかった。しかし、近年、薬剤師は、地域における高齢者が増加していることから、「患者のための薬局ビジョン」（２０１５〔平成

27」年10月23日厚生労働省発表）により、調剤業務などの薬局内業務だけでなく、在宅患者の投薬指導などに積極的に対応する必要性に迫られている。同時に、地域の住民の健康増進のために一般用医薬品も扱い、健康の相談にのる健康サポートのための拠点の役割も求められている。こうした状況では、小規模な薬局ですべての顧客のニーズに応えるためには、登録販売者も活用し、薬剤師が在宅対応で不在となってしまう場合には、調剤部門のみを閉鎖し、第一種は販売しないようにすればよいと思われる。

この薬剤師常駐規制も一部緩和の方向で具体的な要件の検討が行われることになった。一人薬剤師の薬局も多いが、薬局は今までよりもはるかに多様な機能を期待され、対応が難しくなっている。期待されている役割と整合的に制度を見直し[(26)]、患者、利用者のために薬局のより一層の機能の充実を図ることが求められる。

### (3)　一般用医薬品の広告規制の見直し
#### ――「虚弱体質」とはどういう意味か

一般用医薬品および指定医薬部外品等の広告は、その内容が虚偽であったり、過大な効果を謳うものであったりすると、国民が誤って服用をすることにより、安全性を損なう危険性がある。このため、昭和55（１９８０）年に厚生労働省で制定された「医薬品等適正広告基準」が、現在も事業者が参照するものとして定められている。しかし、１９８０年代当時と現在では、環境は著しく変化している。国民のセルフメディケーションに対する意識の広がり、一般用医薬品販売などの広がり等を考えれば、より理解されやすい広告基準としていく必要がある。

また、実際の事業者の広告に対する監視、指導は都道府県が行っている。しかし、そのエンフォースメントの実態をみると、この基準は具体的な広告表現について記載されているものではないため、民間の出版社が２００６（平成18）年に出した事例集を参考に、都道府県が監視指導を行っている状況となっていた。この結果、都道府県によって、監視指導の内容が異なったり、適切な指導が行われていなかったりする、という実態があった。

２０１６年にはＯＴＣ医薬品業界の意見を取り入れつつ、一般用医薬品等の広告監視指導の運用を明確化し、消費者に効用、効能などが、具体的にわかりやすい広告となるよう、表現の見直しを行う方向で検討が行われることとされた[27]。本来、一般医薬品の広告は地域ごとに異なるべきものでもなく、監視指導体制の未整備、都道府県による差異は、規制のエンフォースメントの問題そのものといえる。

さらに、セルフメディケーションを推進し、利用者が情報を得て自己選択するうえで、わかりやすい広告はきわめて重要になっている。たとえば、医薬品の広告には「虚弱体質の改善に」といったものが多く見受けられる。この虚弱体質という用語は、従来一般用医薬品として承認するひとつの効能である。疲れやすいといった言葉であればわかりやすいが、私たち利用者には、なかなかわかりにくい言葉である。患者視点に立ってこうした言葉を見直すことが重要であり、時代に即応した見直しが必要とされる例といえるだろう。

## (4) 医療用検査薬のOTC化への道
### ——薬局で販売される検査薬の種類が、長年3種類しかなかったのはなぜか

**20年間企業からの要望が通らず**

セルフメディケーションの重要性や薬局の新たな役割については、すでに指摘した通りであるが、医療用医薬品のスイッチOTC化はかねてから進められてきているものの、医療用検査薬については、過去20年以上もの間、OTC医薬品業界から何度も要望があったにもかかわらず、医療用検査薬から一般用検査薬への転用の申請フロー自体が制度として決まっていなかった。1991(平成3)年に尿糖、尿蛋白、妊娠検査薬の3項目が認められたが、それ以降、新しい検査薬項目が認められていない。この結果、わが国ではいまだ、国民が薬局で購入し、セルフチェックする環境が整っていない状態が続いていた。

なお、一般用検査薬とは、体外診断用医薬品でもあり、尿や便などによって疾病の診断を行う目的の医薬品のことを指し、人の身体に直接使用されないものである。これらは、一般用医薬品として第二類に分類され、薬局および薬剤師または登録販売者のいる店舗での販売が許可されている。

なぜ、20年間もスイッチOTC化が行われていなかったのだろうか。それは、従来医療提供側からの反対が強かったことがある。その反対の根拠は、一般用検査薬使用で利用者が判断を間違えてかえって受診が遅れたり、定期健康診断を受けなくなることなどが、懸念されていたことにある。患者と医療側の情報の非対称性ゆえに、こうした対応がなされてきたといえるだろう。しかし、OTC医薬

品を製造する民間事業者サイドにとっては、新たな製品を開発し、販売することができないという事実上の経済的規制となっていた。

欧米諸国においては、セルフケア領域において多様な一般用検査薬が活用されている。米国ＦＤＡ（Food and Drug Administration：食品医薬品局＝保健福祉省の組織のひとつ）は、生活者がみずから検査可能な項目の例、すなわち、薬局等で販売可能な検査薬のリストが公開されており、生活者がみずから多くの検査をすることが可能となっている。たとえば、米国、英国では、血糖、血中脂質（コレステロール）、便潜血、尿潜血等のセルフチェックが可能となっている。そのような現状をふまえ、わが国でも日本ＯＴＣ医薬品協会からは、それらの項目も含め、49項目の検査項目について要望が出されていた。

生活者サイドからみても、セルフメディケーションに対する意識は近年大きく高まっており[28]、一般用の検査薬を購入できるようになれば、自分で健康上の不安があったりしたときに、薬剤師の指導のもとで検査薬を購入、みずからチェックをすることにより、必要に応じて受診をする機会となり得る。そうすれば国民にとって、病気の早期発見、重症化防止のきっかけになり健康増進に役立つ方向に作用すると考えられる。

## 求められる健康診断受診率の引き上げ

こうした認識が共有され、医療用検査薬の転用を可能とするルールを作ることが決まった。医薬品のＯＴＣスイッチスキームと同様の仕組みとし、どういった検査項目とするのか、消費者への情報提供の内容や消費者のニーズ、侵襲性《しんしゅうせい》（身体を傷つけること）の有無などについて検討が行われ、結果的に侵襲性のない尿や便等を使った検査薬から転用が許可される方向となった[29]。そして、２０１６年11月に四半世紀ぶりにロート製薬など３社が承認を取得し、排卵日予測検査薬が薬局の店頭に登場することになった。

もちろん、今後様々な課題が残っている。まず、薬剤師が利用者からの質問に的確に答えて検査薬を販売すること、検査薬の判断の基準などを説明し、必要なときに必ず受診勧奨をすること、そして医師との連携を強めていくことなどである。

また、中小企業の健康診断の実施比率は大企業と比較するとまだ低い。２０１２（平成24）年度の厚生労働省労働者健康状況調査によれば、従業員５０００人の大企業における定期健康診断の実施率は１００％、受診率は87・８％であるのに対し、同10人から29人の企業の実施率は89・４％、受診率は77％となっている。

さらに、被保険者の家族である専業主婦の定期健康診断実施率はさらに低い。むろん、自分で検査薬を買えるようになることは、こうした定期健康診断への意識を高める方向に作用させることが重要であり、こうした定期健康診断の代わりになるようなことがあってはならない。企業の健康保険組合などの保険者がしっかりと本来の役割を果たして、加入者（被保険者）、そしてその家族の健診の比率を上げていくなど健康管理への意識を高めるよう働きかけることが重要であろう。

## 5　機能性表示食品制度
### ――トクホなどを除いて食品の健康増進効果を表示してはならなかったのはなぜか

**高い関心を集める「食と健康」**

身体のためによい食品、健康増進に役立つ食品は何か。こうしたことに現在国民はきわめて高い関心を持っている。健康食品市場はおよそ1兆8000億円程度まで拡大しているといわれている。ただ、従来は健康増進効果（これを保健機能という）を表示できるのは、特定保健用食品（トクホ）、ビタミンなどの栄養機能食品に限られていた（図２－８）。

トクホについてはマーケットが徐々に拡大してきていたが、現在は少し伸び悩み、市場規模は6000億円程度となっている（図２－９）。

トクホは、栄養成分以外の成分に関する健康強調表示を行うために、ヒトに対する試験を企業みずからが実施し、有効性と安全性を確認することが求められており、それに国が認可を与えるが、大企業でなければ、コストもかかるため、中小企業ではそうした試験が実施できず開発できないという問題があった。トクホのような国が認可する商品しか健康増進によいという表示をしてはならないという状況は、米国や韓国などとは異なる。米国においては、医薬品でなくても、ダイエタリーサプリメントは、届出によって効能効果を表すことができ、韓国においても、健康機能食品が法律の範囲で機能性を表示できるようになっていた。

図２－８　健康増進の効果を表示可能な食品

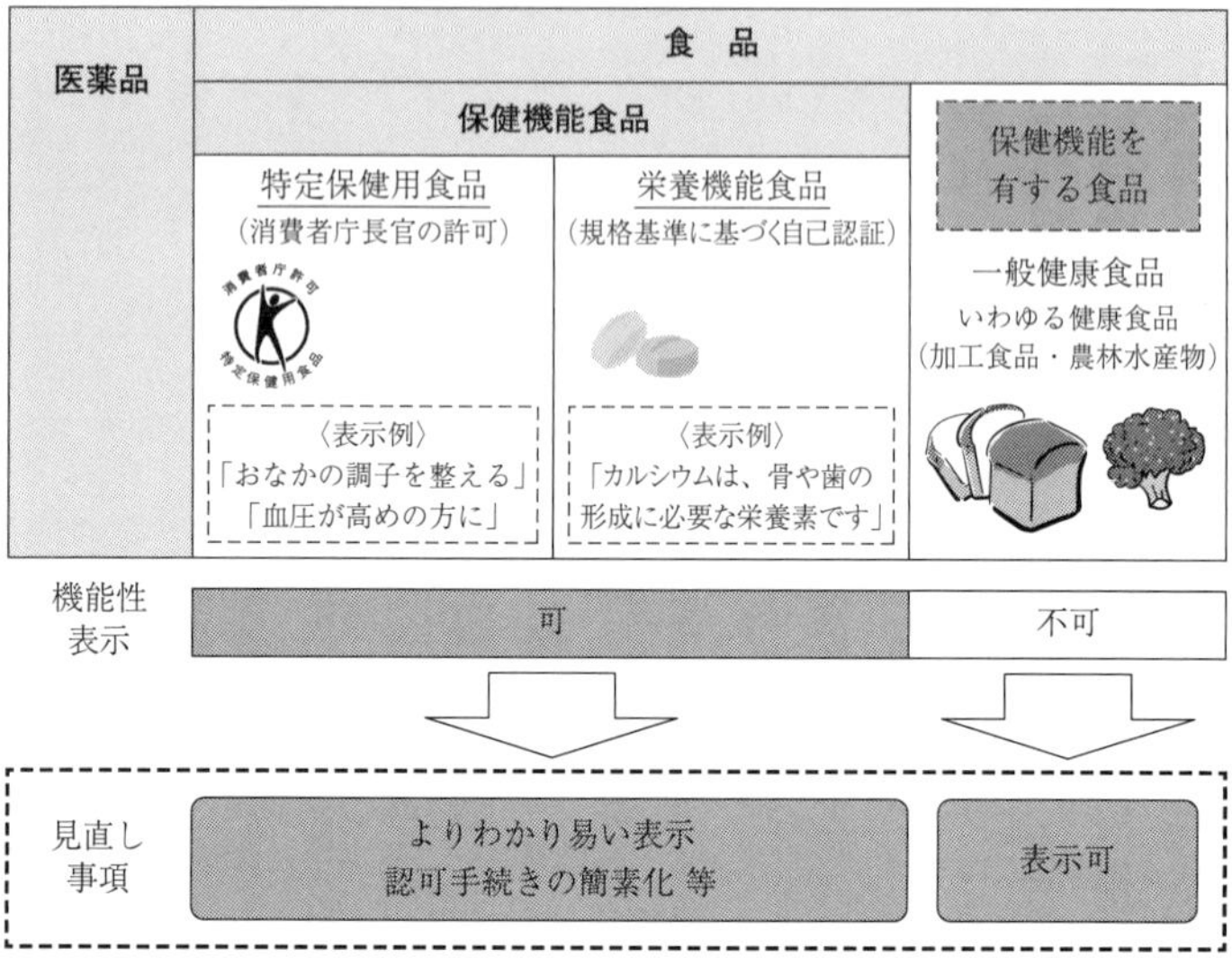


資料：規制改革会議作成資料（2014年）

従来なぜ日本では、トクホおよび栄養機能食品以外はそれが可能ではなかったか。これは、薬事法（当時：現在は医薬品医療機器等法）への抵触を避けるために、その販売や広告において医薬品のような効能効果を表すことを許されていなかったからである。

しかし、食品について、消費者にとって必要かつ適切な情報開示は必要であり、健康増進のために食品等を選択し、適切に摂取する際の参考になるはずである。特に、世の中には健康食品があふれているが、その効能は、具体的にどのような根拠があるのか、私たちは知ることができず、怪しげな健康食品のニュースがある中で、どれを選べばよいのか消費者は非常に迷っている。

また、地域住民の健康を増進するため

図２－９　特定保健用食品（トクホ）の市場動向

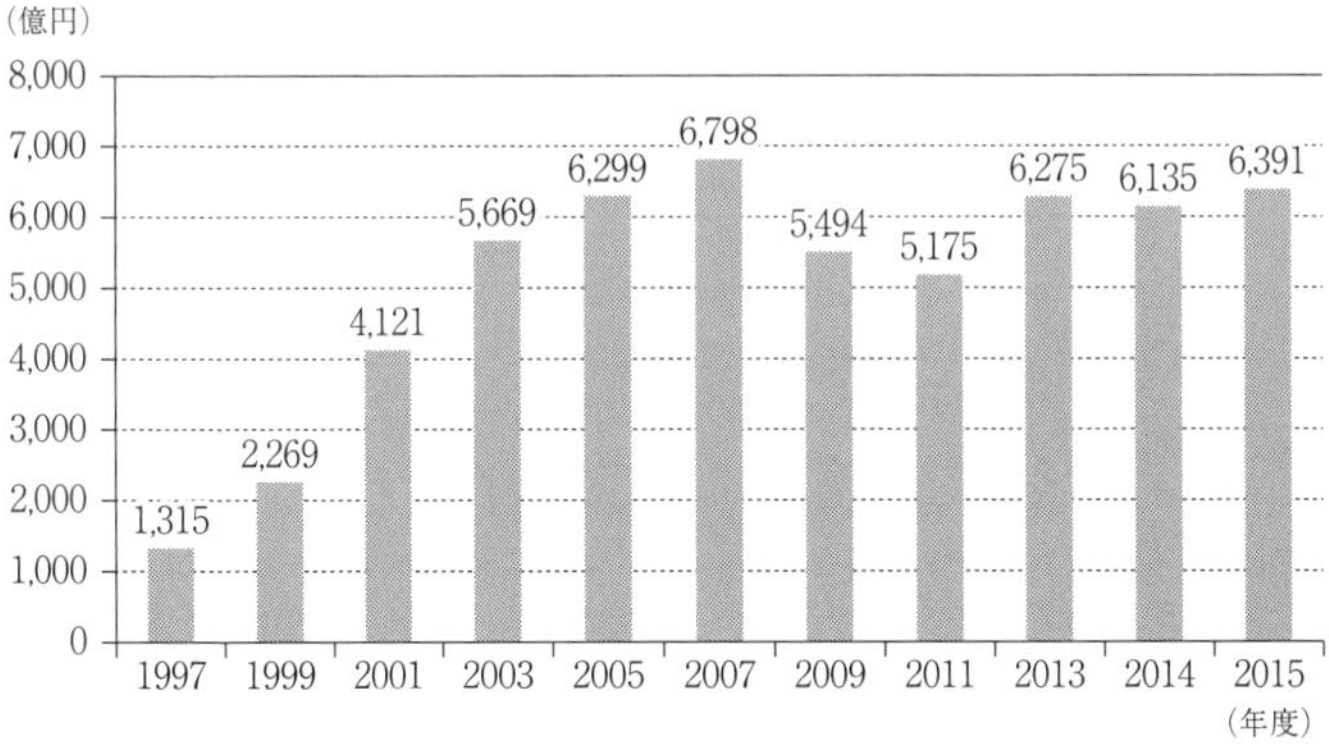


資料：公益財団法人 日本健康・栄養食品協会プレスリリース（2016年4月1日）

に、ブロッコリーやほうれんそうに含まれる葉酸添加食品の開発を進めている埼玉県坂戸市の葉酸プロジェクトでは、特産品の効能について表示したいと考えていたが、それが薬事法との関係でできなかったとのことであった。こうした状況を変化させるべく、新たな機能性表示食品が実現することになった[30]。

## 求められる機能性表示食品の信頼性

日本においても、加工食品やサプリメントのみならず、農林水産物などについて、その機能性の表示を生産者みずからができるような方策についての検討が２０１４年に消費者庁で始まった。そして、企業が最終製品を用いた臨床試験を行って肯定的な効果があることが評価できたり、最終製品または機能性関与成分に関する文献調査（研究レビュー）を示した研究論文などを添えて消費者庁に届ければ、健康増進に関する説明、たとえば、「おなかの調子を整えます」といったわかりやすい表現、しかし医薬品と間違えないような表現をそのパッケージなどに表示できるようになった。このような内容は消費者庁と事業者が議論を重ねてガイドラインに書き込まれた。

また、健康被害の情報収集体制を整えることも義務化されており、消費者、医療従事者などからの連絡を受けるための体制も整えられ、パッケージに連絡先を必ず表示することとなっている。２０１５年４月より新たな市場がスタートし、大きく広がっている。２０１６年12月段階で５００を超える製品がすでに市販化[31]されている。

生鮮食料品についても、三カ月みかんや大豆もやし等も登録されるようになっている。こうした生鮮食品などは、消費者ニーズに合ったものとして販売が進めば、農業の発展にも直結し、さらには輸出などにも貢献する将来的な可能性を秘めた動きといえる。

一方で、今後の市場の発展のための課題は多い。機能性表示食品は、企業の責任において届け出て、販売をしているので、その科学的根拠について、国が検討したり、承認を与えているものではない。そうした点を消費者が十分に理解して、購入することが必要である。

機能性表示商品は、怪しい健康食品などを排除し、健康増進を考え、食生活を送りたい人に適切な情報開示をする趣旨で作られた市場である。今後は、消費者庁や学会などによって、科学的検証結果に基づいた健康食品の機能のデータ化などを進め、これを客観的に評価するなどの取り組みにより、制度の信頼性を高めていくことが必要であろう。また、機能性表示食品は、あくまでも病気にかかっていない人の健康増進のための食品である。消費者が誤解のないようにこれを活用していくことが重要であるため、一層の周知を図ることと同時に、制度の信頼性は企業が握っていることを自覚して、よりよい製品を提供していくことが求められている。

同時にトクホについても、許可申請手続きの迅速化や予見可能性の向上が図られている。(32) 一方で、２０１６年９月には、トクホ６商品の有効成分が表示よりも大幅に少ないことが発覚するなどの問題も起こっている。こうした市場が国民の信頼性を得て発展していくことが望まれる。

## 第２章【注】

（１）たとえば「最先端医療迅速評価制度」を開始し、医療機関から先進医療の申請を受ける前に、厚生労働省の先進医療会議で対象技術や実施医療機関群を設定し、先進医療の併用を３カ月まで短縮しようとしている。２０１３年12月より抗がん剤について開始し、さらに再生医療等製品や医療機器についても実施予定。

（２）２０１４（平成26）年の規制改革実施計画で閣議決定され、中医協の議論を経て、15（平成27）年に健康保険法の改正が行われ、16（平成28）年４月から制度が開始されている。

（３）厚生労働省医療上の必要性の高い未承認薬・適応外薬検討会議２０１４年４月22日・資料６のリスト等を参照。

（４）なお、日本再興戦略２０１４では、費用対効果分析を活用し、費用対効果が低いとされた評価療養の技術は保険診療とせず継続的に保険外併用が利用可能となる仕組み等を検討することも課題となっている。こうした検討は財政問題への配慮ともいえるだろう。第４章でも検討する。

（５）２０１４（平成26）年規制改革実施計画で決定されている。

（６）医療計画に保険者の意見を反映させることも同じく平成26年規制改革実施計画で閣議決定されている。

（７）この点も同じく平成26年規制改革実施計画で決定されている。

（８）加えて、病院によっては、看護師不足の問題にどう対処していくかが、重要な課題となっている。様々な対応策が考えられているが、その中で、看護師の派遣をどのように考えていくかという重要な問題もある。看護師は、産休等の代替派遣や紹介予定派遣（いずれ正社員になることが予定されている派遣）、医療機関、老健施設、患者の自宅等以外への派遣が認められている。しかし、他の医療職と同様、医療機関等では一般的な看護師の派遣は原則として認められていない。その理由は、病院ではチーム医療が重要であるので、派遣の看護師では難しい、というものである。

もちろん短時間正規といった働き方で対応するやり方が最も適切であるだろう。しかしながら、２００万人の国家資格を持つ看護師、准看護師のうち、潜在看護師がすでに70万人もいる現状で、子育てや介護の状況で現在は正規での看護師は難しいが、短期的にでも自分の都合の合うときに、看護師としての経験や技能を生かすためにパート、アルバイトで働きたい、再就職したい、という人も多い（看護職員就業状況等実態調査、厚生労働省２０１１年3月）。また看護師サイドでは7割が慢性疲労の状況との調査（日本医療労働組合連合会調べ、２０１４年）結果もある。病院にも、潜在的ニーズがあり、そうした形態で働きたいという潜在看護師たちがいる以上、どのような条件で医療機関においても派遣の活用を認めていくか、議論をしていく必要はあると考えられる。たとえば、最新の医療技術への対応ができるような教育をあらかじめすること、医療機関がそうした形態の看護師を雇用した場合に医療の質に責任を負うこと等の工夫が必要であるように思われる。

（9）現在実現に向けて進められる専門医制度の改革により、総合診療専門医を明確に位置づけられることとなっている。

（10）２０１６（平成28）年規制改革実施計画で閣議決定された。

（11）たとえば在宅酸素療法、心臓植え込み型電気的治療器具（ＣＩＥＤｓ）、睡眠時無呼吸症候群に対する経鼻的持続陽圧呼吸療法など。

（12）平成26年規制改革実施計画で決定し、同年厚生労働省から局長通知が出された。

（13）約70％（４・２万）の薬局が主に特定の医療機関からの処方箋を応需している（２０１５年5月11日規制改革会議健康・医療ワーキング・グループ厚生労働省資料）。

（14）以下のわが国の医薬分業の歴史は、堀川（２０１２）および早瀬（２００２）を参考にしており、詳しくはこれらを参照されたい。

（15）定義は　薬局への処方箋枚数／外来処方件数＊100　である。

（16）診療報酬のルール上は、特定の診療機関への依存度が高い薬局や、処方箋の取り扱い枚数が多い薬局は、調剤基本料を減算されており、医療機関の近辺にあることが多いため門前薬局といわれている。

(17)　高血圧、糖尿病、不眠、胃炎などの患者の場合。日本医師会の公開ディスカッション提出資料参照。

(18)　現在でも、当該薬局の報酬体系を店内に掲示することが義務づけられているが、利用者はそれをほとんど目に留めず、調剤報酬のちがいを知らないのが実態である。

(19)　２０１５年２月に大手薬局チェーン、株式会社ツルハホールディング（東証一部上場）「くすりの福太郎」やイオン子会社のドラッグストアチェーン「ＣＦＳコーポレーション」（東証一部上場）の薬局で薬歴不記載問題が発覚した。これは薬局が、患者の薬歴をデータとして管理・確認せずに、薬歴の管理や服薬指導等に対する報酬である薬剤服用歴管理指導料を請求していた事例であった。

　こうした事例はほかにもあるとの見方があったが、厚労省のその後の調査で、２０１４年中の薬歴不記載は、81万件、１２２０薬局にのぼり、返還請求が３億円にのぼることが明らかになった。

(20)　日本経済新聞の報道（２０１５年８月11日）によれば、京都大学病院では処方箋に患者の検査データを記載できるようにシステムを変更し、薬局がその検査値を参考に、服薬指導をできるように工夫した。このような動きは、基幹病院等を中心に進んでおり、患者のための薬局ビジョンがこうした動きを後押ししている面があるといえる。

(21)　２０１５（平成27）年の規制改革実施計画では、ＰＤＣＡサイクルを回して、より政策の改善につなげていく必要があることについて合意した。

(22)　２０１５（平成27）年規制改革実施計画で決定され、中医協で議論が行われ、大筋この方向で規制緩和が行われることとなった。この後、病院の敷地内に薬局を設置するケースも出ているが、かかりつけの薬局としての機能の度合いを勘案しつつも、門前薬局と同様の考え方で報酬面では減額されることになると考えられる。

(23)　２０１３（平成25）年規制改革実施計画も同様の考え方である。

(24)　当時の田村厚生労働大臣は、２０１３（平成25）年11月６日の記者会見で「基本的に医薬・薬学の皆様方のご意見では五感というもので確認を店頭で薬剤師の方がする必要がある……スイッチＯＴＣの安全性を確認するうえにおいては五感等々で確認する必要があることから、この部分に関しては対面が必要である……」としている。

(25)　国家戦略特区内の薬局の薬剤師は、２０１６（平成28）年５月27日の改正特区法により、テレビ電話などを活用した遠隔服薬指導が可能となっている（医薬品医療機器法の特例）が、現状ではまだ実績がない。

(26) 2016(平成28)年規制改革実施計画で閣議決定された。2017年3月、厚生労働省は、薬剤師が在宅対応など薬局業務の一部を薬局外で行っている場合に限り、「いつでも連絡が取れてすぐ戻れる」、「調剤を求める患者が困らない」などの要件を満たせば、薬局を閉めなくても登録販売者が第二類・第三類医薬品を販売することを認めることとした。

(27) この見直しについては、2016(平成28)年規制改革実施計画で閣議決定された。

(28) たとえば、OTC医薬品協会の2011年11月生活者1029人のWEB調査結果では、OTC検査薬によりみずからの健康状態を検査したいという意向は80%以上であったという。

(29) 2014(平成26)年規制改革実施計画で閣議決定された。

(30) 2013(平成25)年規制改革実施計画で閣議決定された。

(31) その中には、ファンケル社の「えんきん」のようなヒット製品も生まれた。「えんきん」は、「手元のピント調節力に」といった具体的な効果をアピールできるようになり、売上が伸びたという。「えんきん」は、ルテイン、アスタキサンチン、シナニジン-3-グルコシド、DHAが含まれている。

(32) 具体的には消費者委員会や食品安全委員会の審査を並行して行うことによって効率的な審査を行ったり、許可手続きにおける諮問事項を明確化する、消費者委員会の議論の内容について議事録を開示するなどの手続きがとられ、ビジネス面での予見性を担保し、時間を短縮するようにした(2015[平成27]年規制改革実施計画で閣議決定)。

# 第3章　医療の発展、医療関連産業の発展に向けて

本章では、医療関連産業をめぐる近年の改革の動向についてみていくこととしたい。

再生医療の発展、医薬品や医療機器の分野での国際的な競争の激化といった、最近の医療関連産業を取り巻く環境の変化は著しい。先進医療の質を向上させ、新薬や医療機器の研究開発を促していくことにより、国民にいち早くその成果を届けることが求められており、そのためには、医療研究拠点に対してメリハリのある予算をつけ、重点的に研究開発を進めていくことに加え、医薬品や医療機器などの医療関連産業の競争力を強化していくことが重要である。

こうした取り組みのため、２０１３（平成25）年にはわが国では、日本医療研究開発機構（ＡＭＥＤ：Japan Agency for Medical Research and Development）という国立研究開発法人も設立された。ＡＭＥＤは米国の国立衛生研究所（ＮＩＨ：National Institute of Health）を参考に、日本版ＮＩＨとして医療研究の司令塔となり、医療研究をリードすることが期待されている。[1] ＡＭＥＤの基幹プロジェクトとしては、医薬品、再生医療、がん、難病、感染症などがあり、基礎研究から実用化までの支援を目指すこととなっている。

また、ヘルスケア関連分野は裾野が広い。安全性を担保し、健康を増進する目的で、成長の期待さ

れるこうした分野の産業をいかに育てていくかという視点も重要となっている。

## 1　再生医療における早期条件付き承認制度の導入

### 期待を集める再生医療

再生医療は、ヒトの細胞・組織を用いた治療であり、今まで治療が困難と考えられていた疾患についても治療の可能性を開き、国民の健康長寿への貢献が非常に期待される分野といえる。日本は、山中伸弥京都大学教授のノーベル賞受賞など、基礎研究面では他国を大きくリードしてきたが、この研究を実用化、さらに産業化をして、市場を広げていくことが、患者からも、医療の発展、また日本経済の発展のうえからも期待されている。

再生医療の技術は、患者が自分の体細胞（それぞれの臓器や組織となった成熟細胞のこと）から、iPS細胞をはじめとする多能性幹細胞を作り、臓器等を再生させるものであり、その特徴は医工連携、すなわち再生医療等製品を開発するために、医療と企業の工場との連携と協力が必要となるというところにある。そして、いかに再生医療等製品の市場への投入を安全かつ円滑に進めていくか、ということがテーマとなってきていた。

経済産業省（２０１５）によれば、日本の再生医療の市場規模は、２０１２年の段階では約90億円にすぎないが、２０３０年に約1兆円、潜在市場（２０５０年）は２・５兆円まで大きくなると予想されている。また、同じ報告書によれば、世界の市場規模は、２０３０年で12兆円、２０５０年で38

兆円に伸びると推計されている。

再生医療等の安全性の確保等に関する法律（以下再生医療等安全性確保法）および「医薬品、医療機器等の品質、有効性及び安全性の確保等に関する法律」（以下「医薬品医療機器等法」が２０１３年に成立したことにより、その後の再生医療の実用化への取り組みは大きな進展をみている。

## 安全性を担保して承認をスピードアップ

再生医療の実用化が進んでいるひとつのポイントは、医薬品医療機器等法に定められた「条件及び期限付き承認制度」である。すなわち、治験（厚生労働省から医薬品等として承認されるために行われる臨床試験）において安全性が確認され、有効性が推定された再生医療等製品について、条件及び期限付きで承認し、市販を行うことができ、さらに有効性の検証を行うことによって改めて承認を行う制度である（１４０ページ図３－１）。従来は、安全性と有効性がともに確認されなければ市販できなかった。

再生医療等製品については、治験を受ける人の数が非常に限られている。このため、安全性に加えて有効性も確認するまでに、長い時間がかかってしまう。そうすると、市販が非常に遅くなり、国際的な再生医療実用化の熾烈な国際競争に遅れてしまう。実際、２０１２（平成24）年末の段階では、承認済みの製品は、日本は2品目であるのに対して、米国9品目、欧州20品目、韓国14品目となっていた。このため、安全性が確認できれば、有効性をその後期限付きで確認することを前提に市販が承認でき、市販のスピードを速める新たな制度が導入されることになった。

**企業等の動き**

| 内容 |
|---|
| 従来から取り組んできた再生医薬研究開発に加えて、細胞医療に本格的に取り組むと公表。<br>→2014/4再生医療及び細胞医療を専門に研究する組織を新設。 |
| 毛髪再生医療で提携。 |
| 細胞加工業の拡大を目指し、東京都品川区に細胞加工施設を新設。 |
| 本社をカリフォルニアから東京都港区海岸に移転。<br>→2015/4東証マザーズ上場。 |
| 世界初、iPS細胞由来の網膜細胞移植手術に成功。 |
| J-TEC（国内で再生医療製品の承認を取得し事業を展開する唯一のバイオベンチャー企業）を連結子会社化。 |
| |
| 米国のCellular Dynamics International, Inc.（iPS細胞の開発・製造のリーディングカンパニー）を買収。 |
| 日本における細胞受託生産で提携。 |
| 世界初となる、心不全治療用の再生医療等製品「ハートシート」の製造販売承認を取得。 |
| 日本初となる、他家由来の再生医療等製品「テムセル®HS注」の製造販売承認を取得。 |
| 米国のOcata社（眼科領域における細胞医療の研究開発を行っているバイオテクノロジー企業）を買収。 |
| 重症虚血肢を対象とした再生医療製品の臨床試験の実施計画について、医薬品医療機器総合機構と合意。日本市場進出へ大きな一歩を踏み出す。 |
| がん治療薬（癌を攻撃する性質を持つ遺伝子を挿入した細胞を利用）で提携。 |
| 伊藤忠の子会社のエイツーヘルスケアと、ファーマバイオ（日本で初めて細胞・組織由来医薬品専門の開発製造受託を開始した企業）が、再生医療分野において業務提携。 |
| 脂肪組織を用いた自家移植細胞治療を開発。東京ひざ関節症クリニックにおいて、Cytori Cell Therapy™による変形性膝関節症に対する治療が、再生医療等安全性確保法の下、関東信越厚生局に受理される。 |
| 再生医療「毛包器官再生による脱毛症の治療」に関する共同研究契約を締結。 |
| 「再生医療等治療賠償補償制度」を2016/11に創設すると発表。法律で義務化されているドナーに対する補償のみならず、定めのない患者に対する補償にも対応。 |
| 間葉系幹細胞を用いた再生医療の実用化を加速させるため共同研究講座を設置。2016年7月～2021年3月までの5年間を予定。 |
| iPS細胞から作った心筋シートによる心臓病（重症心不全）治療の治験実施へ。世界初の再生医療製品化を目指す。 |

**表３－１　再生医療をめぐる**

| 企業名・団体名 | | 年月 |
|---|---|---|
| アステラス製薬 | 日本 | 2013/5 |
| 資生堂／レプリセル社（バイオベンチャー） | 日本／カナダ | 2013/5 |
| メディネット（バイオベンチャー） | 日本 | 2013/12 |
| サンバイオ社（バイオベンチャー） | 米国 | 2013/12 |
| 理研等 | 日本 | 2014/9 |
| 富士フィルムホールディングス | 日本 | 2014/10 |
| ～～　2014/11　医薬品医療機器等法（旧薬事法）施行　～～ | | |
| 富士フィルムホールディングス | 日本 | 2015/3 |
| ニコン／Lonza 社（再生医療向け細胞生産で世界最大手） | 日本／スイス | 2015/5 |
| テルモ（医療機器大手） | 日本 | 2015/9 |
| JCR ファーマ（中堅製薬会社） | 日本 | 2015/9 |
| アステラス製薬 | 日本 | 2015/11 |
| プルリステム・セラピューティクス（バイオテクノロジー企業） | イスラエル | 2015/12 |
| アステラス製薬／ペリカム社（バイオファーマ企業） | 日本／米国 | 2015/12 |
| 伊藤忠商事グループ | 日本 | 2016/5 |
| サイトリ・セラピューティクス（バイオベンチャー） | 米国 | 2016/6 |
| 京セラ／理化学研究所／オーガンテクノロジーズ（バイオベンチャー） | 日本 | 2016/7 |
| 三井住友海上保険 | 日本 | 2016/7 |
| ロート製薬／大阪大学 | 日本 | 2016/8 |
| 大阪大学 | 日本 | 2016年度中 |

資料：各社プレス資料、平成28年第10回経済財政諮問会議・第28回産業競争力会議 配布資料（2016年６月２日）より作成。

**図３－１　条件及び期限付き承認制度**

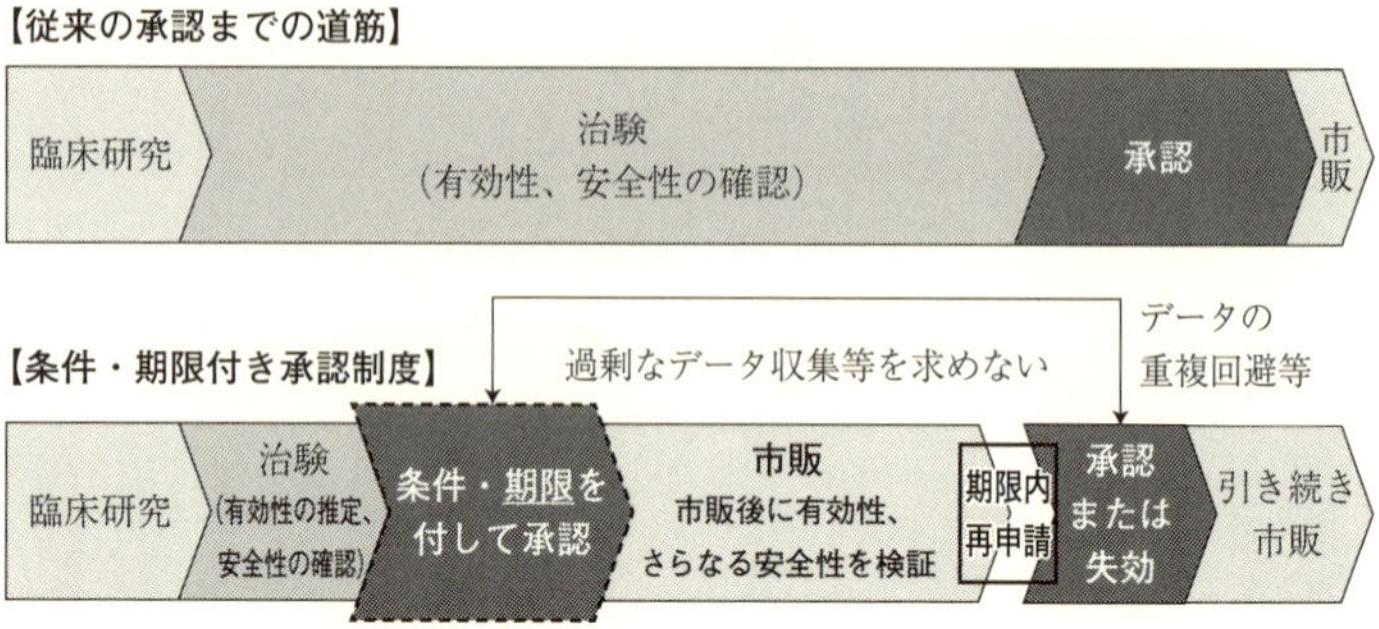


資料：厚生労働省（規制改革会議提出資料［2013年３月21日］）に加筆修正

なお、条件付き早期承認制度については、適応疾患が重篤であるなどの要件を満たす革新的医薬品についても導入される方向にある。

この条件及び期限付き承認制度を本当に活かすためには、早期承認のタイミングと本承認のタイミングでデータ徴収の重複がないようにするなど、制度の運用がきわめて重要になってくる。

加えて、再生医療における医工連携として、医療機関が、細胞の培養や加工については、厚生労働省から許可を受けた企業等に外部委託が可能となった。医療機関から企業等に外部委託を進めるためには、委託をする医療機関と企業等の責任の範囲や内容の明確化などの運用ルールの整備が重要である。こうした環境整備も進められることとなった[2]。

こうした環境整備の結果、現在は、再生医療関連産業は大きく広がり、日本に外資系企業も参入してきている。様々な動きは１３８～１３９ページの表３－１の通りである。２０１４年には理化学研究所の高橋政代氏らが患者本人のｉＰＳ細胞を使った移植手術を行ったが、２０１７年になって目の重い病気の患者に、他人のｉＰＳ細胞を使った移植手術が神戸市立医療センター中央市民病院で初めて行われた。今後の臨床研究につながるか、多くの関係者の期待が寄せられている。

今後、再生医療の実用化をさらに促進していくためにも、様々な環境整備が必要であると考えられる。具体的には、迅速な審査体制のさらなる充実、細胞の培養手法の標準化、グローバルな観点からの知的財産戦略、再生医療のリスクや膨大なコストの負担を公的医療保険制度や民間保険制度などにより、どのように分担しながら軽減していくかということも、さらに検討を深めていく必要があるだろう。

## 2　医療機器のデバイスラグ縮小への取り組み

### 医療機器を法律に独立して位置づけ

２０１４（平成26）年の薬事法の改正により、第2章でも言及した通り、法律の名前が「医薬品、医療機器等の品質、有効性及び安全性の確保等に関する法律」（以下、医薬品医療機器等法）と改称された。医療機器は、従来医薬品の中に含められ、医薬品に準ずる位置づけとされていたが、従来の聴診器やはさみ、体温計といった世界とは大きく変化してきており、現在は技術革新が多面的に進んでいる。このため、ＣＴ、ＭＲＩといった電子機器をはじめ、人工心臓弁、人工骨など高度な医療機器について開発が進み、日々進化を遂げている。

こうした進化を遂げている医療機器の特性は、医療現場のニーズを踏まえて開発され、絶えず改良が行われ、少量多品目であり、医師等の技能によって有効性や安全性が確保される側面もあるなど、医薬品とはかなり異なっている。このため、薬事法の法律が前述の名称に改称されると同時に、医療機器の「章」を新たに第5章として、法律の中に設けることとなった。

## デバイスラグ短縮に向けて

わが国ではものづくり技術は、自動車のように国際的な競争力を維持しているものがあるにもかかわらず、医療機器については競争力が諸外国に比べると強くない。そのひとつの背景は、開発から市販までに時間がかかることであると指摘されていた。

医療機器については、すべて臨床研究、治験を行ったうえで、ＰＭＤＡ（医薬品医療機器総合機構：Pharmaceuticals and Medical Devices Agency）とよばれる独立行政法人等の審査を通ることによって初めて市販が認められる。開発から承認まで、多くの時間がかかるが、米国や欧州などと比較したこの期間の長による承認の遅れのことを「デバイスラグ」とよんでいる。

同様に医薬品についての開発から承認までの期間の米国等とのちがいは「ドラッグラグ」という。ちなみに、ＰＭＤＡの調査によれば、日米の間では、２００９（平成21）年の段階で3年間のデバイスラグがあったが、２０１３（平成25）年度の段階では、開発ラグが短くなったことから、デバイスラグは１・２年にまで縮小してきている、としており、審査ラグはほとんど0年にまで縮小したとしている。医薬品のドラッグラグについても、同じＰＭＤＡの調査によれば３・３年から１・１年まで縮小している。

**図３－２　医薬品・医療機器の輸出入差額**

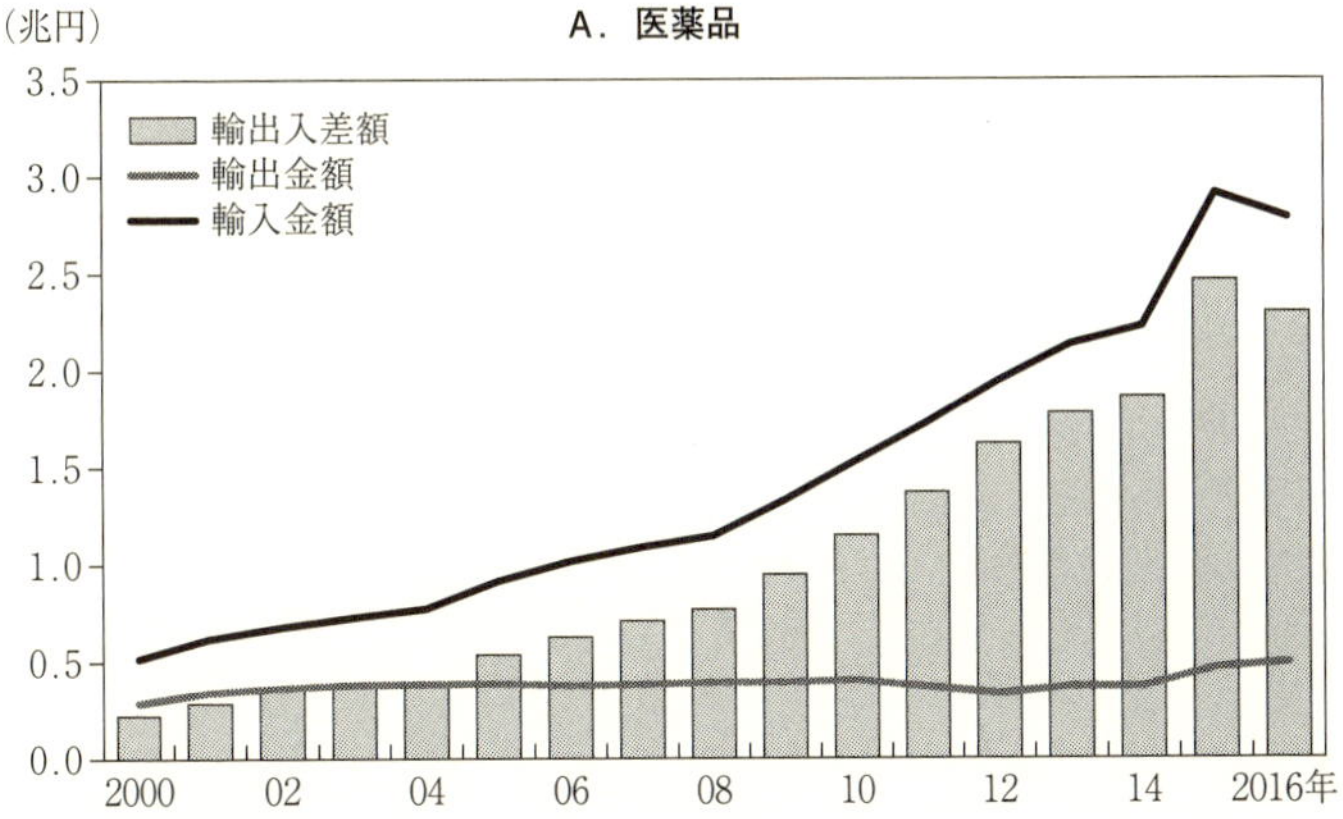


資料：財務省「貿易統計」

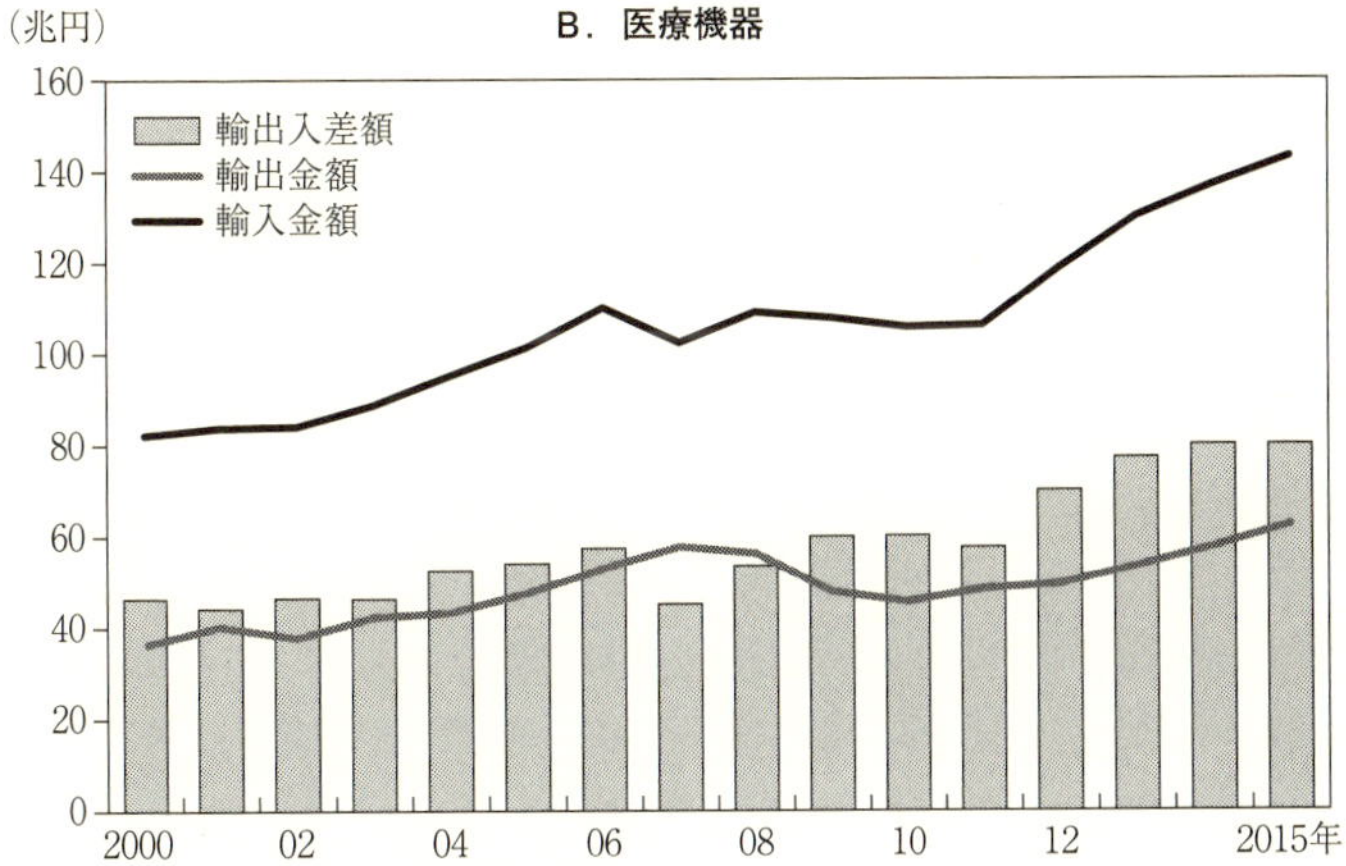


資料：厚生労働省「薬事工業生産動態統計調査」

## 図３－３　医療機器の分類と規制

小 ←― リスク ―→ 大

| 国際分類 1) | クラスⅠ | クラスⅡ | クラスⅢ | クラスⅣ |
|---|---|---|---|---|
| 具体例 | 不具合が生じた場合でも、人体へのリスクが極めて低いと考えられるもの<br>(例) 体外診断用機器、鋼製小物（メス・ピンセット等）X線フィルム、歯科技工用用品 | 不具合が生じた場合でも、人体へのリスクが比較的低いと考えられるもの<br>(例) MRI装置、電子内視鏡、消化器用カテーテル、超音波診断装置、歯科用合金 | 不具合が生じた場合、人体へのリスクが比較的高いと考えられるもの<br>(例) 透析器、人工骨、人工呼吸器 | 患者への侵襲性が高く、不具合が生じた場合、生命の危険に直結する恐れがあるもの<br>(例) ペースメーカー、人工心臓弁、ステントグラフト |
| 薬事法の分類 | 一般医療機器 | 管理医療機器 | 高度管理医療機器 | |
| 規制 | 届出 | 第三者認証 2) | ⇨法改正で拡充　大臣承認（PMDAで審査） | |

注：1）日米欧豪加の５地域が参加する「医療機器規制国際整合化会合（GHTF）」において平成15年12月に合意された医療機器のリスクに応じた４つのクラス分類の考え方を薬事法に取り入れている。

2）厚生労働大臣が基準を定めたものについて大臣の承認を不要とし、あらかじめ厚生労働大臣の登録を受けた民間の第三者認証機関（現在13機関）が基準への適合性を認証する制度。

資料：厚生労働省（規制改革会議提出資料［2013年３月21日］）を修正。

医薬品も医療機器も、特に治験についての患者が多く集まらない場合、長い時間がかかるほか、多くの病院と契約をして患者を集める必要があること、そして審査についても多くのデータが求められ時間がかかることなどが、ラグが長くなる背景としてメーカー側からは指摘されていた。

　開発から市販までの時間が短ければ短いほど、競争面では優位になる。国内マーケットだけでなく、国際的にも医療機器、医薬品のマーケットは今後も新興国の発展などにより、拡大していくと見込まれているが、わが国の医療機器も医薬品も図3－2の通り、輸入超となっている。こうしたラグを少しでも短くしていくことは、国際的にも広がる市場を考えれば、国内需要に応えるだけでなく、輸出増にも結びつけられる重要な取り組みといえる。

「医薬品医療機器等法」では、医療機器を製造する企業は、医薬品メーカーとは異なり、許可制から登録制に改め、その要件を簡素化した。そして、民間の第三者機関を活用した認証制度を、高度管理医療機器にも拡大し、一方でＰＭＤＡの医療機器審査については革新的な医療機器を中心に重点化、迅速化するなどの対応を図ることとした。具体的には、人体へのリスクの大きさに応じ、人体へのリスクがそれほど大きくないクラスⅡ、生命の危険に直結しないクラスⅢといった分野においては民間の認証機関の審査を広げていくこととした(3)（図３－３）。

この結果、近年は民間の登録認証機関も増加し、２０１６（平成28）年段階では13機関が登録されている。医療機器のうちリスクの低いものについては、民間の登録認証機関で評価できるようになった結果、ＰＭＤＡが高度機器に集中することにより、デバイスラグを縮小する方向に作用している。このように、法改正により医療機器が医薬品とは異なる位置づけを与えられ、その特性に応じた発展をしやすくなったのは大きな進歩といえる。

医療機器の審査にあたっては、メーカーの創意工夫を阻害せず、スピーディーに実施できる体制を作っていくことが重要である。そのためには、認証基準を国際的な観点から見直し、必須な条件に絞って整備することや、イノベーションを適切に評価すること、民間の登録認証機関の能力を向上させていくこと(4)などがさらに必要となろう。

政府は、２００７（平成19）年から「革新的医薬品・医療機器創出のための官民対話」という場を設けているが、現在も適時産業界と行政、研究者等が意見交換し、抱えている課題を共有し、医薬品や医療機器産業の発展に向けた取り組みに力を入れてきている。

なお、医療機器の開発を促すために、画期的な技術については適切に評価してプライシングしていくことも重要な課題となっている。この点については、次の薬価についての課題と共通しているため、そこで検討する。

## 3　イノベーション評価と医療財政を両立する薬価制度へ

### 製薬にかかったコストか、類似薬から薬価が決まる

新薬の開発には非常に長い時間と高いコストがかかる。基礎研究には2～3年かかるが、非臨床の試験を繰り返し、その後治験とよばれるヒトを対象に行う試験にさらに時間がかかる。

治験には3段階（①少数の健康な人に安全性を確認、②少数の患者に有効で安全な投薬量や投薬方法を確認、③多数の患者に有効性と安全性を確認）かかり、特にこの第3段階の治験にコストがかかっているほか、成功確率も必ずしも高くない。さらに承認申請をして、ＰＭＤＡから承認を得ることによって初めて市販が可能となる。承認の際に、公的医療保険制度のもとで使用できる医薬品を定めた「薬価基準」に品名と価格を収載してもらうための申請を行う。これを受けて、薬価算定組織によって薬価が定められ、最終的に中医協で薬価の承認が下りる。このため、開発から承認まで10年から17年くらいかかることもある。

**図３−４　類似薬効比較方式と原価計算方式**

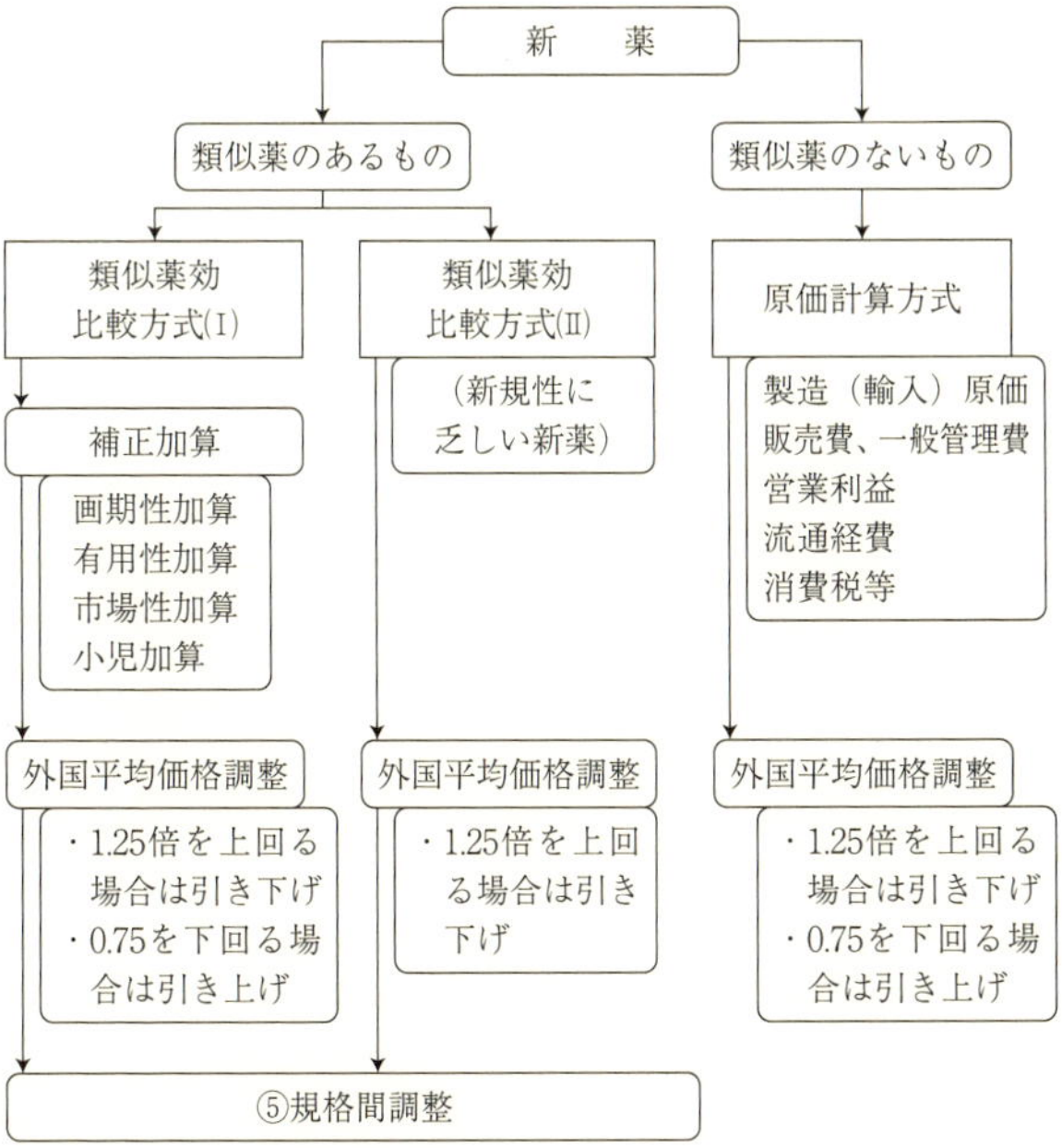


資料：前田（2016）p.13図を大幅に簡略化。

このように医薬品の開発のためには、非常に多くのカネと時間を必要とするため、薬価がどのような水準に設定されるのかということは、製薬会社経営にとってきわめて重要である。

薬価基準は、以下のような考え方で決まっている。まず、新薬でも、類似薬があるときには、類似薬との比較のうえで薬価を決定する「類似薬効比較方式」が採用される。これは新薬に最も近い類似薬を選び、画期性や有用性、市場性などにより補正されて計算が行われる。これができないときには、製造原価等のコストが重要であることに鑑みて、販売管理費なども含めたコスト全体の額を薬価とする「原価計算方式」という計算方式がとられてきている（図3－4）。

そもそも新薬にどのような治療効果があるのか、といった価値が基準となった価格づけが主軸の考え方となっておらず、類似薬の価格やそれがない場合にかかったコストが参考にされるといった価格決定方式自体には、課題があるように思われる。新薬の開発にはリスクがありコストがかかるが、コスト次第で薬価が決まることは適切でないし、従来有用性や画期性などが中心的な要素ではなく補正的な要素として扱われてきた点にも問題があったように思われる。

さらに、従来薬価は2年に1回改定が行われ、新薬が市販されると、医療費削減のために実際の市販価格[5]などをみながら、価格引き下げが段階的に行われる仕組みとなっていた。このため、長期に収載されている医薬品の価格は低くなっており[6]、特許期間を過ぎると後発医薬品（ジェネリック）メーカーがさらに一段と低い価格で販売できるようになっている（この点については第4章参照）。

### 薬価設定に必要な二つの視点

薬価を設定する際には、その医薬品の効果にかかるイノベーションを適切に評価することと、医療保険財政を長期的に維持することの二つの視点のバランスが必要になる。後者の医療保険財政の維持については、ジェネリックの普及などの重要な課題もすでに政策的な目標として掲げられているが、この点については次章で扱うこととし、本節では、イノベーションの評価という視点から、保険財政と両立する薬価の在り方を検討していきたい。

たとえば近年、C型肝炎治療では画期的な新薬が開発・販売されたことにより、治癒率が大幅に向

**表３－２　主要製薬企業の売上高と研究開発費（2014年）**

| | 医薬品売上高（100万ドル） | 研究開発費（100万ドル） | 研究開発費／売上比（%） |
|---|---|---|---|
| Novartis | 52,180 | 9,943 | 17.1 |
| Pfizer | 45,708 | 8,393 | 16.9 |
| Sanofi | 42,051 | 6,432 | 14.3 |
| Roche | 40,052 | 10,755 | 20.8 |
| Merck（USA） | 36,042 | 7,180 | 17.0 |
| Johnson&Johnson | 32,313 | 8,494 | 11.4 |
| GlaxoSmithKline | 30,758 | 5,656 | 15.0 |
| AstraZeneca | 26,095 | 5,579 | 21.4 |
| GileadSciences | 24,474 | 2,854 | 11.5 |
| AbbVie | 19,960 | 3,297 | 19.4 |
| Amgen | 19,327 | 4,297 | 18.8 |
| Teva | 18,374 | 1,395 | 6.9 |
| EliLilly | 17,269 | 4,734 | 24.0 |
| Baxter | 16,671 | 1,421 | 8.5 |
| Bayer | 15,990 | 4,765 | 8.5 |
| 武田薬品工業 | 15,934 | 3,606 | 21.5 |
| Bristol-MyersSquibb | 15,879 | 4,534 | 28.6 |
| NovoNordisk | 15,516 | 2,453 | 15.5 |
| Boehringer Ingelheim | 14,067 | 3,539 | 19.9 |
| アステラス製薬 | 11,773 | 1,950 | 16.6 |
| Merck（Germany） | 8,690 | 2,272 | 14.8 |
| 第一三共 | 8,678 | 1,800 | 20.7 |
| 大塚ホールディングス | 8,339 | 1,631 | 14.1 |
| Abbott | 7,839 | 1,345 | 6.6 |
| Mylan | 7,720 | 582 | 7.5 |
| エーザイ | 5,177 | 1,245 | 24.1 |

注：研究開発費等は、下記通貨換算レートより算出。
　ユーロ／ドル：0.75、スイスフラン／ドル：0.92、ポンド／ドル：0.61、デンマーククローネ／ドル：5.61、円／ドル：105.95

資料：日本製薬工業協会「DATA BOOK 2016」

上してきている。このように新薬のイノベーションは、短期的には薬剤費を増加させるかもしれないが、医療の進展にも長期的な医療費増加抑制にも寄与するはずのものである。

イノベーションを評価する点からは、いくつかの施策が近年は取り入れられるようになった。たとえば2010（平成22）年度より導入された「新薬創出・適応外薬解消等促進加算」もそうした趣旨で期限付きの措置として薬価制度改革で試行的に導入され、一定条件を満たせば、特許期間中は薬価を引き下げないことになっている。この加算は試行が継続されてきた。また、原価計算方式等ではコストでしか薬価が決められないため、少しでも画期性についての評価を上げるなどの取り組みも行われてきた。

わが国の製薬企業は近年新薬を多く創出してきており、日本発の大型製品も増加している。しかし欧米各国の製薬企業と比較すると売上規模は小さく、国際的な競争力はまだ低い（表3－2）のが現状で、前掲図3－2の通り、輸入額は増加し続けている。欧州のメーカーなどは抗がん剤などに競争力があり、日本は大量にこれを輸入し、近年その額が増加している。最初に市販される国は米国が圧倒的であり[(7)]、その後、スイス、英国、日本と続く（2014年）。また前掲の新薬創出等の加算（図3－4）を受けているのは外資系企業が多く[(8)]、日本の製薬企業は必ずしもそうした加算を多く受けているわけではなく、売り上げは欧米と比較すると長期収載品が多いのが実情である。

## 医療経済評価への取り組み

こうした中で、医薬品や医療機器などの新しい技術、イノベーションの評価をしながら、医療費についても配慮する考え方として注目をされているのが、医療技術評価（Health Technology Assessment）または医療経済評価（Health Economic Evaluation）の取り組みである。[8] 医療経済評価とは、医薬品、医療機器、医療技術などが、健康改善にどの程度有効かという医学的な効果と、健康改善のためにその技術を用いることが費用に見合うかという経済的側面や、社会にどのような影響を及ぼすかという社会的側面を包括的に評価する考え方である。英国、欧州やアジアの諸国でも導入や検討が進んでいるが、最も先駆的に取り組んでいるのが英国であり、国立医療技術評価機構（ＮＩＣＥ：National Institute for Health and Clinical Excellence）が中心となって薬価制度を大きく見直してきている。

表３－３の通り、先進諸外国においては、医療経済評価には費用対効果分析の手法が用いられており、主に公的医療保険の対象とするか否かの判断や薬価設定の参考にしている。英国のほかにも、カナダは早くからこうした医療経済評価を活用している。アジアでも韓国やタイが取り組んでいる。韓国については、第４章で紹介するＨＩＲＡ（Health Insurance Review and Assessment Services）が、製薬会社の経済評価データを参考に保険収載の可否を判断している。

わが国でもイノベーションを促しつつ、保険財政を持続可能にする観点から、こうした諸外国の例を参考にしながら、医療技術評価の考え方をどう取り入れるかが検討課題となり、[9] 中医協に費用対効果評価専門部会が２０１２（平成24）年5月に設置されスタートした。さらに、そこでの議論が進み、ようやく２０１６年度より試行的導入をスタートしてきている。[10]

費用対効果分析とは、新しい医療技術や医薬品がどの程度患者に有効なのかを定量的に分析しよう

**表３－３　諸外国の医療経済評価の導入状況**

| | オーストラリア | 英国 | カナダ | スウェーデン | オランダ | 韓国 | タイ |
|---|---|---|---|---|---|---|---|
| ①評価機関名（略称） | PBAC | NICE | CADTH | TLV | CVZ | HIRA | HITAP |
| ②評価機関名 | Pharmaceutical Benefits Advisory Committee | National Institute for Health and Clinical Excellence | Canadian Agency for Drugs and Technologies | Dental and Pharmaceutical Benefits Board | Health Care Insurance Board | Health Insurance Review and Assessment Services | Health Intervention and Technology Assessment Program |
| ③開始時期 | 1993 | 1999 | 2002 | 2002 | 2005 | 2007 | 2007 |
| ④評価結果の利用方法 | ○償還の可否の判断材料<br>○（価格交渉） | ○償還の可否の判断材料<br>○（価格交渉） | ○償還の可否の判断材料 | ○償還の可否の判断材料 | ○現状は試験運用段階 | ○償還の可否の判断材料<br>○（価格交渉） | ○償還の可否の判断材料 |
| ⑤償還の際の費用対効果評価の適応条件 | 必須 | 保健省の決定があったとき | ほぼ必須 | 必須 | 外来で使用され、代替薬がない場合は必須等 | 新規有効成分含む場合は必須 | NLEM(注)委員会が必要と認めたとき |
| ⑥データ作成の実施主体 | 製薬企業 | 製薬企業（NICEも再実施） | 製薬企業（例外あり） | 製薬企業 | 製薬企業 | 製薬企業 | HITAP |
| ⑦外部機関（大学等）の関与あり | あり | あり | あり | あり | あり | あり | あり |
| ⑧効果指標としての質調整生存年（QALY）の使用 | あり | あり | あり | あり | あり | あり | あり |

注：NLEM: National List of Essential Medicines（国が定める必須医薬品リスト）

資料：厚生労働省（中医協提出資料［平成24年４月25日］、ただし注は簡略化して記載。）

筆者注：「償還の可否の判断材料」とは、当該医療技術を公的医療保険・制度における償還の対象とするか判断する際に参考にすること。一部の国では償還を可とする条件として価格交渉に用いられる場合がある。

という試みである。ただし、効果や費用については様々な指標があり、そのこと自体が議論の対象となってきた。

## 患者のＱＯＬを評価の指標に

まず、効果については、その医薬品等を使ったことによる治癒率、生存年、臨床検査値なども考えられるが、たとえば英国などで積極的に使われている一つの考え方は、患者のＱＯＬ（生活の質：Quality of Life）と寿命にどの程度貢献するかを指標とするというものである。これを質調整生存年（ＱＡＬＹ：Quality Adjusted Life Years）という。図３－５のＱＡＬＹの広さが広ければ、その医薬品を使う効果があると考えられる。

わが国の厚生労働省費用対効果評価専門部会の「試行的導入について」（２０１３［平成25］年）によれば、効果については、「ＱＡＬＹを基本としつつ、疾患や医薬品・医療機器等の特性等に応じて、その他の指標も用いることができる」方向となっている。なお、こうした分析はまず、製薬メーカーなどが行い、これを中立的な立場から当局が再検証することが想定されていた。

一方で、費用としては、生存年に発生する薬剤費等にかかる公的医療費が一つの有力な指標候補であるが、このほかにも介護にかかる費用として公的介護費や、病気によって、仕事ができなくなることによる逸失費用も含めるべきであるとの議論もある。前述の「試行的導入について」では、「公的医療費のみを費用に含めることを原則とし、公的介護費用や当該疾患によって仕事ができない結果生じる生産性損失は、基本分析においては含めない。ただ、公的介護費や生産性損失を含めた分析を同

**図３－５　費用対効果分析**

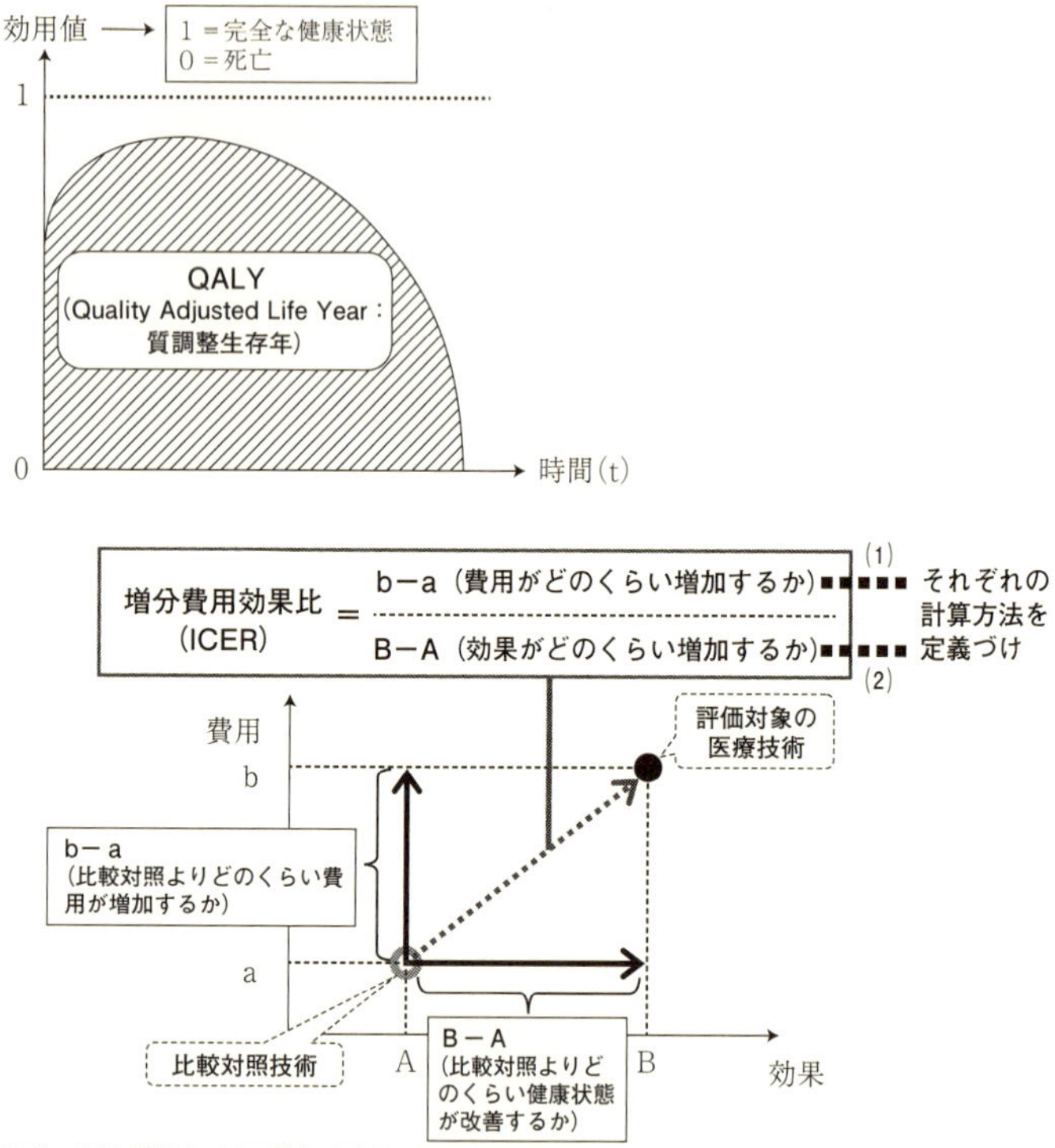


資料：厚生労働省（中医協提出資料［2016年４月27日］）

時に提出してもよい」と製薬メーカーなどに対して求めている。

それでは、費用対効果はどのように求められるのだろうか。もちろん、新薬が市販されることによって、薬剤費も含めて医療費が下がれば費用対効果は間違いなく高いといえるだろう。しかし、高額な研究開発費がかかり、薬剤費が上昇している現在では、コストが下がるといったことはあまり考えにくい。むしろ、新薬が市販されることによって、医療費全体がどの程度高くなるか、もし薬剤費が多少高くなったとしても、既存の技術と比較して、効果を１単位増やすためにどの程度費用が余計にかかるか、この値が一定の値よりも小さければ新薬の使用は効率的と解釈することができるだろう。

このように、既存の技術や医薬品と比較して、より費用対効果が高いかどうかというこの考え方を増分費用効果比（ＩＣＥＲ：Incremental Cost-Effectiveness Ratio）といい、いわば経済学における限界概念を活用して新薬の評価をしていこうとしている。

こうした費用対効果を分析し、その結果をひとつの参考指標として、いくつかの医薬品等について、あてはめていく試行的取り組みが始まっている。こうした考え方を取り入れ、検討していくことは必要な取り組みであると考えられる。２０１６（平成28）年度は、後でみる抗がん剤オプジーボなども含めた医薬品7品目が、費用対効果分析の対象となっていた。

## 留意すべき点

もちろん、費用対効果分析には、留意、改善すべき点が多々あると考えられる。費用対効果が良いかどうかを判断する増分費用効果比（ＩＣＥＲ）の「閾値」についての客観的な基準がなかったり、比較対象を何にするかによって評価が大きく異なってきたりする、といった問題がある。たとえば、英国では、１ＱＡＬＹ獲得の閾値は3万ポンド以下とされているが、英国以外ではこうした閾値は明示されていない。その理由は、閾値だけで判断するのではなく、「様々な要素を加味して価値が決定される」（印南ほか［２０１３］所収、福田敬国立保健医療科学院研究情報支援研究センター上席主任研究員）からである、とされている。また、費用対効果分析のためのデータを集めること自体、現状では製造企業やこれを再検証する当局にとってまだ大きな負担、費用がかかる。

いずれにせよ、技術的にもいろいろ課題があるため、この基準だけで薬価を決めることは難しいが、費用対効果分析を取り入れて参考にしていくことは意味のあることである。参考にするべき分析とするためには、試行を繰り返して、その手法を改善していくと同時に、官民ともに関連するデータを蓄積して、分析が容易になる体制を作っていくことが求められる。

### オプジーボが喚起した課題

２０１４（平成26）年に承認を取得した小野薬品工業のオプジーボは、従来の抗がん剤とは異なる仕組みを生かした、世界に先駆けた画期的な医薬品である。類似薬がなかったため、原価計算方式で薬価が算定された。もともとは皮膚がん治療を対象としていたため、想定患者数は４７０人程度ときわめて少なかった。このため、少ない症例のみの治験で薬事申請が行われ、きわめて短期間で市販できるようになった。治験に非常に時間がかかるというデバイスラグの問題を、限定的な患者数しかいない治療薬であることから、クリアしたといえる。また、製造原価が高く、しかも画期性があると想定されたため、営業利益率に対する加算率が60％という非常に高い薬価が設定されることとなった。

ところが、２０１５年にはオプジーボが肺がんにも適応が広がった結果、「その患者は5万人にのぼり、年額３５００万円の薬を5万人が適用した場合、1兆７５００億円にものぼり、医療財政上に大きな影響を与える」との日赤医療センターの國頭英夫医師の財政制度等審議会での発言が注目されることとなった。実際、当初55億円と想定されていたこの薬の売上が、肺がんへの適用拡大により、２０１６年3月期は約4倍の２１２億円に達し、２０１７年3月の予想売上高は１２６０億円になると小野薬品工業は公表した。

オプジーボに関しては、厚生労働省は試行的に費用対効果分析も導入し、薬価の参考にしようとしていた。しかし当初よりも適応患者数が非常に増えたため、高い薬価についての批判が高まり、結局例外的対応として、２０１６年中医協はオプジーボの薬価を2分の1引き下げることとした。そして、さらに薬価制度を抜本的に見直すこととし、11月の経済財政諮問会議では、2年おきの薬価改定を1年ごとにすることについて提案がなされ、政府内での検討が行われた。この結果、16年末に「薬価制度の抜本改革に向けた基本方針」が決まり、2年に1回の通常改訂の中間年度に行う価格乖離の大きな品目に対する薬価改定について、具体的内容を17年中に議論を行い、19年度から実施していくことや、薬価調査自体の見直しをすることなどが決まった。

なお、２０１７年の経済財政運営と改革の基本方針（いわゆる骨太の方針）では、この「基本方針」に基づき、「効能追加等に伴う市場拡大への対応、毎年薬価調査・薬価改定、新薬創出・適応外薬解消等促進加算制度のゼロベースでの抜本的見直し、費用対効果評価の本格導入などの薬価制度の抜本改革に取り組」むとされた。

また、中医協では、高額な薬剤の適正使用に向けたガイドライン作りも始まっている。医薬品医療機器総合機構（ＰＭＤＡ）に依頼して科学的根拠に基づいたガイドラインを策定し、医師の化学療法の経験、医療機関は24時間対応を可能とすること、患者についても投与対象とする基準を定めることとされている。

こうした高度な画期性のある新薬は今後も出てくることが期待されているため、前々項で紹介した、費用対効果分析の導入は、イノベーションを評価しつつ、経済的コストの関係について客観的な評価を試みるという意味でも、今後薬価の設定において大きな役割を果たすと考えられるし、そうした評価が可能になるように、手法自体も改善していく必要がある。また、前述の骨太の方針では、「第三者的視点に立った透明性の高い組織・体制をはじめとするその実施のあり方を検討」するとされている。

以上のように、オプジーボは、日本企業が開発し、対象者が限定されていたことから、治験をスムーズに進めて開発費や開発期間を短くし、画期性を評価された医薬品であった。一方で非常に高い価格が設定され、しかも後から適応が拡大されたことから、一気に医療保険財政問題へと議論が波及した。その意味で、医薬品の価格設定や高額な医療技術が出てきたときに、イノベーションの推進と医療保険財政をどう両立させていくかという点について改めて認識させる契機になった事例であると考えられる。

薬剤費の増大を踏まえ、医療保険財政の持続性をどう担保するかというテーマについては、次章でも取り上げる。

## 第3章【注】

（1）米国ＮＩＨは、約3兆円の巨額の予算を有する政府機関で、研究についての予算配分も行いながら、傘下の研究所で研究も行っている。日本では、そうした規模の予算があるわけではないが、ＡＭＥＤは、内閣府に設置された健康医療戦略推進本部の意を受けて、文部科学省、厚生労働省、経済産業省からの補助金をもとに研究予算の管理・配分を行う。

（2）これらの点は２０１３（平成25）年規制改革実施計画で閣議決定された。

（3）２０１３（平成25）年規制改革実施計画で閣議決定されている。

（4）清郷（２０１４）を参照。

（5）１９９２（平成４）年に市場実勢を反映させて薬価を算定する方向に転換した。

（6）新薬の開発だけでなく、長期収載品について、あとから薬効を見出し、実用化につなげていこうという取り組みにも日本の製薬メーカーは積極的に取り組んでいる。こうした取り組みをドラッグ・リポジショニングという。米国の製薬会社などでは２０００年代後半から積極的な取り組みが行われている。

（7）たとえば、米国では、希少疾患の製薬を促すために、製薬企業に創薬インセンティブをつけるバウチャー制度が導入されている。希少疾病審査バウチャーを発行し、6カ月という短い期間で承認を与えている。もし希少疾患の創薬に成功した場合、その会社の次の創薬に対して、バウチャーを使える。米国では、そのバウチャーの流通市場が発展している。

（8）医療技術評価は、治験などのような短期的な有効性評価に加え、長期的な安全性や有効性評価、さらに患者報告アウトカム、実際の診療現場での有効性評価、社会的、経済的、法的、政治的、倫理的影響の評価を含む。これに対して、医療経済評価は、医療技術、医療行為の費用と効果の両面を検討し、その経済的効率性を定量的に評価する方法論のことをいう（印南ほか［２０１２］の中における池田俊也氏の発言）。したがって、厳密には二つの概念は異なる。

（9）「イノベーションの適切な評価を行う観点から、例えば患者のＱＯＬの向上効果がどの程度あるかを客観的に評価する指標や、実質的な医療・介護費用の削減効果の指標を、イノベーションの評価に活用する仕組み等を検討し、結論を得る」ことが２０１４（平成26）年規制改革実施計画により閣議決定。

（10）薬事申請の際に費用対効果に関する資料の提出が１９９２（平成４）年からスタートしているが、義務ではなかったほか、費用や効果についての考え方もばらばらの状況であった。２０１４（平成26）年規制改革実施計画でも、イノベーションの適切な評価のために患者のＱＯＬの向上効果がどの程度あるかを客観的に評価する指標や、実質的な慰労・介護費用の削減効果の指標を、イノベーションの評価に活用する仕組み等を検討し、結論を得ることを決定している。

# 第4章　医療の持続可能性確保への配慮

本章では、医療の持続性を維持するために、いくつかの事例を取り上げて、医療保険からの給付増加を抑制する視点から見直していく必要があることについて論じる。医療保険財政は、今まで第2章、第3章で議論してきた医療提供体制の整備、イノベーションの推進などもすべて関連しており、多くの論点がある。たとえば画期的な医薬品の開発はその病気の患者数を減少させることによって、またプライマリーケア体制の充実による糖尿病性腎症の患者の健康管理強化は透析への移行を抑制することによって、医療保険財政の長期的持続性は、より高まるはずである。これらの努力に加えて、本章は特に近年議論されている、以下のような論点を検討している。

まず、第3章でも高額な革新性の高い医薬品のプライシングの課題について触れたが、最近伸びの著しい医療保険における薬剤費のうち、市販品類似薬や後発医薬品（ジェネリック）などをめぐる議論や改革の動向を紹介する。そのうえで、今後薬価や保険収載の考え方については、データ分析による客観的なエビデンスに基づいて政策を決めていくことが必要とされていることに加え、スイッチOTC化が進む中で、一度保険に収載された医薬品をすべて保険対象とし続けることについては今後様々な観点から議論が必要となること、保険の範囲をどこまでとすべきか、国民全体の問題として、議論していく必要があること、などを指摘する。

次に、レセプトの審査支払い体制については、人手をかけた審査体制をＩＴや人工知能（ＡＩ）を活用して、抜本的に見直して事務コストを削減するとともに、これらのデータを活用していく必要性について論じる。

## 1　薬剤費の増加抑制に向けた課題
## ――薬局でも買える湿布薬を、医療機関で安く処方してもらえるのは公平性に欠けないか

### 薬剤費の動向

薬剤費として公表されている数字は、第２章でも触れたが、実は推計値となっており、すべての薬剤を網羅している正確なデータが存在していない。それ自体は非常に大きな問題であり、より正確なデータ把握をすべく取り組みを進めるべき課題である（本書第２章３節ですでにその内容を記載、より詳しくは西沢［２０１３］参照）。

しかし、ここではその概要を把握するため、公表されている薬剤費を参考に議論を進めていくこととしたい。医薬品は国民医療費40兆円のうちの約25％の10兆円程度を占めていると推計されている（２０１４年度で調剤薬局５・37兆円、外来２・90兆円、入院で１・62兆円）。２０００年以降で３・79兆円、62・６％の伸びを示している。国民医療費の大部分（約15兆円）を占める入院医療費につい

**図４－１　薬剤費（入院・外来・調剤薬局）の推移**

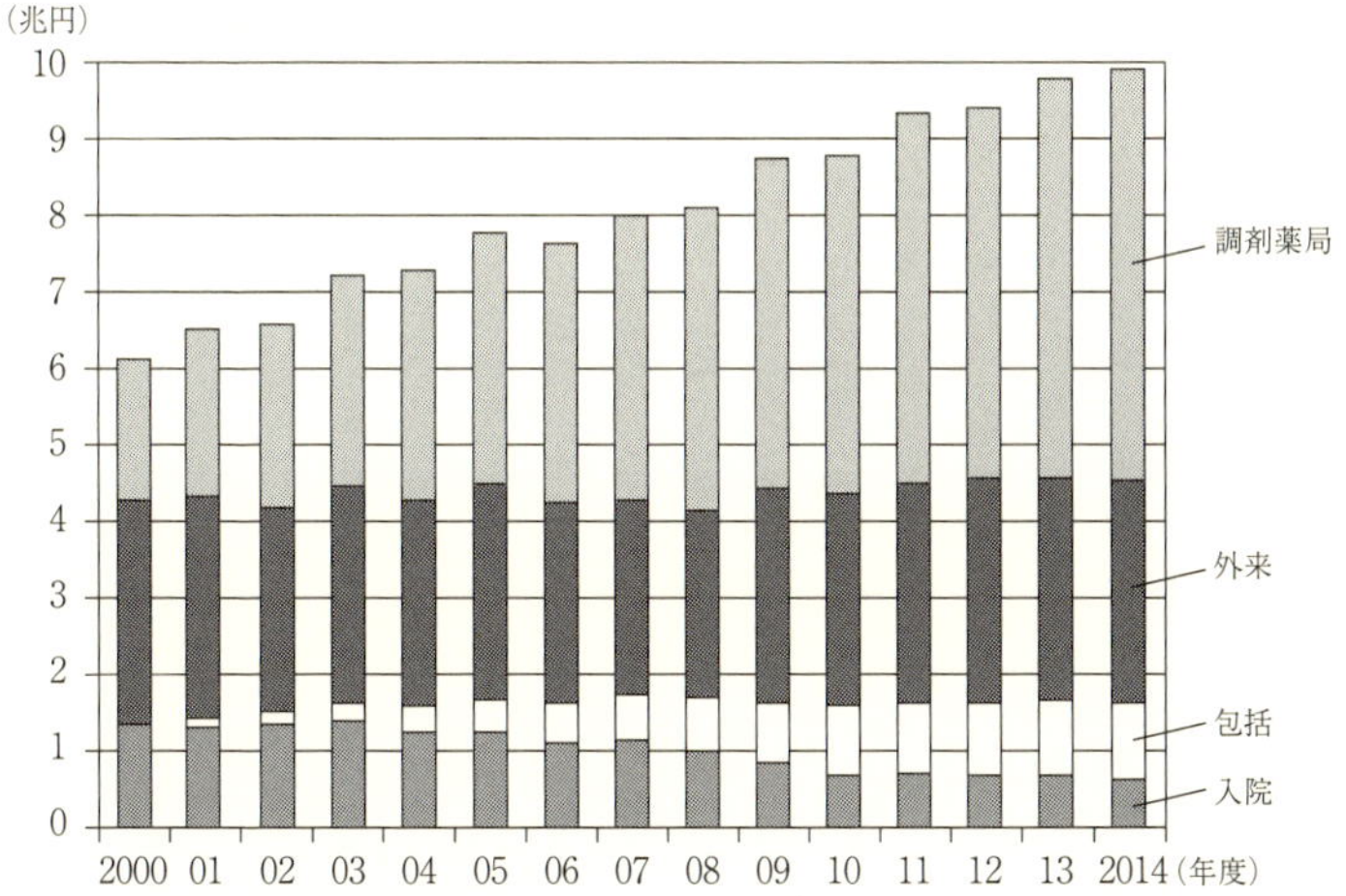


資料：全国保険医団体連合会（2016）

ては、第２章でみた通り、地域医療計画策定により病床数の管理を強化する方向となっている。一方で、医療費の近年の膨張の要因のひとつは、薬剤費の高騰にあるといえるだろう。

　薬剤費が増加している理由は、第２章、第３章でみた通り、高齢化に加えて高度な医薬品が多く使われるようになってきているからである。さらに、重複投薬や残薬が多いことも指摘されている。中医協調査（２０１５［平成27］年11月６日益山光一東京薬科大学薬学部教授）によれば、残薬の推計は年間１００億円～６５００億円と幅のある推計が紹介されていて、かなりの金額に達している可能性も示唆されている。さらに、後発医薬品（ジェネリック）比率が数量ベースで５割程度とあまり進んでいない（後述）。

　また、日本では、約１万７０００品目の薬剤が保険適用となっているが、一度保険対象になると、そこから卒業する医薬品がほとんど存在して

**図４－２　入院外レセプト１件あたり薬剤費・医療費の伸び率の推移**
**(2000年度に対する伸び率)**

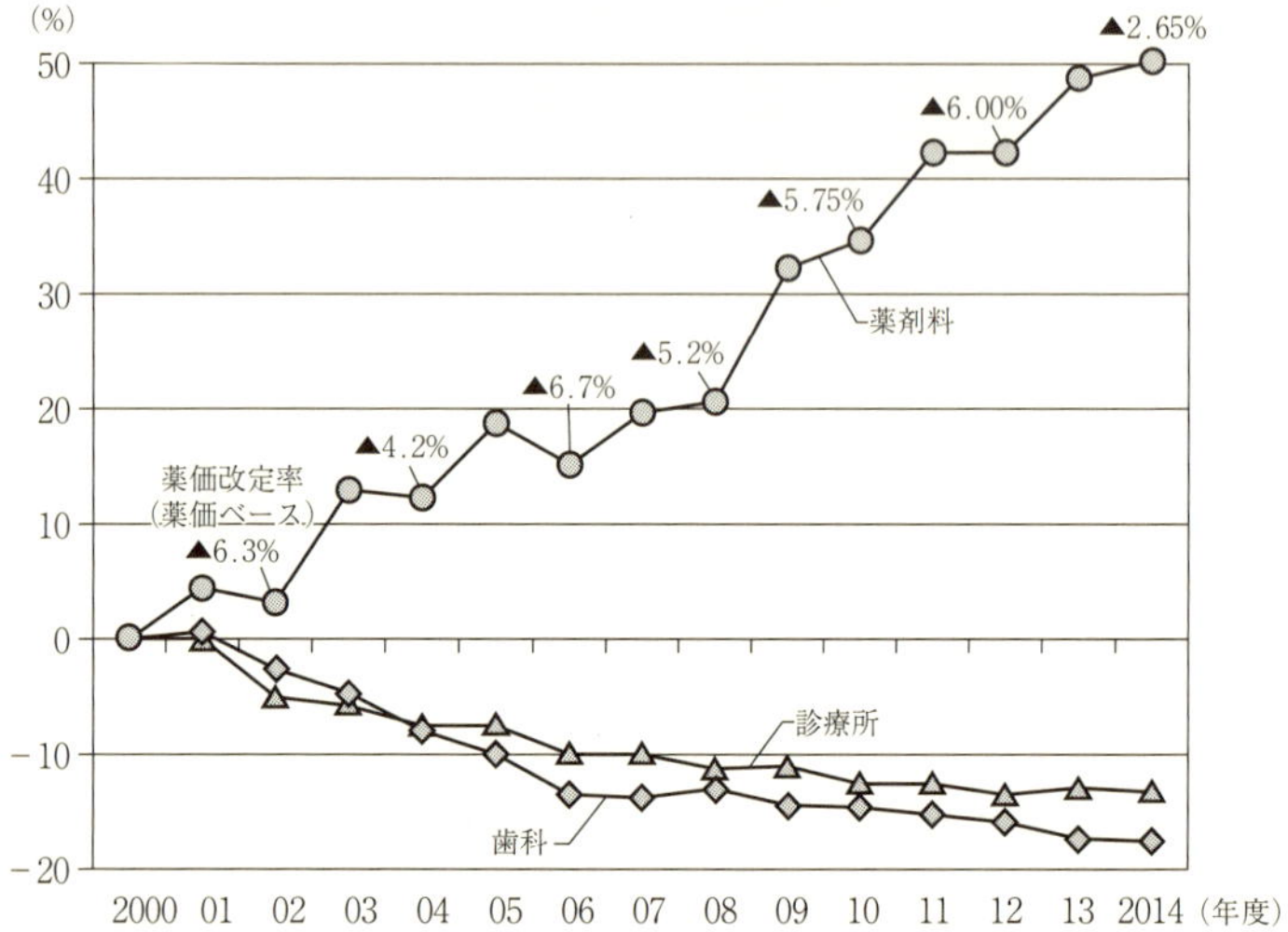


資料：全国保険医団体連合会［2016］から引用

いないこともあり、「これほど多くの薬剤を保険適用にしている国は少ない」（総合研究開発機構［２０１５］川渕孝一氏のコメント）状況となっている。最近ではスイッチＯＴＣ化が進み、薬局で販売できる一般用医薬品が増加している（表２－７参照）。このように薬局で購入できる薬が増えているにもかかわらず、類似の医療用医薬品は保険の対象として残り続けており、これらを今後どのように扱うかが公平性の観点からも問われているといえよう。

ちなみに、厚生労働省の発表しているベースでの薬剤費全体の伸び率は図４－１の通りで、調剤薬局の薬剤費が増大していることがわかる。薬剤費の中でも入院外（外来と調剤薬局）のレセプト1件あたりの動向をみると、薬剤費が突出して増加している（図４－２）。このように、医療費抑制を実現するには、薬剤費の増大をいかに抑制していくかが重要になっている。重要な課題のひとつは、前章にみた、高額な医薬品の費用対効果分析を定着させて、薬価設定の参考にしていくことであろう。また、第2章でみたように、残薬を減らし、重複投薬を避ける取り組みも、今後ＩＴ化によるチェックや薬剤師の役割として、一層求められる。さらに、次にみるような、ＯＴＣ医薬品に近い、いわゆる「市販品類似薬」について一部を保険対象から外していく考え方も、ごく一部であるが取り入れられ始めているほか、長期収載品やジェネリックの価格の引き下げも行われてきている。

## 湿布薬はドイツや英国では保険対象外

市販品類似薬とは、医師に処方してもらえる医療用医薬品のうち、薬局などでも容易にほぼ同様の効果を持つ類似の市販品が入手できる医薬品のことをいう。第2章でも紹介した通り、最近はセルフメディケーションの観点から、医療用医薬品から一般用医薬品に転用が進んでおり（既述の通り、このことをスイッチＯＴＣ化という）、こうした市販品類似薬が増加する傾向にある。典型的には湿布薬があるが、湿布薬にも様々なものがあり、いわゆる第一世代湿布薬といわれるものは、皮膚の温熱、冷却を主目的として用いられ、薬局でも購入が可能となっている。

諸外国をみると、一般用医薬品と同一の成分を含んでいる市販品類似薬でも、保険償還の対象となるときには一定の条件がある例が多い。米国では保険者ごとに策定されるリストに収載されていること、ドイツ、英国ではネガティブリストに収載されていないこと、フランスでは医療上のベネフィットにより段階的に償還率が決定されている（厚生労働省規制改革会議提出資料２０１５年３月19日）。

こうした市販品類似薬は、従来日本では上限なしに保険給付の対象となっていたが、このままでよいのだろうか。こうした問題意識から政府では見通しが進められており、2012年度に単なる栄養補給目的でのビタミン剤が、また2014年度には、治療目的でないうがい薬の単体処方が保険給付対象から外れている。市販品類似薬、特に湿布薬などは、残薬が非常に多いことも知られているが、患者サイドからみれば、医療機関で「余分に安く処方してもらえるのであれば、使うこともあるだろうから、多めに処方してもらおう」と考えるのは、むしろ自然な感覚のように思われる。ただ、そうした保険対象で処方してもらう患者がいる一方で、湿布薬を薬局ですべて自費で購入する人もいることから、国民の間の不公平を招いてしまっている。

## 湿布薬は医療機関が多めに処方

企業の健康保険組合の連合体である健康保険組合連合会（健保連）は、同様の問題意識から、以下のような分析を健康保険組合のレセプトを活用し実施、公表している。健保連によれば、2012年4～9月診療分のレセプト分析（医科レセプト131万枚、調剤レセプト86万枚、実患者数77万人、施設数28788施設）により、第一世代湿布薬について、類似の市販品を自己負担で購入した場合の自己負担額増加のシミュレーションを行った。この結果、8割の患者が6カ月で3800円増加以内、すなわち月額約630円の増加に収まり、自己負担増額分は必ずしも大きくない、としている。

また、患者や医療機関の属性等を統計的に調整したうえで、患者別・医療機関別（または都道府県別）患者一人あたり湿布薬剤費の分布を分析し、患者別・医療機関別の患者一人あたり湿布薬剤費の

**図４－３　患者・医療機関別　患者一人あたり湿布薬剤費（平均からの乖離率の分布）**

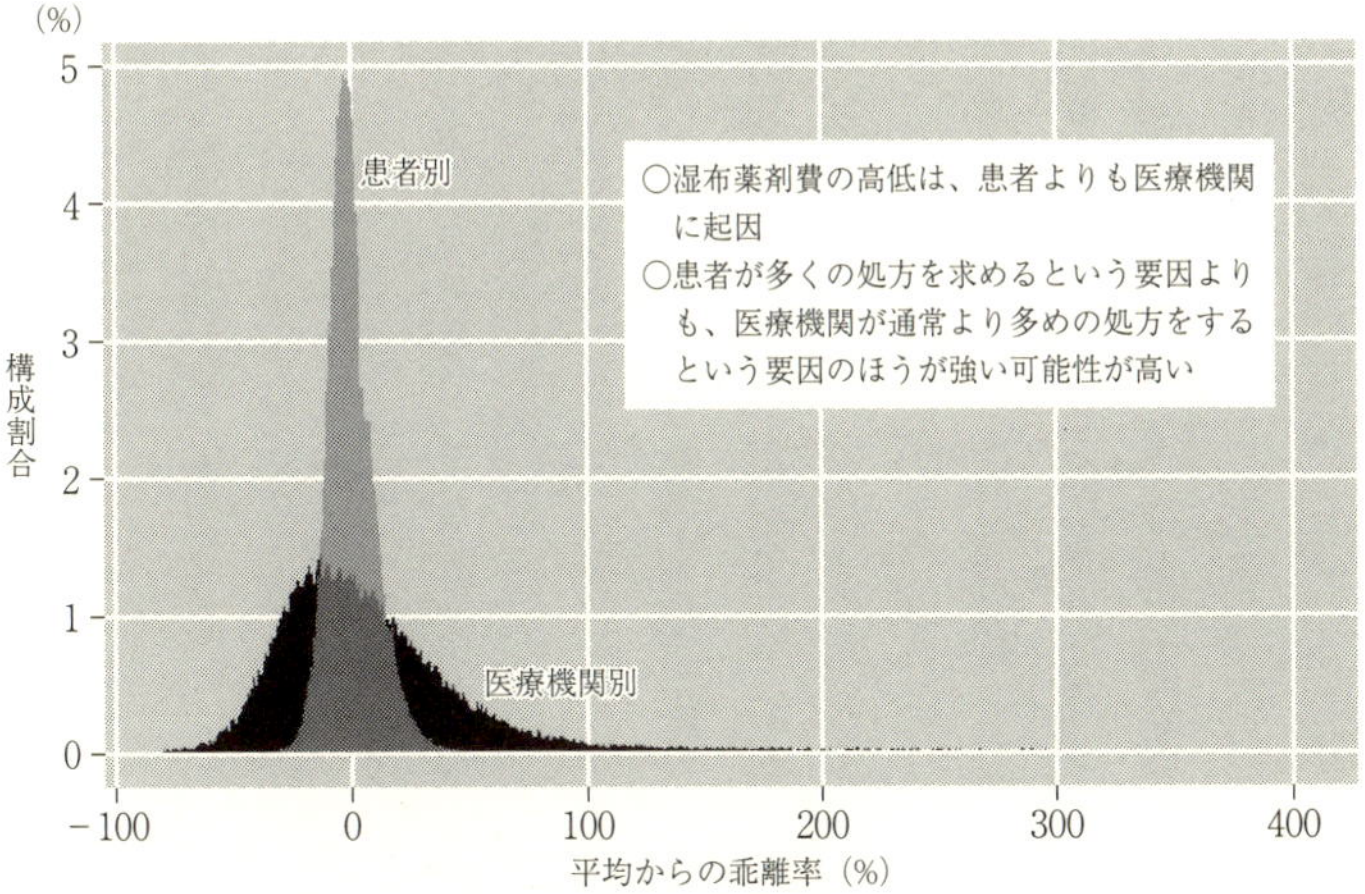


注：医療機関は病院および診療所を指し、調剤薬局を含まない。
資料：健康保険組合連合会（規制改革会議健康医療 WG 提出資料［2015年３月19日］）

乖離率を分析したところ、以下のような意外な分析結果が明らかになったとしている。

まず、図４－３によれば、湿布薬剤費の高低は、患者よりも医療機関に起因するものであるということ、すなわち、前述のような患者サイドからの要請よりもむしろ、医療機関サイドが多めの処方をする要因のほうが強い可能性が高いことを示唆している。現在は、医薬分業の推進により、院内処方率は全体の３割まで減ってきているが、医師にとっては院内処方であれば、処方を多くすれば、薬価差益分だけ収益があがることもその背景にあるのかもしれない。いずれにせよ、このことは、医師に過剰な処方をしないように働きかけることが重要であることを意味しているといえるだろう。

また、地域別にみると（図４－４）、石川県、北海道などで薬剤費が高い一方で、中国

**図４－４　都道府県別　患者一人あたり平均薬剤費（都道府県平均からの乖離率）**

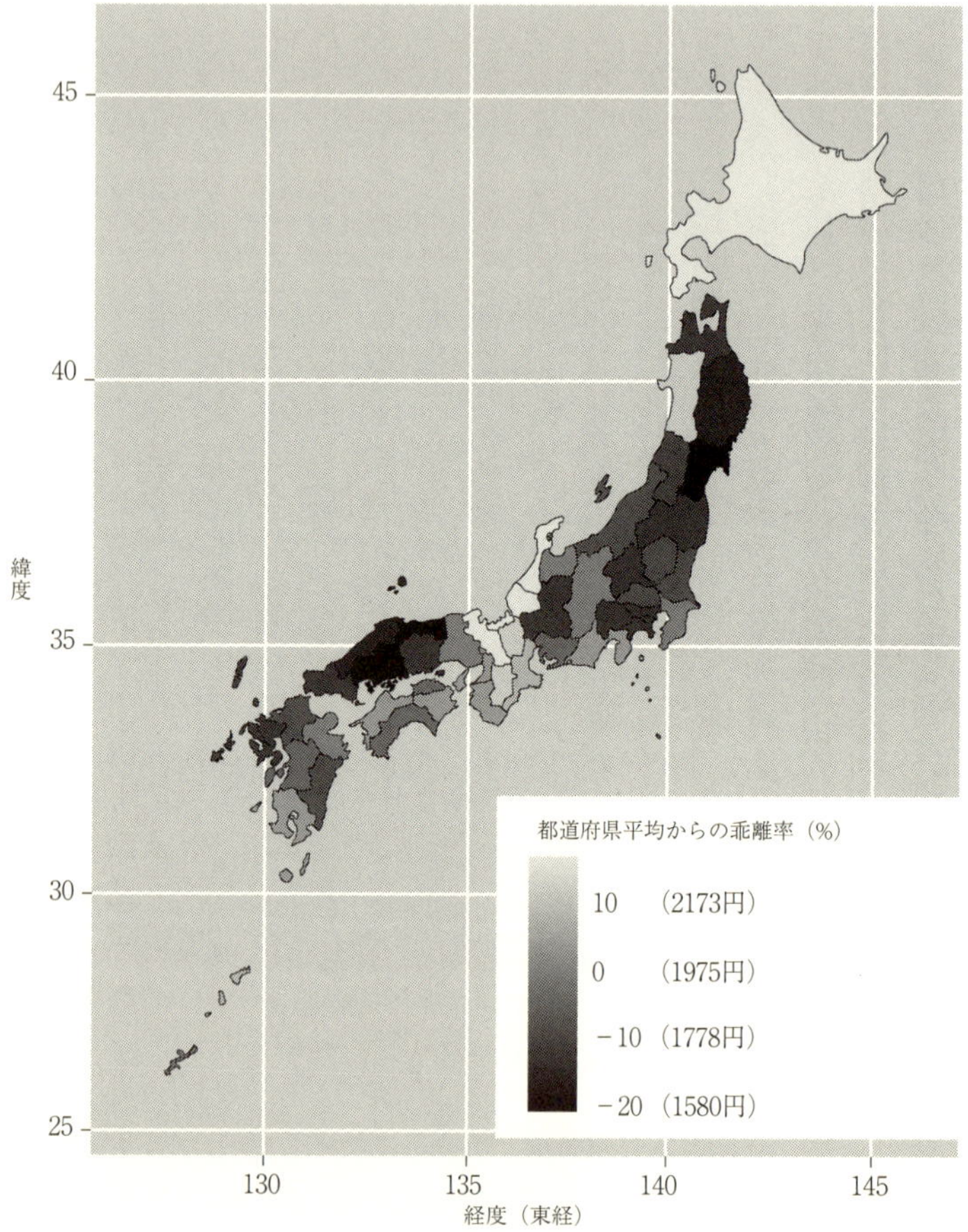


資料：健康保険組合連合会（規制改革会議健康医療 WG 提出資料［2015年３月19日］）

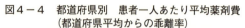

地方や宮城県などで低い傾向があることもわかる。こうしたことは、湿布薬処方の標準化の余地があることも示している。

健康保険組合連合会は、以上のような分析結果をもとに、市販品類似薬で保険給付から除外できるものはないか、一定の上限を設定し、処方の標準化ができる医薬品はないか、といった視点で規制改革会議に検討を求めた。そして、規制改革実施計画では、[1]「市販品類似薬を含めた医療用医薬品の給付および使用について、残薬削減等による保険給付の適正化の観点から次期診療報酬改定に向けて方策を検討し、結論を得る」とされた。この結果を反映した２０１６年の診療報酬改定では、患者一処方につき湿布薬は70枚までと制限される結果となった。

## ＯＴＣ化は医療費抑制にも寄与する可能性

市販品類似薬は、湿布薬だけではない。第2章でみたように、今後も医薬品については、セルフメディケーションの観点から、医療用医薬品から一般用医薬品に転化するものがあると考えられる。そうなると、市販品類似薬が増えていく可能性が高い。こうした市販品類似薬に対してどのように保険対象の範囲を確定していくかは、今後の課題である。

ちなみに、２０１５年の段階で日本薬学会が挙げているＯＴＣ医薬品候補のうち4分類6成分について、これがＯＴＣになったときの医療費へのインパクトについて健保連がシミュレーションを行っている。いくつかの前提を置いて分析したところ、１５００億円程度の医療費削減効果があるとの結果となっている。[2]

図4－5　各国の後発医薬品のシェア（数量ベース、年平均値）

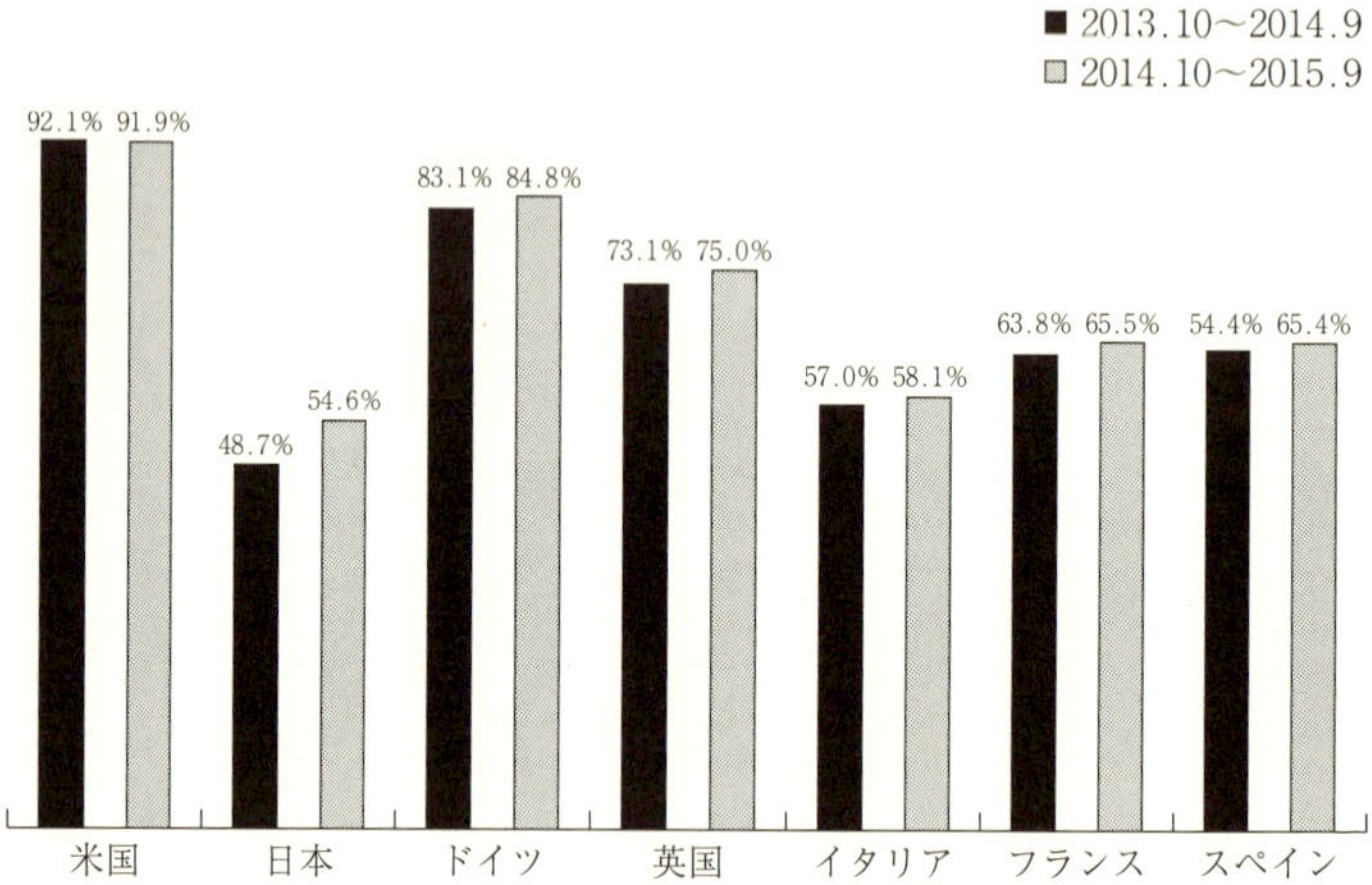


資料：厚生労働省

保険給付対象の範囲についての議論で説得力を持つのは、以上のようなデータによる検証である。健保連などの保険者がその機能を十分に発揮するためにも、レセプト・データ分析を大いに活用し、今後はこうしたデータ分析に基づいたエビデンスベースの政策決定が行われていくことが期待される。

## 日本ではまだ低いジェネリック比率

図4－5の通り、後発医薬品（ジェネリック）の比率は、欧米諸国と比較すると、まだわが国では低い状況となっている。数量ベースでみると、2015年では平均するとようやく5割を超えたところであるが、米国やドイツではすでに8割から9割のシェアに達している。これ以外にもスウェーデンでは、すでに15年も前の2002年からジェネリックが義務づけられており、患者がジェネリック以外の先発品を望んだ場合にはその差額は自己負担とする取り組みが行われている。

**図４－６　日本のジェネリック使用比率の目標**

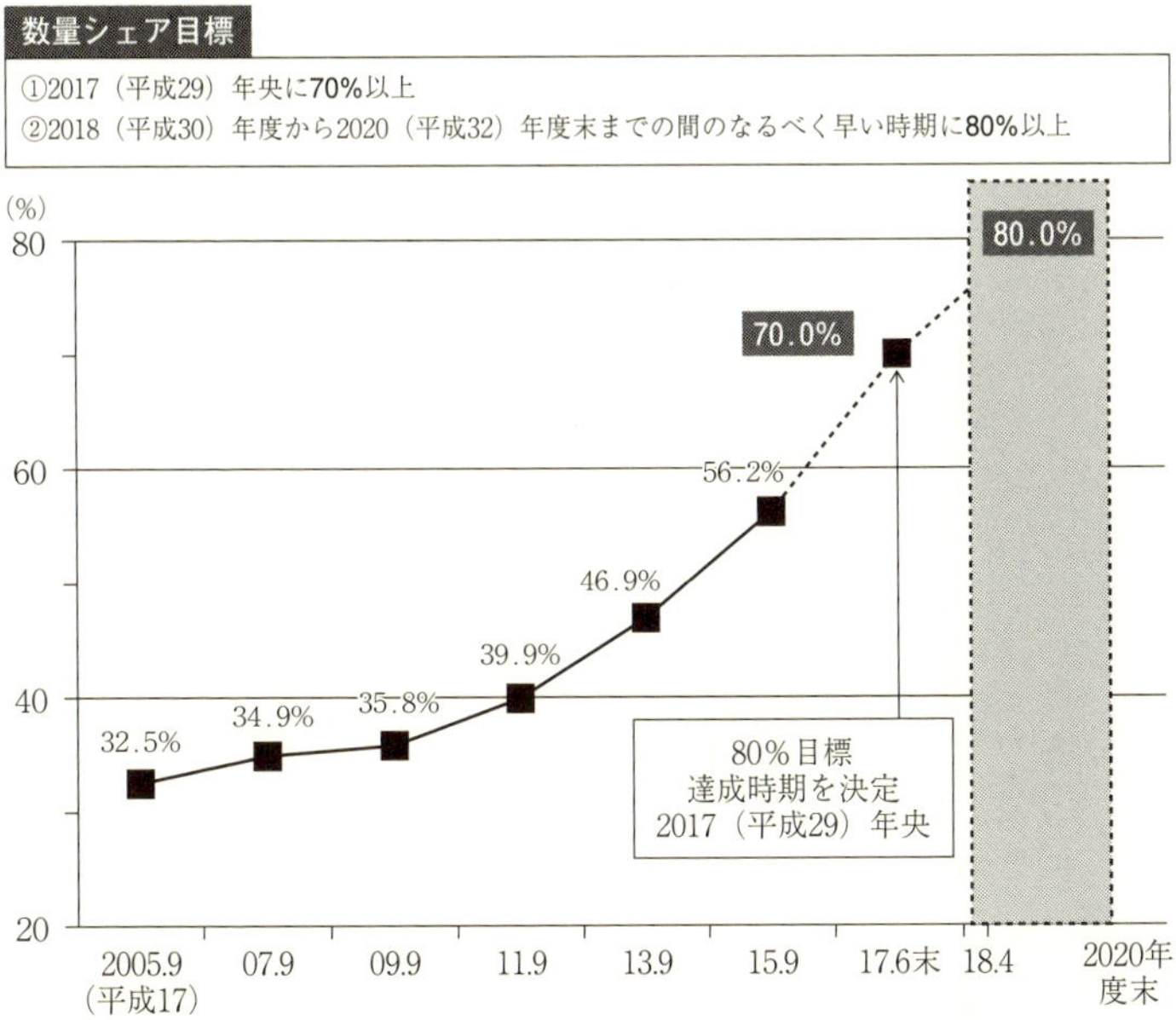


注：数量シェアとは、「後発医薬品のある先発医薬品」および「後発医薬」を分母とした「後発医薬品」の数量シェアをいう。
資料：厚生労働省

もちろん、日本でもジェネリック活用への取り組みは、かねてから緩やかに始まっていた。日本では先発薬（長期収載品）の特許が切れて、ジェネリックが初めて販売されるときの価格について、従来から2年ごとの薬価改定のたびに引き下げを続けてきていたが、２０１６（平成28）年度では、原則として長期収載品の５割の価格まで引き下げている。さらに、すでに医療保険対象となっていない生活保護の医療扶助に関しては、ジェネリックの使用を原則とすることが２０１３（平成25）年から社会援護局課長通知により発出されている。

また、2015（平成27）年6月の閣議決定で、2018（平成30）年度から20（平成32）年度までの間のできるだけ早い段階で、ジェネリック比率は8割まで達成するという目標が掲げられることになった（図4－6）。

さらに2017年5月にはこの目標が半年前倒しされ、2020年秋とする方針が、厚生労働省から発表された。

現在、医師が処方した医薬品について、ジェネリックに転換してもかまわない場合には処方箋にその旨明確にすることになっている（医薬品ごとに変更可否がわかるようになっている）ので、薬局は患者に確認のうえ、ジェネリックに変えることが可能である。

こうしたジェネリック利用率の向上を目指すために、政府は2008（平成20）年より、薬局に対してもジェネリックの販売を促すよう、ジェネリック販売に対する体制が整備されている薬局の調剤体制加算を付けている。こうしたことから、地域差がかなりあるものの、現状すでに8割を達成している薬局も少なくない。

ただ、この8割目標が全国レベルで期限までに達成できるのかは予断を許さない。ジェネリック使用を本格的に波及させようとするのであれば、先発薬を選んだ場合には、スウェーデンのように、今後患者負担比率をジェネリックよりも大きくするような考え方を入れることも必要になるとの指摘もある。

ジェネリックについては、先発薬と成分が微妙に異なるものもあるため、信頼性の点などについて、まだ医師等の専門家の中には不信感を持つ者も多い。こうしたことから、ジェネリックの品質保証が十分であることなどについて、厚労省から情報提供をするＱＡのコーナーをホームページに設けるなどの取り組みが行われている。

### 医薬品の保険の対象範囲をどこまでとすべきか

さらに中期的に検討していかなくてはならないのは、国民皆保険という安心を維持していくために、医薬品の保険給付の範囲や長期収載品の薬価をどのようにしていくかという論点である。もちろん、この議論は、医薬品だけでなく、医療機器などの保険対象をどこまでにするかという点と共通する論点である。

医薬品について保険の範囲を今後どのように考えていくべきか。ひとつの考え方は、効能が低い医薬品や一般用医薬品でも売られているものは、薬価をさらに下げる、ひいては保険の範囲を縮小していくことが必要、というものである。こうした視点からたとえば、総合研究開発機構（２０１５）では、いくつかの提案が識者から出されている。東京医科歯科大学教授の川渕孝一氏は、医薬品の有効性に応じて保険対象を三つに分類することを提案している。そのうち、大衆薬に近いものは、患者の自己負担率を５割から９割にすることを提案しているが、川渕氏によれば、医療用医薬品のうち１２９品目は、ＯＴＣ化に切り替えることによって１・５兆円が節約できる、としている。また、長期収載品についても、一定の上限価格を決めて超過分を患者負担とする一方で、有効性、安全性に優れた高価な薬は、自己負担を１割くらいまで引き下げるといったメリハリをつけていくことを提案している。

**表４－１　フランスの薬剤の保険償還率**

| | |
|---|---|
| 100% | 不可欠で高価（糖尿病、AIDS、がん、特定重症慢性疾患） |
| 65% | 重要な薬（抗生物質等） |
| 35% | 急性疾患 |
| 15% | 医療効果が低いとされる110品目 |
| 0％ | 上記以外 |

資料：真野（2011）より作成

こうした考え方は、がん研究会有明病院の理事で医師の土屋了介氏からも提案されており、科学的根拠の低い治療まで保険適用となっていることを改め、中医協における公的保険の適用範囲や診療報酬の決め方を変えて、科学的な根拠に基づき、治療データで保険適用が妥当かどうか、医療の専門家がその適正性を判断すべきで、本当に必要なものに保険を手厚く適用するメリハリをつけることが必要である、としている。風邪などの「小さなリスクについては３割負担にはこだわらなくてもよいのではないか」（東京大学吉川洋教授［当時］）といった見方も、経済学者からも提言されている。

この点で興味深いのは、前述したがフランスの保険償還についての考え方である。前述の川渕氏の提言はフランスのような制度をイメージしていると考えられる。フランスは日本と近い医療制度を採用しているが、医療上の有用性や対象疾患の重篤性などに基づき、償還率は五段階に分かれている（表４－１）。

真野（２０１１）によれば、償還率１００％の医薬品および「償還対象医薬品リスト」対象外の医薬品は、保健省によって決定され、償還率65％、35％の医薬品は、２００４年以降全国医療保険公庫連合において決定されている。

## 段階的保険償還に医師会は強い反対

一方で、日本医師会の中川俊男副会長からは、こうした段階的な保険償還率設定の考え方に対しては、強い反対の意見が表明されている(3)。

「薬の種類によって給付率を変えるという意見には、絶対反対である。例えば、風邪だからと給付率を50％にするなどというのは、公的医療保険制度ではない。その論理を拡大していくといわゆる軽医療は保険適用外ということになる。軽症のうちに早めに医療機関にかかり、正しい治療で治すことが、最大の医療費抑制効果にもなる。

保険財政の改善という面で言えば、薬の給付範囲を狭めるということではなく、保険料負担を公平にするといった方法もある。被用者保険の保険料率を最も高い協会けんぽに合わせて一律にするだけで、1兆数千億円の財源が生まれる。そうしたやるべきことをやらないで、保険給付のみを絞るというのは本末転倒である。社会保障不安の解消のためには、国が手厚い給付を保障することが第一ではないか。

新しい治療法が普遍的な医療になっていくためには、効果のあるものはすべからく保険適用されていかなければならない。例えば新しい抗がん剤が出ると、古い抗がん剤はそれに置き換わっていく。新しい薬が出た分、上乗せされるわけではなく、医療費がかさみ続けるわけではない。さらに、効き目の高いものが出て完治すれば、トータルの医療費は少なくなることもある。もちろん効かないのに高い薬は淘汰されるべきであろう。そこの見極めは、厚労省がデータをもとにきちんと行えばよいと考えている。」

日本医師会は、効かない高い薬は保険からはずせばよい、しかし、給付率を段階的に設定することには反対という強い意見があることがうかがえる。こうした段階的給付率の考え方を導入するかについては、わが国ではまだ財政制度等審議会などのほかは、あまり議論はされていない。高まる医療費の増加をどう抑えていくかは、診療報酬、調剤報酬、薬価等の各々について、データ分析を行い、様々なシミュレーションを検討したうえで、長期的に有効な対策を考えていく必要がある。このままで医療制度は持続可能だろうかと不安を抱えている国民にも納得できる、客観的で開かれたわかりやすい議論が必要であるように思われる。

## 2　レセプトの審査支払体制の改革
### ――レセプト審査に年間８００億円もの事務費がかかるのはなぜか

**企業の健康保険組合の医療レセプト審査を独占的に行っている支払基金**

医療機関が企業の健康保険組合など様々な保険者に対して請求するレセプト（診療報酬請求明細書）は、以前は紙で発行されて医療機関から郵送され、審査機関で審査が行われて保険者に対して請求が行われていたが、長い期間をかけて電子化が行われ、現在はほぼ電子レセプト化が完了している。

こうしたレセプトは、企業の健康保険組合、協会けんぽ、共済組合等の場合、ほとんどのケースは社会保険診療報酬支払基金（以下支払基金）で審査され、国保の場合、国民健康保険団体連合会（以下、国保連合会）で審査される。レセプトが医療機関から送られてくると、コンピューターチェックで様式等を点検した後、職員の事前確認が行われ、医師や薬剤師等から構成された審査委員会が審査し、保険者へ請求が行われ、保険者も点検をし、支払いを行う。

支払基金は、１９４８（昭和23）年９月に基金法に基づく特殊法人として設立されたが、法律改正により２００３（平成15）年10月から特別民間法人という形態に移行し、会社組織になった。

しかし、民間法人とはいっても、保険者、被保険者、診療担当者、公益の四者から構成される役員会が意思決定をしている。ただ独立行政法人のような中期計画などの仕組みがあるわけではなく、監督官庁である厚労省からのガバナンスが必ずしも働いていないし、上場株式会社のような市場からの規律づけもない。また、２００２（平成14）年度に閣議決定された規制改革推進３カ年計画により保険者によるレセプトの審査、支払いが可能となったため、民間企業を活用して保険者がレセプトの審査を直接行えるようになった。ただし、薬局からのレセプト審査は民間の参入が多くなっているものの、医療機関のレセプトについては依然として支払基金が審査を独占している状況にあり、競争的な環境にもなっていない。

**基金の効率化の遅れが保険料上昇につながる仕組み**

支払基金としては、もちろん業務効率化に向けて努力はしてきているものの、審査について必ずし

**図４－７　支払基金の費用構造**

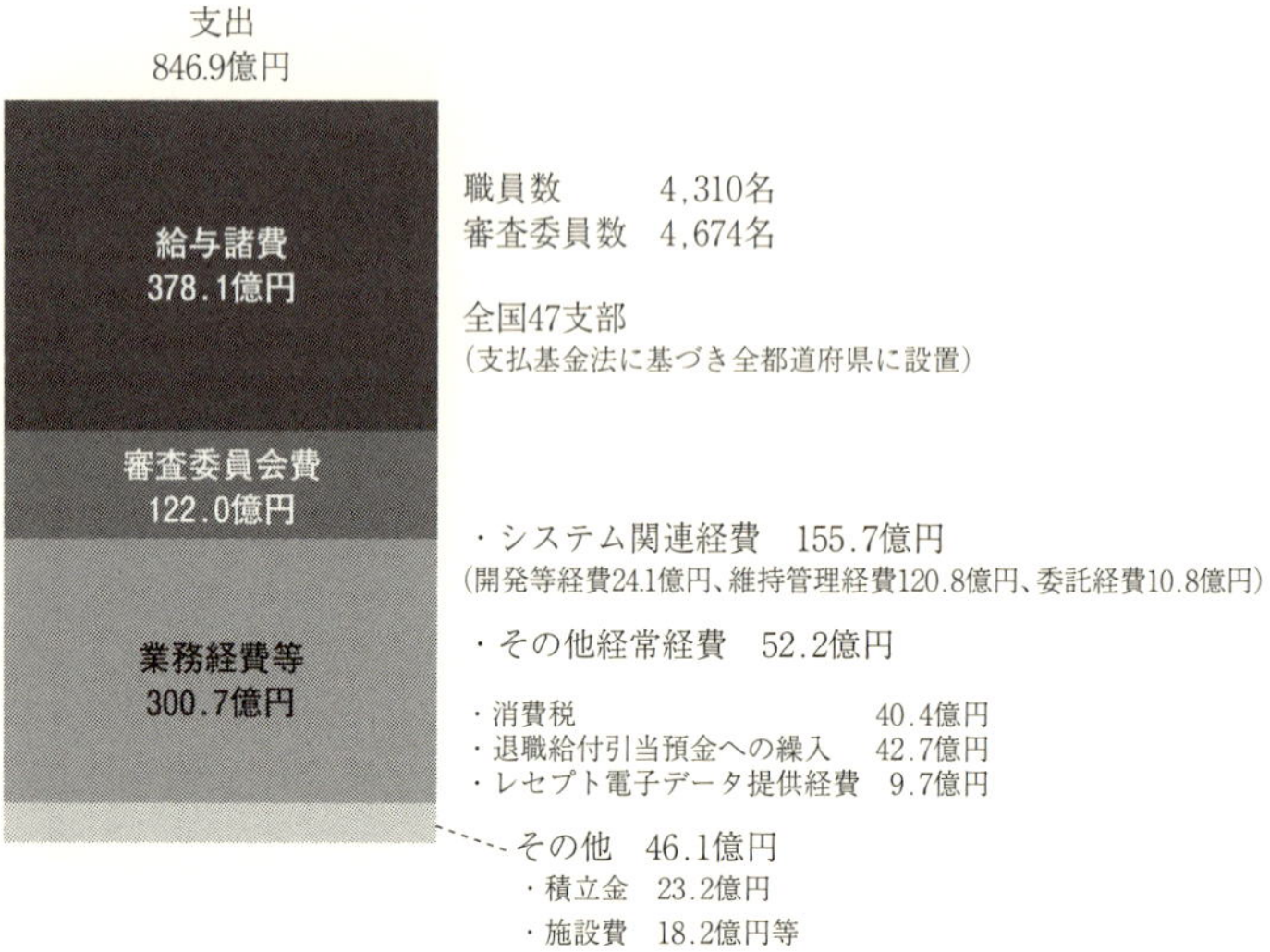


資料：健康保険連合会（規制改革会議健康医療ＷＧ2015年11月26日資料）

もＩＴ化による審査効率化や、そこに集まるビッグデータ分析を活用した付加価値の提供といった方向には展開していない。実際、ほぼレセプトのオンライン化が完成しており、審査の一層のＩＴ化を進める余地があるにもかかわらず、支払基金の事務経費の過半は依然として４３００名の職員等に支払われる人件費となっており、47都道府県に支部があり事務所を置くといった状況が継続し、２０１５年度で年間８４６・９億円もの事務経費がかかっている（図４－７）。また保険者が支払う手数料（医科歯科の場合は１枚約93円、調剤の場合は１枚約46円［２０１５年度］）は、かかったコストをレセプト枚数で除して算出することが法律上求められているため、審査体制の効率性のレベルがそのまま健康保険組合の保険料上昇につながる構図となっている。

**表４－２　支部ごとの審査査定件数率のちがい**

医科計（特審分除く）　　　　　　　　　　　　平成21年８月診療分

| | 全国 | 山口 | 福岡 | 千葉 |
|---|---|---|---|---|
| 請求件数（A）（万件） | 3,912 | 44.5 | 162.9 | 155.7 |
| 査定件数（B）（万件） | 37.6 | 0.2 | 2.6 | 1.2 |
| 査定件数率（%）（(B)／(A)×100） | 0.962 | 0.454 | 1.596 | 0.777 |

（山口 0.454 と福岡 1.596 の差：約3.5倍）

資料：社会保険診療報酬支払基金資料（2010年６月25日）

また、審査基準が都道府県ごとに異なっているため、地域間で不公平が起こる事態となっている。実際に、２０１０（平成22）年の段階で比較調査が行われた福岡と山口の審査査定件数率のちがいは表４－２の通りである。さらに、厚生労働省内部に２０１６年に設けられた「データヘルス時代の質の高い医療の実現に向けた有識者検討会」では、さらに詳細な都道府県ごとの審査のちがいが明らかになっている[4]。

ＩＴ化による効率化が求められることや、地域による格差の是正が図られるべき状況は国民健康保険連合会（国保連合会）も同じである。国保連合会は、市町村等が共同して設立した公法人であり、同様に審査の競争や統合などを検討するべきであるとの観点から、２００９（平成21）年に行政刷新会議の事業仕分けの対象となったり、２０１２年の衆議院決算行政監視委員会では、決議により競争原理が働かない障壁を取り除く努力を真剣に行うことを求めている。

**韓国では効率的な審査体制を構築**

こうした日本の状況に対し、韓国では２０００年に設立された

HIRA（健康保険審査評価院）がIT化を急速に進め、自動的にデータ点検処理ができ、人工知能プログラムも活用した効率的な審査体制を築いている。最初の10年間で審査にかかっていた経費を大幅に削減しただけでなく、ビッグデータ分析によって医療の質の評価も行い、医療機関に対してフィードバックすると同時に、医療機関の医療品質情報を患者に対してもスマートフォンで公開し、医療の品質向上のためのインセンティブを提供している。「標準的医療」の普及にも資する取り組みであり、この面でも医療費の無駄を削減する方向に作用しているだけでなく、データ分析に基づいた医療政策が行われる素地を提供しているといえる。

また、HIRAは2000名ほどの人員によって構成されているが、審査はIT化を進めることにより、すべて本部で集中して行っている。支部は7カ所存在しているが、ここでは主に苦情相談などを受け付けているのみであり、47都道府県で従業員が審査をしている支払基金とは大きく異なっている。

韓国の場合は、保険診療のカバー率が日本よりも低いというちがいはあるものの、わが国においても、HIRAで行われているように、ITによる技術革新を生かし、審査体制を効率化して事務費を削減、保険料の軽減につなげる取り組みを推進する必要がある。そのためにはレセプトの形式自体も、よりITによる審査がしやすいものへと変化させる必要がある。そのうえで、最近の技術革新の成果を生かし、一層の審査の高度化を図り、人工知能なども活用した審査体制へと変化させるべきであろう。

同時に、各保険者自身が民間の審査を活用していけるような競争環境も作って、そうした効率化インセンティブが働くようにしていく必要がある。また審査基準自体は全国で統一化を図り、地域間格差を解消していく方向で検討を進めることが求められている。こうした問題意識に基づき、２０１６年４月に厚生労働省内に設置[5]された前述の「データヘルス時代の質の高い医療の実現に向けた有識者会議」では、審査体制の効率化、審査基準の統一、そしてデータヘルスによる保険者機能を発揮させることを目的として議論が進められた（この点については、次の第5章でも触れる）。２０１７年に同会議の報告書も公表され、7月にはこれを受けて「業務効率化・高度化計画・工程表」も公表されたが、取り組むべき課題は山積している。[6]

## 第４章【注】

（1）２０１５（平成27）年に閣議決定された。

（2）本シミュレーションも、２０１５年３月15日の規制改革会議健康医療ＷＧで示されている。

（3）週刊社会保障（２０１５）２８４０号参照。

（4）http://www.mhlw.go.jp/file/05-Shingikai-12401000-Hokenkyoku-Soumuka/0000142984.pdf 参照。

（5）会議の設置と討議内容は、２０１６（平成28）年規制改革実施計画で閣議決定されている。

（6）報告書は http://www.mhlw.go.jp/file/05-Shingikai-12401000-Hokenkyoku-Soumuka/0000148300.pdf 参照。なお、これに対し規制改革推進会議は5月に、ア．機能ごとに分解可能なコンピュータシステムの構築、イ．支部の集約化・統合化の推進、ウ．審査の一元化に向けた体制整備を軸に、さらなる改革を推進する内容の答申をとりまとめている。
なお、「支払基金業務効率化・高度化計画・工程表」では、２０２２年度にはレセプトの9割はコンピューターチェック、1割は職員のチェックで審査を終え、審査委員会にかけるレセプトは全体の１％以下をめざすとしている。

# 第5章　技術革新を活用した課題解決に向けて

## 1　利用者がメリットを感じられる医療IT化とは

本書では、プライマリーケアを充実させた医療提供体制の構築、先進医療の発展や医療の質の向上、医療保険財政の持続性確保という目的に向けて様々な制度改革の具体例を取り上げて論じてきた。そして、いずれの章でも、その目的を達成するためには、IT化、ビッグデータ分析、そしてAI（人工知能）などの技術革新が鍵を握るということを指摘してきた。そこで、本章では、医療のIT化を独立して取り上げ、これが現在どこまで進んでいて、どのように進めていく必要があるかについて具体的に検討していきたい。

**医療のIT化を進める原動力は何か**

医療のIT化の取り組みは従来も行われてきている。今後、何を変化させ、どのような道筋でIT化を進め、医療の質を上げていくことができるのだろうか。

紙ベースの医療データをデジタル化して保管することは、従来から様々なところで進められてきている。たとえば医療機関の多くでは電子カルテが導入されており、患者の情報がデータベースとして保管されている。病院内では、たとえば患者のレントゲンのデジタル情報を放射線科から診療科に送り、診療に生かすことが行われている。また、健康保険組合などの保険者は加入者のレセプトのデータや、健診結果、薬歴などを把握しており、これをデータとして保管している。

しかし、各人の医療関連データは各所にそれぞれ保管されてはいるのだが、それがバラバラで相互につながれておらず、有効に活用されていないことに問題がある。今後の医療のＩＴ化には、こうしたデータのうち、価値の高いデータをつないでいき、個人や医療機関、保険者等がそのデータを参照して効率的、効果的に健康管理や治療などに活用したり、それらのデータを集めて分析し、創薬や診断、研究の参考情報として活用し、国民の健康のために使っていくことが求められている。

ただ、こうしたＩＴ化を進めるためには、個人や医療機関等がそのデータを提供することに納得することが必要であるし、初期投資にも維持にもコストがそれなりにかかるため、メリットがコストを上回る必要がある。つまり、患者や医療従事者、保険者が、長期的にＩＴ化は本当にメリットがあると感じることがＩＴ化を進める原動力となる。実際、わが国がこうしたＩＴ化に遅れをみているのは、利用者や医療従事者がメリットを感じる仕組みを提供できていないことにあると思われる。技術革新が進む中、政府の中だけでの議論でなく、民間の発想や新しい技術の知見のある専門家を集めて、ＩＴ化やネットワーク化を進めていく必要がある。

それでは、どのようなメリットが提供できれば、ＩＴ化は進むのであろうか。

**患者・医療機関・保険者が感じるメリットとは**

まず、患者がＩＴ化によって感じるメリットには、二つの可能性が考えられる。第一は、個人の健康情報が経年的に蓄積され、自分自身で確認し、健康管理に活用できることである。このシステムをパーソナル・ヘルスレコード（ＰＨＲ：Personal Health Record）という。たとえば、自分の健診データ、治療歴、薬歴、予防接種歴などをスマートフォンのアプリから確認できたり、自分の運動履歴などと組み合わせて、みずからの健康管理のために生かせるアドバイスなどがもらえるような取り組みである。いずれも個人が自分の健康関連データの履歴を確認できる仕組みであり、次のＥＨＲと結びついていくことにより、個人にとっては、利便性と安心感の向上や、健康増進への取り組みがより具体的に可能になることがカギといえよう。

第二は、地域において本人の同意のもとで個人の診療データを医療機関同士や薬局、介護施設などで共有され、便利かつ安心して治療を受けられることである。これを医療情報連携基盤（ＥＨＲ[Electronic Health Record]：エレクトロニック・ヘルスレコード）という。こうした情報連携が実現していれば、患者の承諾のもと、患者の病歴や薬歴の確認、検査結果を共有し、緊急時に活用したり、患者の重複受診を避けることも可能になる。第2章で紹介したように、紙ベースのお薬手帳では不十分となっている薬の飲み合わせの履歴等も徹底して確認してもらえるようになる。また、遠隔モニタリングなども可能になり、患者と医師とのコミュニケーションが日常的に可能となり、安心して質の高い治療を受けられれば、メリットは大きい。

医療機関にとってのＩＴ化のメリットは何か。まず、ＩＴ化により、入力するべき情報の構造化が進み、記録の省力化、院内の情報の連携利活用などができるようになり、作業の効率化、当該作業にかかる勤務量の軽減などができるようになり、患者と向き合う時間を確保できるようになれば、メリットを感じられるだろう。

また、患者の病歴、薬歴を即座に確認できたり、また他の診療機関との情報連携や人工知能による診療サポート、遠隔モニタリングの実施などにより、より質の高い治療ができ、それが医療機関経営にもプラスになること、そして、患者の匿名データを提供することにより様々なビッグデータ分析が可能となり、この分析の医療現場へのフィードバックにより、医療が進歩し、目の前の患者に対してさらに高度な治療が可能になることもメリットであろう。本書でも、第2章の遠隔モニタリングの実施のところで、医療関係者の具体的なメリットについての意見を紹介しているが、今後医療機関による遠隔診療や遠隔モニタリングを進めていくためには、診療報酬の見直しなどが課題となる。

健康保険組合などの保険者にとっては、加入者（被保険者）の健診データ分析や、加入者への情報提供を進めることにより、健康増進や受診勧奨へのアドバイスが可能となったり、レセプトデータ分析によって、医療費の使われ方の特性を確認することができ、最終的に当該保険者の給付額増加の抑制につなげられることがメリットになるであろう。レセプトデータは電子化が早く進んだことから、その分析が保険者ベースですでに進んでいるところもある。たとえば、コラム②で紹介したポピュレーション・ヘルス・マネジメントの取り組みによる医療提供体制の見直しや、前章で紹介した、湿布薬の処方の傾向分析などは、そうした例ということができる。

以下では、医療ＩＴ化が患者、医療機関、保険者等のどのようなメリットにつながっているか、先進的な内外の具体的な取り組みを紹介していこう。

### エストニアでは医療管理サービスがオンライン化されている

先進的な電子政府を築き上げている北欧の小国エストニアは、人口130万人の一人ひとりに国民IDが付与され、様々な行政サービスがオンラインで提供されるようになっているが、2008年より電子医療管理サービスがスタートしている。

このサービスは、ID番号が記載されたカードを提示することにより、どの医療機関でも健康保険に入っていることが即座に確認できて診療を受けることができ、また国内どの薬局でも処方箋と薬歴が確認でき、医薬品を購入できる。エストニア国内の医療機関、薬局で、医療情報の共有ができており、電子保健記録システム、電子画像の保管とアクセス、オンライン予約、電子処方箋のシステムがすでに活用されている。個人が、自分のサイトにアクセスすることにより、病歴や健診歴が確認できる。たとえば、歯の1本1本についての治療歴もデジタル化されているので、歯科でも治療をスムーズに行うことができるようになっている（コラム⑤を参照）。

わが国でも、できるだけ早期に個人番号カードに健康保険証の機能を持たせることとなっているほか、医療IDも導入されることが決まり、これによって、医療機関などでの受診や薬歴の確認などがスムーズに受けられるようになることが期待されている。ただし、エストニアのような医療機関同士、また医療機関と薬局間の情報の連携は多くの地域でこれからの課題となっており、これを2020年までに進めていくことが、未来投資戦略2017で閣議決定されている。

## 【コラム⑤】 エストニアの電子政府成功のカギ

エストニアでは子供が生まれるとすぐ、インターネットを通じて名前より先にID番号が付与され、このカード1枚で様々な行政サービスを受けることが可能である。

エストニアが電子政府を成功させるために最も重視したのが、国民IDであった。カードにはICチップが埋め込まれ、公的個人認証用と電子署名用の二つの鍵が入っている。このIDカードによって、3000以上のeサービスが提供されており、オンラインですべて行える。たとえば電子投票、電子納税（実施率は98％）などにより、政府の効率性も非常に高まっている。一方で、国民の利便性も高まっており、エストニアの国民が一生のうちに、行政手続きのために役所に行くのは、結婚、離婚、不動産売買だけであるそうだ。筆者が2016年にエストニアに出張したときも、ガイドの女性がIDカードを見せてくれて、いかに生活が便利になったかを説明してくれた。

こうしたIDカードと並んで非常に重要な成功のカギは、省庁間のデータベースをインターネットで結ぶXロードという仕組みである。これは、それぞれのデータベース同士をつなぎ、相互参照を可能とするデータ交換基盤である。Xロードへの接続はそれぞれのデータベースに接続されたセキュリティサーバーを経由して行われ、データは暗号化され、署名を付して送信、全ログが記録される。このログの整合性を常時監視するために、ブロックチェーン技術が使われている。いつどこで改ざんが行われたかを瞬時に検知する技術である。

このように、膨大なコストをかけてレガシーシステムを刷新しなくても、それぞれの異なる仕様で保存されていたデータベースを生かすかたちで、低コストでデータ連携を可能とした点に、エストニアの電子政府の顕著な利点があるといえよう。

また、Xロードは、銀行や通信会社など、民間会社も接続を許されて

**図５－１　エストニアのｅサービス・ネットワーク**

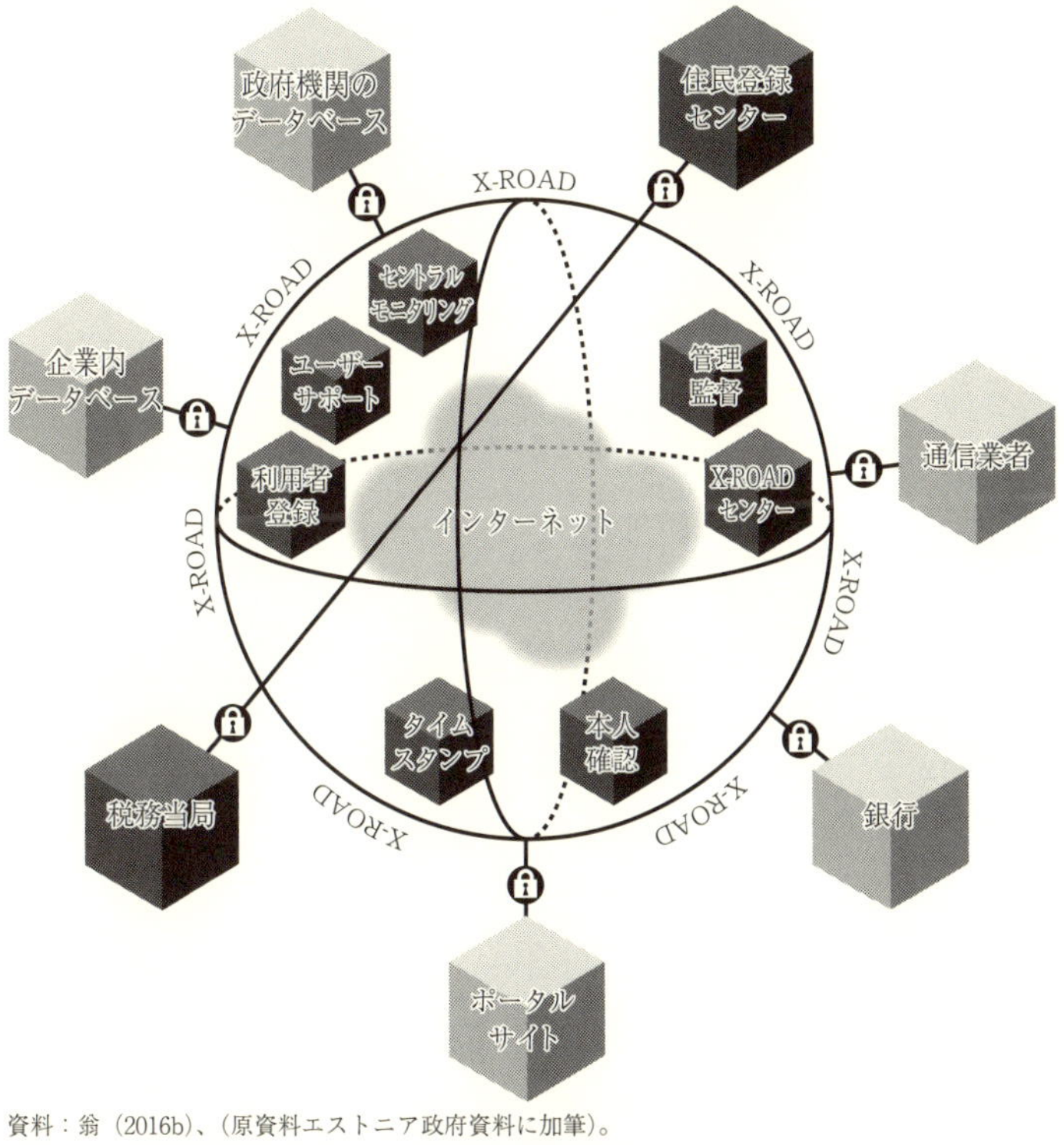


資料：翁（2016b）、（原資料エストニア政府資料に加筆）。

いる。セキュリティを確保しながら、民間にもオープンにした政府基幹システムとして注目される。

エストニアは見えない政府（インビジブル・ガバメント）を目指しており、徹底的な利用者視点に立ち、すべての手続きを簡単に完結できるように電子政府を設計している点、国民のITリテラシーを向上させるために、民間と協力して、インターネットの使い方を公民館などで教えるという地道な取り組みをしている点なども参考になるだろう。

## 医療現場での先進的IT活用・開発事例

神奈川県横浜市の国際親善総合病院では、病棟ごとの看護師の配置を「勘と経験と度胸」でやってきていることに疑問を感じた看護師長が、忙しさや看護量を反映する人員配置とするための研究をスタートし、DPC（診療群分類別包括評価方式、第2章コラム①参照）データを活用して、看護業務量を算出する看護量推計システムを開発している（未来投資会議医療介護構造改革徹底推進会合第2回資料）。これによる分析の結果出てきた総看護勤務量を基準値と比較、カルテ情報などと突き合わせて評価検討し、看護管理の現場で活用を始めようとしている。このように、データを活用し、勤務量を「見える化」することによって、現場の勤務管理の改善につなげることが可能になろうとしている。

また、自治医科大学では、人工知能「ホワイト・ジャック」を活用した予診システムを開発中である。これは「予診、問診情報と生活、環境情報をもとに、総合診療医の経験知を反映し、人工知能を応用して双方向対話型に病名候補を探し出す」（同会議資料）ものである。

予診内容は、患者がタブレット端末から入力し、電子カルテシステムへ送信、医師が確認して、ホワイト・ジャックに問い合わせ、受け取った病名候補を参考に患者に問診することが可能となる。その判断の基盤となるのが医療検査情報や診療情報など様々な情報が集められたデータバンクである。診断はあくまでも医師の裁量に任せられるが、経験の少ない医師の見落としが軽減され、各専門領域のまれな疾患に対応する文献や症例などもデータに入っているため、開業医の利用や研修医の指導などにも将来活用できるとしている。

**保険者によるデータ分析で健康増進し、医療費抑制**

加入者（被保険者）の健康増進と保険料の増加抑制に向けた、個々の保険者による取り組みも、様々なかたちで始まっている。すでに第２章で、大崎上島町のポピュレーション・ヘルス・マネジメントによる取り組みを紹介したが、同じ広島県の呉市の国保（国民健康保険）は、厚労省が推進するデータヘルスの取り組みを早くから取り入れた保険者として知られている。「データヘルス」とは、健診情報やレセプト情報を活用して加入者の健康づくりや疾病予防、重症化予防など、健康状態に即したより効果的・効率的保険事業のことをいう。

呉市の国保は、データホライズン社にレセプト分析(1)を依頼し、その分析を活用することにより、糖尿病性腎症等の重症化から透析に移行することを予防するために受診勧奨したり、特定健診の受診率の引き上げ、重複服薬対象者指導、ジェネリックの使用を促す(2)などの取り組みを行った。この結果、

### 表5－1　呉市のレセプト分析の取り組み

| 呉市の被保険者数 |
|---|
| 被保険者数：56,000人 |

| サービス名 | | サービス概要 | 効果額・指導対象者数※ |
|---|---|---|---|
| 保健事業支援サービス | 糖尿病<br>重症化予防 | 糖尿病の重症化を防ぐことで対象者のQOLを維持し、同時に医療費の高額化を防ぐサービス | 指導実施定員<br>22年度　50名／年<br>23年度　70名／年<br>透析移行者：０名 |
| | 受診勧奨指導 | 生活習慣病や健診異常値などを放置している対象者に受診勧奨を行うサービス | 放置者受診勧奨　136名<br>治療中断者受診勧奨　330名 |
| | 頻回受診者指導 | 医療機関の受診回数が多すぎると思われる対象者に指導を行うサービス | 指導対象者数　187名<br>医療費削減額　1,400万円 |
| | 重複受診者指導 | 同一疾患で複数の医療機関にかかっている対象者に指導を行うサービス | 指導対象者数　15名<br>医療費削減額　125万円 |
| | 重複服薬対象者指導 | 同じ薬の処方が同一月に複数ある対象者に服薬の指導を行うサービス | 指導対象者数　175名 |
| | 薬剤併用禁忌対象者抽出 | 薬の飲み合わせに問題があると思われる対象者を抽出するサービス | 情報提供対象件数　98件 |
| | ジェネリック医薬品通知 | 服用している薬をジェネリック医薬品に切り替えることを勧めるサービス | 薬剤費削減額<br>1億1400万円／年 |
| | 医療費分析 | 当該年度の保健事業の評価分析及び次年度の事業計画策定案を提示するサービス | |

注：効果額・指導対象者数は呉市（被保険者数56,000人）の平成22・23年度実績より算出。
資料：データホライズン社（規制改革会議提出資料［2013年５月24日］）に加筆

加入者の健康増進と医療費の適正化に大いに成果をあげている（表５－１）。

自動車部品などを製造する株式会社デンソーのデンソー健康保険組合も、データヘルスに積極的に取り組んでいる。過去20年間の医療データの追跡調査を行い、健診と医療費の関連や歯科医科の相関分析などを実施した。この結果、健診でＢＭＩ(3)が25以上の肥満の人は、10年後の医療費が標準の人の2倍になり、さらに血圧値が高いと、医療費が４倍になるといった分析結果が出た。

歯周疾患のある人は、歯科以外の併発リスクが高く、予防歯科に力を入れた事業所は一人あたり総医療費が低下したといった分析も出てきており、データを見える化し、加入者の健康増進と医療財政改善につなげている。このような保険者機能を、各保険者が積極的に果たしていくことが求められている。

データヘルス計画を外部のＩＴ企業と組んで、加入者のスマートフォンから自分の健康情報にアクセスでき、健康管理や行動変容に取り組みやすい仕組みを導入している企業も多い。たとえば、ＤｅＳＣヘルスケア社（ＤｅＮＡと住友商事により設立された会社）は、KenCoM サービスを提供している。このサービスによって、加入者はスマートフォンのアプリから、自分の健診データなどを時系列で確認したり、また同じ年齢層の平均との比較などでビジュアルに捉えることができ、ライフステージに合わせて、たとえば必要な運動の情報、食生活の注意情報などの健康情報を受け取ることもできる。

また、ウエアラブル機器を活用すれば、ウオーキングなどの健康に良い取り組みをすることにより、ポイントが貯まるといったインセンティブを提供しており、ワコールなど多くの企業がこうした取り組みに参加している。こうしたサービスは他のＩＴ企業等も提供を始めており、多くの健康保険組合が企業経営層と手を組んで、こうしたＩＴ企業と連携することにより経営者もまきこんだ「健康経営」を意識した取り組みを始めている。こうした健康経営の推進は、企業にとっても、従業員の健康を通じ生産性の改善にもつながる重要な取組みである。

レセプト、健診等のデータ分析と加入者やその家族への働きかけは、保険者機能発揮のコアともいえる。また、保険者は患者の代理人として、医療制度のガバナンスの担い手でもあり、こうしたデータ分析を充実させ、医療制度改善に向けた提案も、継続的に行っていくことが必要であろう。

## 2 医療ＩＴ化を本格化するための課題——標準化とネットワーク化

海外や日本におけるＩＴを活用した先進的な取り組みをいくつかみてきたが、今後、医療ＩＴ化を本格的に進めるための課題は何であろうか。まずはデジタル化の取り組みを全国に広げること、そして医療情報をネットワーク化して情報連携を進めていくこと、そのために電子カルテなどの標準化を進めること、また、ビッグデータを集める際のデータ匿名化のセキュリティを確保することなどの課題が指摘できる。国際医療福祉大学の高橋泰教授の分類(4)なども参考にしながら三つのステップに分けて今後の課題を整理してみる。

### 第一ステップ：電子化し、データが交換できるように標準化していく

第一は、データの電子化（デジタル化）、そして必要で十分な情報連携とそのためのデータの標準化である。

すでにレセプトについてはデジタル化がほぼ完全に進み、保険者などにより分析、活用が進んでいるが、カルテなどに記載される診療データ、処方、検査データなどについては、デジタル化、そしてそれらを統合した活用はまだ全国的には普及しておらず、今後の課題となっている。カルテの電子化は、４００床以上の医療機関では約８割が導入しているが、小規模の医療機関ではまだ紙ベースの情報となっているところも少なくない。また、電子カルテの標準化が進んでいないため、互換性が不十分である。

カルテのアウトプットの標準化は、厚生労働省がＳＳ－ＭＩＸ（Standardized Structured Medical Information eXchange）という標準化を推進しているが、これもデータの十分性の点で課題があるとの指摘が医療関係者から出ている。病名や検査値など有用なデータについては標準化を徹底していくことが求められる。

### 第二ステップ：情報をつないでいく

第二は、患者情報を必要なところで活用できるようにすることである。患者の情報提供に関する合意を前提にして、地域での情報ネットワーク化が各地で進められている。地域医療ネットワーク（医療情報連携基盤：ＥＨＲ）は、すでに２５０になっているが、この実施数を引き上げていくことが求

められる。また、地域ネットワークの域内の医療機関の参加率の引き上げ、双方向性の確保も課題であるほか、地域を越えたネットワーク化もまだできていない。なお、ネットワーク化を広げていくために全国共通の医療等ＩＤの２０１８年度の導入は決まっており、今後、医療連携や研究に活用することが展望されている。

一方、地域の医療機関や介護施設にとっては、患者の電子カルテ情報だけでなく健診データや介護のデータなどの必要な情報が連携していることが望ましいが、これも今後の課題となっている。すべての情報を連携する必要はないが、どのような情報を連携していくか、必要十分な連携の範囲を特定していくことも重要な課題である。

### 第三ステップ：情報分析を可能にし、現場にフィードバック

第三は、ビッグデータの活用のための環境整備である。現在、国レベルでは、たとえば厚生労働省保険局においてレセプトや特定健診のデータは、ＮＤＢ（ナショナルデータベース）としてデータベースの整備が行われている。このほかにも、ＤＰＣデータについても、データベースが蓄積されており、これらを活用した分析も行われるようになってきている（第2章コラム①参照）。ただ、匿名化やデータ提供ルール、データベースの連結などの環境がまだ整備されていないため、より有効な利用、分析が進まない状況となっている。

また、病院のカルテなどから得られる診療データは、収集、利活用されれば有用であるにもかかわらず、活用がまだ限定的である。ＡＩを活用しようとしても、もとになるデータベースがなければ解

析ができない。したがって、まず医療現場や、研究、創薬などで活用できる真に価値のあるデータベース、それを活用できるデジタルデータ利活用基盤を作っていく必要がある。

この点、日本外科学会が、ナショナルクリニカルデータベースを２０１１年に立ち上げて、一般外科医が行っている手術の95％以上をカバーするデータベースとなっていることは注目すべきである。データ解析による研究が進み、医療現場にフィードバックされ、医療評価やリスク評価などにも活用されるようになっており、その利用が広がっている。これは、まさに医療現場の医師がそのメリットを感じて、データを提供するようになっている好例といえるだろう。

なお、匿名化に関しては、セキュリティ要件等を満たした特定の事業者を認定して行う環境整備が現在行われつつある。これが２０１７年４月に成立した次世代医療基盤法である。この意義について触れておきたい。

２０１７年5月に改正個人情報法が全面的に施行されたのだが、そのひと月前の4月、医療情報などの管理や利活用のために、匿名化を行える事業者を認定する次世代医療基盤法が成立している。この二つの法律はどのように関係しているのだろうか。

まず、改正個人情報保護法においては、医療情報は大部分が「要配慮個人情報」に指定された。このため、医療に関連する個人情報は、患者の同意を得ずに収集できなくなり、利用目的の変更も認められず、「明確に拒否しない限り、同意した」とみなす、いわゆる「オプトアウト」による第三者提供ができなくなった。

しかし、大学研究機関、製薬会社などは医療の研究や医薬品、医療機器の開発のためには、医療情報をビッグデータ化して研究に活かしていく必要がある。個人の医療情報を保護しながら複数以上の医療機関等から集めて、医療の発展を促すにはどうすればよいか。こうした事態に対応するために作られたのが、次世代医療基盤法である。

次世代医療基盤法は、高い情報セキュリティを確保するなどの条件を満たした事業者を「認定匿名加工医療情報作成事業者」として国が認定し、医療情報などの管理や利活用のための匿名化ができるようにするものである。これによって、医療機関等は、患者に通知しておいたうえで、患者が断らない限り、認定事業者にオプトアウトで情報を提供できるようになる。

こうした環境整備は、ビッグデータ分析を医療分野で広げていく大きなステップになるであろう。

## 3　データ分析に基づく医療政策へ

### 診療データ分析によって開かれる世界——病気予防、個別化医療

診療データや検査データなどが蓄積、分析されていけば、医療の高度化、進展に結びついていくことが期待される。まず、診療の現場においては、たとえば、病院の予診などにAIを活用して、最適な医療の選択に向けて医師の判断のサポートをするといったことが可能になる。また、今後、遺伝子情報の収集(5)、ゲノムコホート分析(6)の進展のために活用されるようになると考えられる。こうした研究の進展により、予防医療、診断支援、個別化医療、そして創薬などを支援していくことにつながっていくであろう。

最近はウエアラブルの機器が増えているが、そうした機器の活用などを通じて、生体情報などがリアルタイムで把握できるようになれば、これを分析し、既存の診療データなどと連携させることにより、エビデンスを踏まえた病気予防のための早期のアクションや健康維持、介護の見守りのために使うなど、高度なサービス展開も期待できる点で、ＩＴ化をさらに進めるメリットは大きいといえよう。

データ分析により、今後日本の医薬品などの医療産業にとっても競争力を向上させる可能性が広がる。たとえば、個々人の体質等に合わせた薬剤投与を行っていく個別化医療が今後発展していくことを考えると、製薬企業などは、これに合わせた戦略をとるだろう。たとえば、個々人の体質を判断するための診断薬などの開発が進むことなども期待される。診断薬により治療効果の高い患者を特定することにより、医薬品の安全性や有効性を高めて治療の効果を向上させることができるようになり、無駄な治療を回避することにもつながるほか、製薬会社の開発期間やコストなども大幅に削減することが可能になるかもしれない。また、早期診断ができる診断薬などが開発されれば、病気予防に大きく貢献し、個々人の健康長寿に結びつくことが期待される。

このほかにも、こうしたビッグデータは、医療行政、都道府県の医療計画等、多様な分野で有効に活用できる。このように、ビッグデータの蓄積と分析は、今後の日本の医療の持続的発展に欠かせない前提だといえ、そうした分析の成果によってよりニーズに合った適切な医療が提供され、新しいイノベーションが生まれやすい環境を作っていくことが急がれる(7)。

## 【コラム⑥】 Society5.0と医療・介護のパラダイムシフト

２０１７年６月、未来投資戦略２０１７が公表された。そのサブタイトルは—Society5.0に実現に向けた改革—となっている。

Society5.0とは、「超スマート社会」と訳されている。未来投資会議資料（２０１６年11月10日）によれば、「企業サイドの第四次産業革命（ＩｏＴ、人工知能、ビッグデータ、ロボット）と個人のライフスタイル改革によって、生産・流通・販売・交通、健康医療、金融、公共サービスなど、あらゆる場面で快適で豊かに生活できる社会」のこととしている。①狩猟社会、②農耕社会、③工業社会、④情報社会に続く、人類史上5番目の新しい社会ということで、このように総称されている。

未来投資戦略２０１７には、「第４次産業革命の進展により価値の源泉が『ヒト（人材）』、『データ』に移るSociety5.0の経済システムでは、離れて『自立分散』する多様なもの同士を、技術革新を通じてつなげ『統合』することが大きな付加価値を産む。『知恵』が価値を産み、多様な『個』がいかされる社会が到来する中、あらゆる世代の意欲ある人々が技術革新を味方につけ、眠っている様々な知恵・情報・技術・人材を『つなげ』、イノベーションと社会課題の解決をもたらす仕組みを世界に先駆けて構築できれば、経済活動の最適化・高付加価値化と活力ある経済社会を実現できる。それは老若男女、大企業と中小企業、都市と地方を問わず、あらゆる人々や産業にチャンスを与えるものである」といった記述がある。いわば、

Society5.0は、先端技術をあらゆる産業や社会生活に取り入れていくことにより、様々な社会課題を解決する試みともいえるだろう。

こうした認識のもと、未来投資戦略２０１７では、戦略分野として、次のものが挙げられている。第一が、健康寿命の延伸、まさに医療介護分野である。そして第二が、移動革命の実現（自動運転等）、第三が、サプライチェーンの次世代化、第四が、快適なインフラ、まちづくり、第五が、フィンテック（金融とＩＴの融合）である。

そして、こうした重点分野に対処するために必要な横断的課題として、次のような点が指摘されている。データ利活用基盤・制度の構築、教育・人材力の抜本的な強化、規制のサンドボックス（参加者や期間を限定して、実証内容とリスクを説明したうえでの参加の同意を前提に「まずやってみる」ことを許容する枠組み）の創設等である。このように、医療・介護分野における技術革新の取り入れ、医療・介護のパラダイムシフトによる健康寿命の延伸は、私たちの生活を豊かにしていくために非常に重要な取組みとして位置づけられている。

筆者も議論に参加していた、医療・介護分野での今後の取り組みも未来投資戦略２０１７に反映された。その内容は以下の通りである。

第一に、データ利活用基盤の構築である。現在ばらばらになっている健康・医療・介護データを個人個人が生涯にわたって把握でき、最適な健康管理・医療・ケアを提供するためのデータ利活用基盤を構築し、２０２０年度から本格稼動することが掲げられた。また、研究者・民間・保険者等が健康・医療・介護のビッグデータを連結し、分析するためのプラットフォームも２０２０年度から本格稼動するとしている。既述の通り、次世代医療基盤法が４月に成立したことから、セキュリティなどの基準を満たした認定事業者を活用してデータ匿名化を進め、医療分野の研究開発を進める。医療保険のオンライン資格確認や医療等ＩＤ制度についても段階的に２０１８年度から運用を開始して、２０２０年に本格稼動する（図５－２）とされている。

　第二に、予防・健康づくり等に向けた加入者の行動変容を促す保険者の取り組みを推進するため、全保険者の特定健診、特定保険指導の実施率を公表するとともに、保険者に対するインセンティブを強化することになった（具体的には、後期高齢者支援金の加算・減算率の引き上げ）。また、保険者機能の強化とともに、健康経営を企業経営者の責務と位置づけ、企業経営者との連携（コラボヘル

**図５－２　国民を中心にしたデータ利活用のイメージ図**

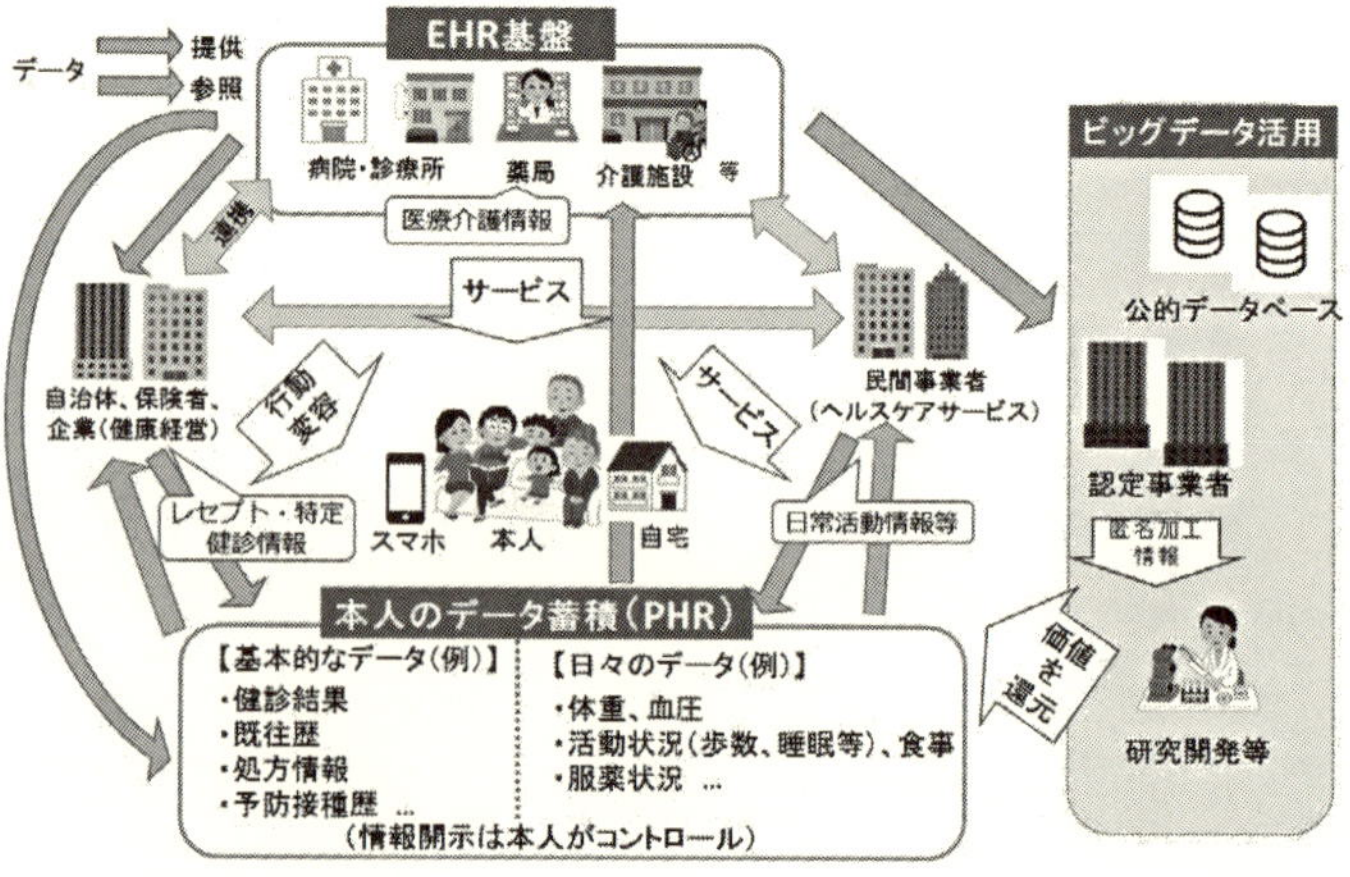


出所：未来投資会議（2017年４月14日）資料４より。

ス）を推進することとなり、各保険者の加入者の健康状況などをスコアリングした結果を経営者に通知する取り組みも始めることになった。

第三に、かかりつけ医等による対面診療と組み合わせた効果的・効率的な遠隔診療の促進（次期診療報酬改定において位置づけ）とともに、ＡＩ開発・実用化を促進する。ＡＩ開発については、画像診断支援、医薬品開発、手術支援、ゲノム医療、診断・治療支援、介護・認知症を重点六分野と定め、開発、実用化を進める。また、ＡＩ開発用のクラウド環境の整備、認証の仕組みの構築、ＡＩを活用した医療機器の質や安全性を確保するための評価のあり方等のルール整備を進める。

第四に、介護分野において、科学的介護を導入し、自立支援を促進していく。自立支援等の効果が科学的に裏づけられた介護の実現に向けて、データベースを構築し、２０２０年度に本格運用を開始する。次期介護報酬改定において、効果のある自立支援について評価を行う。介護分野でのロボット、センサー等の活用について、効果実証を進め、その結果を踏まえて介護報酬改定や人員・設備基準の見直しなどを行う。

介護分野では、２０２５年の介護人材需要は２５３万人と推計されているが、一方で供給は２１５万人にとどまり、約38万人もの人材が不足するとの見通しである。すでに介護人材の不足が顕在化しており、これへの対応が喫緊の課題となっている。

こうした医療・介護分野の技術革新やデータを活用した健康支援等への取り組みは、個人個人が病気になってから治療する、介護状態になってしまったら、介助を受ける、といった考え方を変化させ、医療・介護を健康管理・病気予防・介護予防にもっと重点を置き、そして介護も自立支援へと転換するパラダイムシフトをはかるものといえる。できるだけ健康寿命を延伸し、高齢者も自立した生活をできるだけ長くできるようにして、人々の豊かな生活を実現していくことが望まれる。

これを実現していくためには、国民にわかりやすく説明しながらスピーディーに進めていく必要がある。今後検討すべき課題は多いが、最新の技術を活用しつつ、官民をあげて取り組みを加速していく必要があり、今後の政府の実行力が問われている。

## 第5章【注】

（1）こうした分析を可能にするために、同社は２００９年に開発した「医療費グルーピング」により特許を取得している。この医療費グルーピングの技術を活用して、レセプトの傷病ごとの正しい医療費を集計すると同時に、治療中の傷病名を抽出できるようにしている。

（2）ジェネリックの医薬品通知サービスだけで、２００８（平成20）年から12（平成24）年までの4年間で切り替え者が８割弱まで増加、年間１億１４００万円の医療費削減を実現している。

（3）肥満度を表す指標。Body Mass Index。身長の二乗に対する体重の比で表される。

（4）高橋教授の考えるステップは次の通りである（未来投資会議構造改革徹底推進会合　平成28年10月26日　資料１）。（ステップ１）アナログ情報がデジタル情報に置き換えられたステージ、（ステップ２）情報が構造化され、テンプレートの普及などにより、入力の省力化や施設内での情報の利活用がある程度可能になったステージ、（ステップ３）既存の医療情報に人工知能的な処理がほどこされた付加価値の高い情報や、施設を超えた情報の利活用により生まれる有用な情報が現場にもフィードバックされるステージ。

（5）遺伝子情報は、現在注目されているが、米国では遺伝子検査などの検査ラボのクオリティについてＣＬＩＡ（Clinical Laboratory Improvements Amendments）という基準がある。こうした基準を与えることは、患者の安全とラボの公正な競争環境を作り出している。特に最近のがんの薬は、万人に効く薬というよりも、ある一定の体質を持つ人に効く個別化医療に向けた医薬品を開発する方向になってきており、そのためには個々人の体質の検査は欠かせない。そうした検査の質がばらばらではそういった創薬も進まないため、非常に重要な取り組みといえる。日本では理研ジェネシスが最初に米国ＣＬＩＡを取得しているが、日本にこうした基準はまだなく、環境整備が課題となっている。実際には、日本でも多くのそうした遺伝子検査をする会社が続々と参入しているが、医療というよりも健康増進やエンターテインメントと結びついているものもある（たとえばヤフーなども入っている）。欧州ではこうした機能をＩＳＯ（国際標準化機構：International Organization for Standardization）が果たしている。

（6）ゲノムコホート分析とは、「健常人の集団を登録し、20年以上にわたって追跡し、その人たちの医学的な情報、環境や生活習慣の情報、そして究極の個人情報である全ゲノム塩基配列を、仮説を立てずにすべて発症前に集め、この人たちが、どのような病気を発症し、あるいはどのような治療を受けて、どのように反応したかをすべて前向きに解析するものである」（京都大学本庶佑教授　公益法人日本薬学会ＨＰ）。なお、ゲノムとは、遺伝子と染色体から合成された言葉でＤＮＡすべての遺伝情報のこと。

（7）この点、バイオ系ベンチャー企業や大学、医薬品メーカーなどのオープンイノベーションも期待される。

# 第6章　残されたその他の課題

本書では、近年の健康医療分野の改革に焦点を当ててきたが、カバーできていない多くの論点がある。そうした論点のいくつかを、以下で示しておくこととしたい。

## 1　終末期医療

終末期の医療は、当人やその家族がどのように最後の時間を迎えたいか、ということに依存する大変にデリケートな問題である。本人が、終末期が近づいたときにどのように対応してほしいかを、みずから意思を表せる時期のうちに、事前に取り決めをしておくことを奨励する仕組みが、海外の医療保険制度などではみられる。

たとえば米国では、終末期の治療について患者と話し合う医師には、診療報酬を支払うことが2015年に決まっている。しかし、こうした取り組みは、ひとつの例として参考にはなるが、実際に日本でこうした治療に診療報酬をつけるには、様々な議論があり難しいだろう。ただ、事前にどのような治療を望むかについて家族などと話し合いをしていく動きは、今後、自然と広がっていくものと考えられる。

わが国では、厚生労働省より２００７（平成19）年に「終末期医療の決定プロセスに関するガイドライン」が出されている。そこでは、「医師等から適切な情報の提供と説明がなされ、患者が医師等と話し合いを行い、患者本人の決定を基本としたうえで、終末期医療を進めることが最も重要な原則である」としている。

終末期医療における医療行為は、多専門職種の医療従事者から構成される医療・ケアチームによって医学的妥当性と適切性をもとに慎重に判断すべきであること、患者や家族の精神的・社会的な援助も含めた総合的な医療およびケアを行うことが必要であることなどが原則として謳われ、患者の意思が確認できる場合は、それを基本とすること、これができないときには、家族による患者の推定意思を尊重し、また家族と話し合うこと、複数の専門家からなる委員会を設置することなどが記載されている。

医療費全体からみた場合の終末期医療にかかる費用は、明確な定義がないので推計は難しいが、財務省資料によれば、死亡前１カ月にかかる医療費は平均１１２万円とされており、年間の70歳以上の死亡者数を乗ずると、年間約９０００億円と推計されている。実際には、１カ月以上こうした時期を過ごす患者もいるので、もっと多くの金額がかかっている可能性もある。

この問題は、最初に述べたように、人々がどのように生をまっとうしたいか、ということから考えていく必要があるだろう。延命治療をしてまで長生きしたくない、病院よりも住み慣れた自宅で終末を迎えたい、という多くの人々には、その気持ちに添えるような体制を考え、それが副次的に費用も節約することにつながるのだ、という方向でこの問題を考えていく必要があるのではないだろうか。その意味でも、今後は地域で医療をどう支え、最終的にはどう穏やかな看取りができるか、というプライマリーケア体制を作っていくことから考えていく必要があるように思われる。

この点、摂食できなくなってしまい、回復の見込みが望まれない患者に対して、家族の希望で手術を行って胃瘻をとりつけることをどう考えるか、といったことについても今後、議論が深まることが必要であろう。また、医療がキュア（治療）からケアも含めた総合的なものである必要があるという認識が広まり、患者主体の医療と介護の在り方をトータルで考える重要性を定着させていくこと、さらにそうした終末期ケアに従事できる看護師などの専門家を、より多く育てていくことも必要であろう。

## 2　医療保険の設計

国民がどのような病気にかかっても、医療保険によって自己負担が抑えられる国民皆保険は、国民の安心につながる重要な制度であり、こうした安心な制度を持続していくことが重要である。こうした皆保険を医療の高度化、高齢化の中でどのように維持していくか。第4章では、医薬品の保険の適用範囲についての議論を紹介したが、今後医療保険で給付する技術や医薬品等の範囲のほか、医療保険の設計をどのように工夫していくかということも、検討する価値のある課題であると考えられる。

まず、第3章で検討した「医療技術評価」「医療経済評価」を、技術的な改善を図りつつ活用していくことについて、高度な医療が増えれば増えるほど、進めていかなくてはならないだろう。

もちろん医療技術評価には第3章で詳述したように課題が多い。だが、高齢化と医療の高度化に伴う医療費の増加と医療保険財政の持続という課題をどう解決していくかが問われているわが国においては、医療費の価格づけについては、より客観性を持たせた透明な議論が、きわめて重要になってきている。また、効果の測定ということについては、医師が専門的に検討する場を作ることが必要になってくるのではないか。

医療保険の設計についても、様々な角度から検討をしていく必要があるだろう。ちなみに、松山（2011）は、公的医療保険を二階建てにする案を提案している。すなわち、医療保険を基礎保険とオプション保険に分け、オプション保険は、国民が保険料と給付内容の組み合わせを選択できるようにするというものである。この結果、こうした医療保険制度は、皆保険を維持しつつ健康管理のインセンティブを与えるものとなる。たとえば、受診時負担を2割と3割の二段階にし、前者の保険料を高くする。ただ、モラルハザードを防ぐために、病気になってからの変更はできないよう、一定の制限を設けるといったアイデアである。

また、公的保険を補うかたちで民間保険をどう位置づけるかという議論も重要になってくる（佐藤［2016］、田近［2012］序文参照）。ちなみに、公的医療保険の中ではなく、オプション保険的な発想を民間医療保険と組み合わせて提供している国の具体例を挙げると、それらの国では、以下のような状況となっている。

ドイツでは、民間医療保険が公的医療保険の一部を代替し、全国民の1割の人たちの公的医療保険の代替機能を果たすと同時に、公的保険の加入者に対しても、治療費用のうち公的医療保険でカバーされない費用を補填する付加医療保険を提供している。その種類は、①外来付加保険、②病院付加保険、③歯科治療保険である（中村［２０１６］）。

オーストラリアも公的医療保険の枠組みのもとで、民間医療保険を活用している。国民に選択権を与え、所得が一定額以上の国民に対して医療保険税の負担を免除し、保険料が高くても医療給付の充実した民間医療保険に加入する選択権を与えるといった設計となっている（松山［２０１１］）。

選定療養などの保険外併用療養費制度の活用は、先進医療を進展させつつ、医療費の高騰の中で日本の皆保険を守っていくためのひとつの手段ともなり得る。今後も多角的な観点から、この制度を検討していく必要があると考えられる。

海外の事情などを研究し、医療の質を向上させながら、どのように医療財政を維持していくかという視点から、様々な工夫を取り入れて医療保険制度の在り方を考えていく必要があるのではないか。

## ３　医療行政の課題――未来志向の政策遂行とエンフォースメント

医療行政は、非常に広範に及ぶが、再生医療等が進化し、ＩＴ化、高齢化が急速に進んでいる状況の中で、かねて高度成長期に作られた医療制度をかたちづくる法律や規制体系がそのまま見直されずに残っていると、ひずみをもたらす。セルフメディケーションという新たな流れも、患者の視点をより重視し、それが進めやすい環境を整え、国民の健康をトータルで向上させていく必要がある。医療政策は、超高齢社会という「近未来」を見据えて、よりフォワードルッキングな姿勢に転換し、PDCAを回しながら必要な制度変更を早め早めに行っていくことが求められるだろう。

中医協における診療報酬の決定の在り方も不断の見直しが必要である。まずは、より客観的なデータ分析に基づいたエビデンス・ベーストの議論を重ねていく必要がある。

本書でみてきたように、診療報酬や薬価等は医療分野の資源配分をほぼ決定している。その意味で、細かい加算をどうするか、といった議論ももちろん重要だが、より広く長期的な視野に立ち、医療政策の方向について、データによる客観的検証を行いながら、診療報酬体系を検討していくことが求められるように思われる。特に保険者がプロセスの中で重要な役割を果たすためには、保険者がレセプトなどのデータをどのように分析、活用するか、ということが重要になってくるだろう。また、医療のユーザーの視点を中医協など政策決定のプロセスに一層入れていく工夫を検討することも必要であると考えられる。

エンフォースメントをどう高めるのかという観点からは、規制を受ける側がむしろ利用者への情報開示をより進め、主体的にガバナンスを高めるという発想をより意識した改革を実施していく必要があろう。それによって、患者視点に立ったより良い医療に向けて医療提供者間の健全な競争と連携を同時に進めていく必要があるだろう。

また、今後社会的に説明責任がより一層必要となる医療行政を担当する厚生労働省には、一般の利用者も含めた様々な視点からの意見が継続的に入るような仕組みを検討してはどうか。金融庁では2016年度より、中立的第三者数名を金融モニターとして任命し、外部からの金融行政に対する様々な評価を受け止める仕組みを他省庁に先駆けてみずから創設している。こうした取り組みは参考になるだろう。

今後の厚生労働省は、２０２５年超高齢社会を控え、技術革新が大きく社会を変える新しい環境の中で、様々な主体の努力が医療の質の向上に結びつくよう、スピードアップしながら従来の政策を点検し、健康長寿社会を実現していくことを期待したい。

# 補章　医療制度改革はどのように進められてきたか

わが国の人口減少、高齢化といった人口動態の変化については、2000年代を過ぎる頃から、社会保障制度全体に大きな影響を与えることが懸念されるようになってきた。そうした問題意識に立ち、2008（平成20）年1月、吉川洋・東京大学教授（当時、現・立正大学教授）を座長とする「社会保障国民会議」がスタート、同年11月4日に最終報告がまとめられた。さらに、その後民主党政権に政権交代したあと、改めて自民党政権に戻り、2013（平成25）年に清家篤・慶應義塾大学教授を座長とする「社会保障制度国民改革会議」が開催され、同年8月に最終報告がまとめられている。いずれも年金、介護、次世代育成といったすべてのサービスの課題を包括的に議論しているため、医療制度についての記述はそれなりに限られているが、そこでの問題意識は最近の改革に大きな影響を与えている。

したがって補章では、参考までにこの二つの国民会議の提言の概要とともに、筆者も関与した規制改革、未来投資両会議の活動や改革の視点について紹介する。

## 1　社会保障国民会議最終報告——病院を中心にサービス提供体制変革を提言

社会保障国民会議の最終報告（2008年11月）では、社会保障「制度の持続可能性」を確保すると同時に、社会経済構造の変化に対応し、「必要なサービスを保障し、国民の安心と安全を確保するための「社会保障の機能強化」に重点を置いていく改革が必要である」としている。

医療制度については、「高齢化により医療需要が増大することに対して現在の制度のままでは構造的問題を抱えており、救急医療問題、地域医療困窮、産科小児科医不足などの当面の緊急課題に現段階でできるだけ対策を講じていくと同時に、構造問題解決への取り組みが不可欠」とされた。

そして、サービスの不足、病床数が諸外国と比較しても多いこと、病床機能の未分化、医師の分散などの非効率な提供システムなどの構造問題については、サービスの充実と効率化を同時に行うことが必要であり、あるべき姿を実現した場合の医療介護費用のシミュレーションを行っている。その哲学は「医療の機能分化を進めるとともに、急性期医療を中心に人的・物的資源を集中投入し、入院期間を減らして早期の家庭復帰、社会復帰を実現し、同時に在宅医療・在宅介護を充実させ、地域での包括的ケアシステムを構築することにより利用者・患者のＱＯＬ向上を目指す」というものであった。こうした哲学で構造改革を行った場合のシミュレーションにより、２０１３（平成25）年度において、医療介護だけで14兆円、消費税にして４％程度の財源が必要になるといった推計を出している。

このように、社会保障国民会議では、財政シミュレーションを実施することにより、財政健全化との関係でも医療改革が必要なことを強調し、病院を中心にサービス提供体制を構造改革することを主軸として打ち出した。また、サービスを支える人的・物的資源の計画的整備や報酬体系そのものについての検討の必要性、医療提供体制を再構築していく必要性について強調している。

## 2 社会保障制度改革国民会議――地域医療ビジョン、かかりつけ医などを提言

社会保障国民会議の最終報告書が出てから5年後、２０１３（平成25）年8月6日に、社会保障制度改革国民会議の報告書が公表された。一段と進む高齢化を展望しつつ、サブタイトルにあるように、将来世代に確かな社会保障を伝えるための道筋をつけていこうという狙いの報告書であった。

ここでは、２００８（平成20）年に社会保障国民会議報告書で提言された病院の機能分化、人的配置の是正などは、必ずしも理想通りにいっていないという認識から入っている。その背景として、民間病院が多い日本では病床の変革等を強制できず、診療報酬で誘導することになるが、その診療報酬変更自体がリスクとなっており、もっと見通しの効きやすい医療提供体制を再構築する必要があるとの見解を示している。そうしたことから、社会保障制度改革国民会議は、前身の社会保障国民会議の報告の内容をさらに具体化し、実現していくための方策が書き込まれている。

また、医療を受ける側も医療改革に協力をすべきであり、「緩やかなゲートキーパー機能」を備えた「かかりつけ医」を普及させることが課題であって、患者が大病院に集中するままでは機能しない

ことについて警鐘を鳴らしている。そのうえで、「病院完結」ではなく「地域完結型」の医療制度への転換が必要であるとして、「病床機能報告制度」の導入と、都道府県によるその地域にふさわしいバランスの取れた医療機能ごとの医療の必要量を示す「地域医療ビジョン」の策定が提言された。

さらに、この報告書では、市町村が保険者となっていた自営業者のための国民健康保険（国保）の47都道府県への移行を提言しており、現在この提言に沿う方向で改革が進められている。またサラリーマン（被用者）の健康保険組合の負担によって、国保財政の赤字の穴埋めが行われる選択肢が出された。

また、医療法人制度や社会福祉法人制度の見直し、医療と介護を連携した市町村ごとの「地域包括ケアシステム」の構築、地域医療の核となる総合診療医制度などが提言されている。

医療保険制度についても、国保の改革と赤字対応のほか、70歳代以上の高齢者の自己負担を現在の暫定措置である1割から法律上の2割に引き上げること、後発医薬品の普及などが打ち出された。

この会議の基本的な考え方は、以下のようにまとめられる。①自助、共助、公助の最適な組み合わせ、②社会保障の機能の充実と給付の重点化、効率化、負担の増大の抑制、③社会保険方式の意義、税と社会保険料の役割分担、④給付と負担の両面にわたる世代間の不公平、といった項目をあげ、「1970年代モデル」から「21世紀モデル」へという方向性を打ち出している。

これら二つの報告書が打ち出した諸改革は、それぞれに多くの議論もあるが、高齢化社会に向けた医療制度改革に大きな方向づけを与えたという点では評価されるべきものである。そして、現在もその延長線上に立った改革が行われている。これら二つの会議の議論により、2000年代以降医療制度は大きな変革期に入ったといえるだろう。

## 3 規制改革会議が重視した視点
### ——健康長寿社会に向けた医療のユーザーの視点を重視

筆者も2016年まで参加していた規制改革会議について少し紹介しておこう（具体的な規制改革会議の改革の進め方はコラム⑦を参照されたい）。政府の規制改革推進のための会議体は、1990年代にスタートし、民主党政権時にも継続して設けられていた。そして自由民主党・公明党の政権交代後の2013年に会議は改めてスタートした。

規制改革会議は、医療関係だけでなく、投資促進、農業など様々な分野の改革を行うことが求められていたが、その中で「潜在需要を顕在化させることによる経済活動の支援、日本経済の再生に資する各種規制の見直し等、経済社会の構造改革を進める上で必要な規制の在り方に関する基本的事項について、貴会議の総合的調査審議を求める」という総理の諮問を受け、規制改革会議のもとに健康医療ワーキング・グループ（WG）が設けられた。当時の健康・医療WGは、以下のような考え方で改革にあたった（図J－1）。

高齢化が一層進む一方で、ITの技術革新が飛躍的に向上するなど、環境が大きく変化する中で、日本の近未来を考えた場合、国民の願いとしての「健康長寿」が実現できる社会を目指していくことが目標であり、そして改革にあたって医療制度に求められることは、まずすべての国民が安心して、安全に医療サービスを持続的に享受できることが前提である。

そのうえで、医療制度の見直し、改革にあたって、次の視点が一層重要になっていると考えた。それは、図H－1に示した通り、①国民の選択肢を増やし利便性を向上させる。そして②医療関連産業を発展させて経済を活性化させる。さらに、そうした目標に沿った改革を進めつつ、③医療保険財政にも配慮する、というビジョンである。

そうした視点を相互に関連づけながら、健康長寿社会を目指す様々な制度改革を議論した。規制改革会議の場合、ほとんどすべての改革の議論は、民間の要望者（医療関係者、企業、業界団体、個人等）の要望を受けて、着手する。したがって、個別の改革については、前述のような三つの改革の視点との整合性を考えながら取り組んだ。

社会保障国民会議や、社会保障制度改革国民会議は、社会保障全体の改革を財政の制約とどう整合性をとりながら推進していくか、という「マクロ的視点からスタート」している側面が大きい。これに対し、規制改革会議の議論した論点は、「ミクロの個別要望」からスタートしている。このため、二つの国民会議と規制改革会議は、社会保障制度の大きな方向についての認識はほぼ共有しているが、医療の利用者の利便性、医療関連企業からの産業発展という視点など、国民会議では必ずしも扱っていなかった論点が多かった。保険財政に直接関係する論点については、健康保険組合連合会など、保険者などからの規制改革要望があがってきたものも多い。

２０１３～16年の規制改革会議が医療・介護分野で扱った項目は表H－1の通りであり、一人ひと

**図H－1　規制改革会議の検討にあたっての視点
（医療・介護分野［2013～2016年］）**

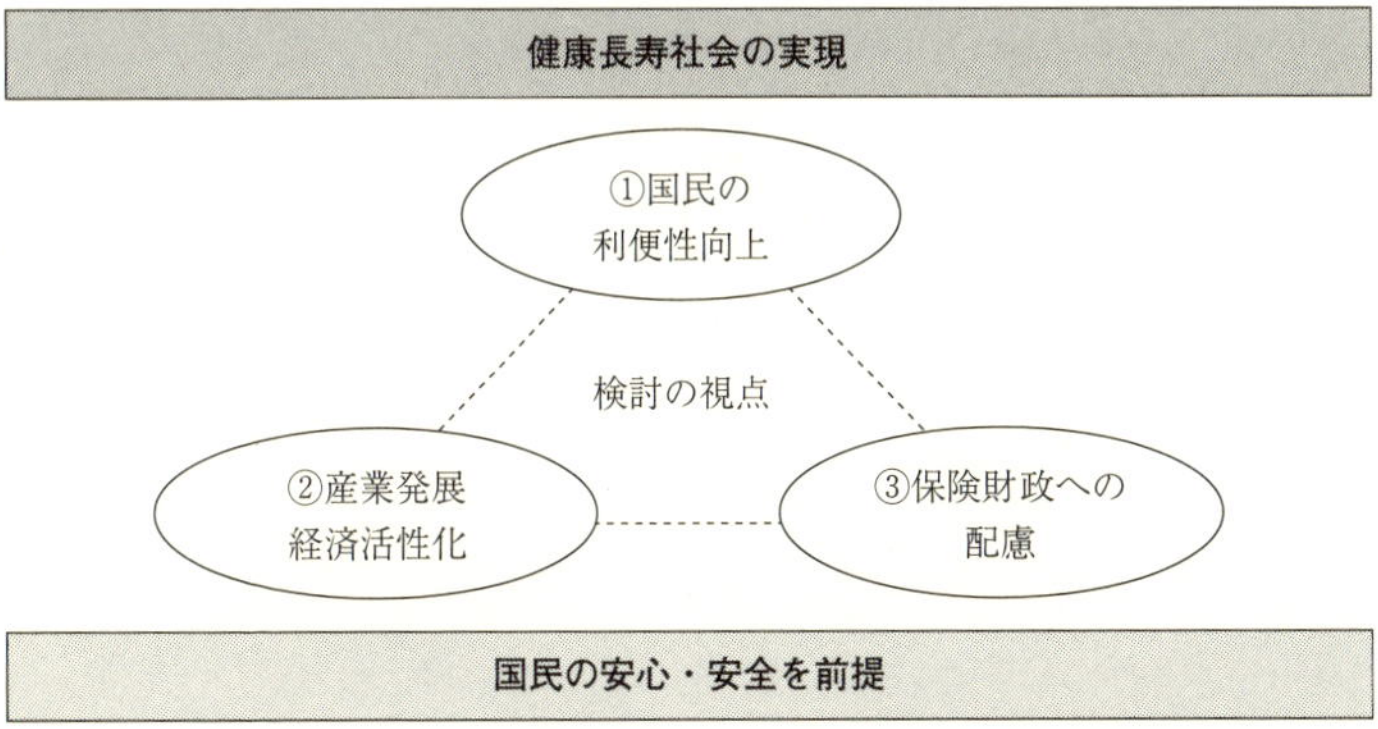


**表H－1　規制改革会議が扱った項目（2013～2016年）**

**2013年**
再生医療の推進、医療機器に係る規制改革の推進、一般健康食品の機能性表示を可能とする仕組みの整備、医療のICT化の推進、一般用医薬品のインターネット販売

**2014年**
新たな保険外併用の仕組みの創設（患者申出療養制度の創設）、介護保育事業等における経営管理の強化とイコールフッティング確立、革新的な医薬品・医療機器の価格に関する制度の改善、最適な地域医療の実現に向けた医療提供体制の構築、生活の場での医療介護環境の充実、医療用検査薬から一般検査薬への転用の仕組みの早期構築、保険者機能の充実・強化に向けた体制整備、医療機関の経営基盤の強化（経営経験豊かな人材の活用による医療法人経営の効率化）、看護師の特定行為の整備

**2015年**
医薬分業推進のもとでの規制の見直し、医薬品に関する規制の見直し、医療情報の有効活用に向けた規制の見直し、遠隔モニタリングの推進、介護付有料老人ホーム等に関する規制の見直し、食品の表示制度の見直し

**2016年**
在宅での看取りにおける規制の見直し、薬局における薬剤師不在時の一般用医薬品の取り扱いの見直し、診療報酬の審査の効率化と統一性の確保、一般用医薬品および指定医薬部外品の広告基準等の見直し

りの利用者、企業や業界団体、また医療関係者など様々な要望者から出されたミクロの改革に一つひとつ取り組んだ。

## 【コラム⑦】規制改革の進め方――国民の要望を受けるホットライン

規制改革会議は1990年代からスタートしているが、2013年の安倍政権発足後の会議（なお、2016年9月以降、メンバーも入れ替えが行われて規制改革推進会議という名前に変更され、筆者が参加していた当時の改革項目のフォローアップに加え、新しい項目の議論が始まっている）では、まず多くの国民の要望を集める「ホットライン」という制度を創設した。これは、環境や技術変化に対応した規制改革をタイムリーかつ着実に進めるうえにおいて、広く国民や企業等から提案をいただく必要があると考え、規制改革に関する提案を、インターネット等を通じて常時受付することとしたのである。そのほか、特定のテーマに関して、規制改革に関する提案の集中受付期間も設定した。

提案されたものは内閣府規制改革推進室において事実関係等の確認および精査を行い、検討要請項目を選定し、随時、所管省庁に対し検討要請を行った。

所管省庁からの回答については、適宜「規制改革会議」（必要に応じてワーキング・グループ＝WG）に報告し、このうち、さらに精査・検討を要すると認められるものについては、必要に応じ規制改革会議において対応することとなっていた。

ホットラインや事務局のヒアリングなどであがってきた要望のうち、深く検討すべきと判断された課題について、WGでは、要望者と担当省庁を招いて、議論を深めるというスタイルをとった。

実際の規制改革会議の現場の議論は、改革要望に対してほとんどの場合、担当省庁の課長は最初はネガティブで、年に1回、6月頃にまとめられる答申の前になって、ようやく改革に合意する場合が多かった（もちろん最終的に合意、実現しない場合もある）。

担当省庁と合意した内容については、与党との協議を経て規制改革実施計画として毎年6月に閣議決定する、という手順を踏む。

最終的に、規制改革実施計画は、閣議決定が必要となるため、担当省庁と細かい文言や実施時期についても、合意する必要がある。

閣議決定後、規制改革は1年～数年で実現していく。

通常の審議会のように委員は会議で発言するだけではなく、委員自身が規制改革事項について担当省庁と最終合意まで持っていき、最終的には与党の賛同を得なければ政府としての決定にならない。規制改革推進室事務局は事前ヒアリングや論点整理など最大限のサポートをしてくれるが、民間の委員の努力と熱意が問われる会議である。

## 4　未来投資会議が重視した視点
### ――「技術革新」の実装による健康長寿社会に向けた医療・介護のパラダイムシフト

２０１６年９月から筆者も議論に参加した未来投資会議は日本の成長戦略を議論する会議である。同会議には、構造改革徹底推進会合が四つ設けられた。第四次産業革命、地方創生、企業統治改革・産業構造改革、医療介護である。

筆者が参加していた医療・介護分野の議論の過程で特に重視した視点は、病気してから治療する、介護状態になったら介助といった考え方を変えるということである。すなわち、医療については、健康管理、病気予防・介護予防を重視し、介護については、高齢者の自立支援をできるだけサポートする方向に舵を切り、パラダイムシフトを起こして成長に結びつけていこうとところにある。

その背景には、２０２５年という超高齢化社会を目前に控え、介護人材が大きく不足しており、介護現場が非常に厳しい状況になっていること、また今後、医療・介護費が大幅に増大し、社会保障全体の持続可能性について不安が高まっていることがある。そうした社会的な課題を解決する重要な手段として、技術革新、ビッグデータ分析を最大限活かしていく環境を作っていくことが必要であるという視点で、多角的に議論が行われた。

医療・介護分野の構造改革徹底推進会合でも、医師や看護師、ケアマネージャー、健康保険組合、民間企業などの現場の方々から医療や介護現場の技術革新の実装や健康増進への取り組みなどをうかがい、有識者の方々から多くの知見をいただいた。毎回、厚生労働省、経済産業省、総務省、内閣府健康医療戦略室の方々と議論を進めて、日本医師会の方々にも参加いただき、コラム⑥に紹介した四つの方向で施策を検討した。第一が、２０２０年から始動できる健康医療関連データの利活用基盤の構築、第二が、保険者・企業経営者による、加入者、従業員の健康増進への働きかけの強化（「個人の行動変容の本格化」）、第三が、遠隔診療、ＡＩ開発、実用化に向けた取り組み、第四が、自立支援に向けた科学的介護の実現である。

このような内容の成長戦略を議論し、決定することがようやく可能になったのは、近年の技術革新の急速な進展が背景にある。しかも、日本全体としては、人手不足がすでに顕在化しており、団塊の世代が後期高齢者になる２０２５年までに新しい医療・介護システムを構築し、スピーディーに対応していく必要性が危機感を持って関係者に共有されたことが大きいと考えられる。しかし、これを実現していくためには、技術面の検討も含めて、まだ様々な検討が必要と思われる。

# おわりに

今後も需要が確実に増大していく医療や介護を持続して支えていくための課題は山積している。「はじめに」でも述べたように、医療・介護を支える人材を育成し提供体制を整える、国民や医療機関等の現場の信頼を得られるかたちで、この分野にＩＴを実装してデータ分析も活用し、医療の質を向上させる、民間企業の力をうまく呼び込んで国民の健康増進を進めていく、医療保険財政の膨張を防ぎながら、先端医療を発展させる、こういった重要な課題に着実に取り組んでいく必要がある。医療関係者、厚生労働省を中心に、多くの省庁が省益を超えて、また民間企業やＩＴの専門家等も交えて議論し、医療の需要者の視点も大事にしつつ、国民にわかりやすく説明し、実現していく必要がある。まさに政策の総合力が問われる課題である。

本書の執筆は、慶應義塾大学出版会の増山修氏の熱心な勧めがなければ、実現しなかった。また、日本総合研究所・西沢和彦上席主任研究員、内閣府・中沢謙治参事官には、本書をお読みいただき、貴重なコメントを頂戴した。記して感謝したい。

本書執筆にあたって感謝するべき方々は多いが、規制改革会議では、岡素之住友商事株式会社相談役、大田弘子政策研究大学院大学教授、林いづみ桜坂法律事務所弁護士、金丸恭文フューチャー株式会社代表取締役会長兼社長、佐々木かをり株式会社イー・ウーマン代表取締役社長、森下竜一大阪大学大学院医学系研究科教授、滝口進日本メディカルビジネス株式会社代表取締役、竹川節男医療法人社団健育会理事長、土屋了介地方独立行政法人神奈川県病院機構理事長、松山幸弘一般財団法人キヤノングローバル戦略研究所研究主幹や多くの医療関係者の方々に会議の議論を通じて、多くのことをご教示いただいた。また、高橋泰国際医療福祉大学教授、井伊雅子一橋大学教授、川渕孝一東京医科歯科大学教授にも、未来投資会議やそのほかの様々な議論の機会を通じて多くのことを教えていただいた。また、規制改革、未来投資両会議の事務局の方々にも厚く御礼申し上げたい。日本総合研究所の村田由紀子さんには図表の作成などで大変お世話になり、感謝申し上げる。ただし、本書の見解やあり得べき誤りはすべて筆者の責任である。

# 参考文献


イーストン、G（2017）『医者は患者をこう診ている』河出書房新社。

井伊雅子編（2015）「特集　地域医療・介護の費用対効果分析に向けて」『フィナンシャル・レビュー』通巻123号、財務省財務総合政策研究所。

伊賀立二（2016）「原点に回帰した患者本位の医薬分業へ」『ファーマシストフロンティア』11月。

今中雄一（2014）「混合診療と医療改革（下）新制度広くデータ評価を」日本経済新聞「経済教室」7月25日。

印南一路（2016）『再考・医療費適正化―実証分析と理念に基づく政策案』有斐閣。

――ほか（2013）「日本版医療技術評価（HTA）を語る」*Monthly IHEP* 2月号。

大日康史・菅原民枝（2005）「医療・公衆衛生政策における費用対効果分析とその応用」『フィナンシャル・レビュー』通巻第77号、164～196ページ、財務省財務総合政策研究所。

大沢光（2012）「混合診療における保険診療相当部分を対象とする保険給付の可否」『別冊ジュリスト判例百選』（通巻1440号）。

翁百合（2013a）「日本再生への道⑬―国民の視点に立った制度見直しを―健康・医療関係の規制改革」時事通信社『金融財政ビジネス』12月26号、16～19ページ。

――（2013b）「病院の再生と統合―現状と今後の課題」『病院』2013年7月号（Vol. 72, No. 7）医学書院。

――（2015a）「患者申出療養制度の新設にともなう、保険外併用療養費制度改革における論点整理とその評価」『医療白書』124～132ページ、日本医療企画社。

――（2015b）「治療に必要な医薬品の保険給付はどこまで認めるべきか」『週刊社会保障』2840号、29～30ページ。

――（２０１６ａ）「医薬分業の評価と課題」『ＪＲＩレビュー』Vol. 11, No.30, 41～55ページ、日本総合研究所。

――（２０１６ｂ）「ブロックチェーンは社会をどう変えるか」*NIRA Opinion Paper* No.26.

柿原浩明ほか（２０１６）「イノベーションの社会波及効果にも目を向けよ―オブジーボ問題を考える―」『国際医薬品情報』４月25日号。

河口洋行（２０１２）「混合診療及び保険外併用療養費制度が医療制度に与える影響に関する研究」『フィナンシャル・レビュー』通巻第１１１号、48～73ページ、財務省財務総合政策研究所。

川渕孝一（２０１４）「混合診療と医療改革（上）先進医療のあり方再考を」日本経済新聞「経済教室」７月24日。

――（２０１５）「医薬分業における規制の見直しについて」規制改革会議公開ディスカッション資料２‐６、内閣府ＨＰ。

清郷伸一（２０１４）「患者個人がみた患者申出療養制度の本質」Mimeo。

経済産業省（２０１３）「再生医療の実用化・産業化に関する報告書」。

厚生労働省（２０１５）『保健医療２０３５』。

――（２０１６）「ＩＣＴを活用した『次世代型保健医療システム』の構築に向けて」。

小久保欣哉・山田謙次（２０１２）「医療技術評価の政策動向と製薬企業における薬剤経済学の活用」『知的資産創造』８月号、54～65ページ、野村総合研究所。

小藪幹夫（２０１３）「２０１０年度薬剤費、薬剤比率算出について」Mimeo。

佐藤主光（２０１５）「国民主体の医療制度構築に向けて」『ＪＲＩレビュー』Vol 2. No. 32, 15～26ページ、日本総合研究所。

澤憲明（２０１２）「プライマリ・ケアで変わる日本の医療：質と財政の両立の鍵」経済産業研究所ＢＢＬセミナー資料。

島崎謙治（２０１１）『日本の医療―制度と政策』東京大学出版会。

全国保険医団体連合会（２０１３）「膨張する医療費の要因は高騰する薬剤費にあり～２０００年度～２０１２年度における概算医療費と薬剤費の推移」全国保険医団体連合会ＨＰより。

総合研究開発機構（ＮＩＲＡ）（２０１５）「わたしの構想―本腰の医療改革」。

田近栄治編（２０１２）「特集　医療制度における公的保険と民間保険の役割」『フィナンシャル・レビュー』通巻１１１号、財務省財務総合政策研究所。

飛田英子（２０１３）「医薬品政策に経済評価の視点を」『ＪＲＩレビュー』Vol.4. No.5, 13～27ページ、日本総合研究所。

中村亮一（２０１６）「ドイツの医療保険制度（1）、（2）」ニッセイ基礎研レポート。

西沢和彦（２０１３）「国民医療費における薬剤費統計の不備を改めよ」『ＪＲＩレビュー』Vol.4. No.5, 28～39ページ、日本総合研究所。

西村周三（１９９７）『医療と福祉の経済システム』ちくま新書。

――・ヘルスケア総合政策研究所（２０１５）『医療白書２０１５－２０１６版』日本医療企画。

日本製薬工業協会（２０１６）『てきすとぶっく製薬産業２０１６－２０１７』

狭間研至（２０１４）『薬局が変われば地域医療が変わる』じほう社。

八田達夫（２００８）『ミクロ経済学Ⅰ』東洋経済新報社。

早瀬幸俊（２００３）「医薬分業の問題点」『薬学雑誌』１２３（３）、１２１－１３２ページ。

判例タイムズ（２０１３）「単独であれば保険診療となる療法と先進医療であり自由診療である療法とを併用する混合診療における保険診療に相当する診療部分に係る保険給付の可否」１３８４号、95～１１１ページ、判例タイムズ社。

――「薬事法施行規則15条の4第1項1号（同規則142条において準用する場合）、159条の14第1項及び2項本文、159条の15第1項1号並びに159条の17第1号及び2号の各規定の法適合性」１３８６号、１６０～１６５ページ、判例タイムズ社。

堀川泰清（２０１２）「医薬分業推進政策の評価と課題」『商大ビジネスレビュー』兵庫県立大学大学院経営研究科、２（１）、２２５－２４６ページ。

前田由美子（２０１６）「薬価算定方式の現状と課題」日医総研ワーキング・ペーパー３６６号。

松山幸弘（２０１１）「国民が選択できる公的医療保険を」キャノングローバル戦略研究所。

――（２０１６）『医療・介護改革の深層』日本医療企画。

真野俊樹（２０１１）「フランスの医療制度から日本への示唆：日本に近い制度を持つ国からの学び」『共済総合研究』第63号、64－81ページ、農協共済総合研究所。

――（２０１２）『入門　医療政策』中公新書。

森川正之（２０１６）『サービス立国論』日本経済新聞出版社。

森田朗（２０１６）『会議の政治学Ⅲ—中医協の実像』慈学社出版。

森山美知子（２０１５）「Population Health Management に基づいた地域包括ケアシステムの展開」『医療・介護に関する研究会報告書』第４章、財務省財務総合政策研究所。

八代尚宏（２０１３ａ）『社会保障を立て直す』日本経済新聞出版社。

———（２０１３ｂ）『規制改革で何が変わるのか』ちくま新書。

康永秀生（２０１７）「予防医療で医療費を減らせるか」『やさしい経済学』日本経済新聞1月4日～13日。

山田隆司（２０１５ａ）「地域での適切な外来診療機能について—ＩＣＯＣによる運席と総合新両意の役割」『フィナンシャル・レビュー』通巻第１２３号、財務省財務総合政策研究所。

———（２０１５ｂ）『ザ総合診療医』メディカルサイエンス社。

山田久（２０１５）「医療制度のガバナンスと論点」『ＪＲＩレビュー』Vol.2 No.32, ４～14ページ、日本総合研究所。

Anell, A., Glenngard, A. and Merkur, S.(2012) "Sweden Health system review," *European Observatory on Health Systems and Politics* Vol.14, No.5.

Cecchetti, S. G., Mohanty, M. and Zampolli, F.(2010) "The future of public debt: prospects and implications," Bts Working Papers No. 300, March.

翁　百合（おきな・ゆり）
㈱日本総合研究所副理事長、京都大学博士（経済学）
1960年生まれ。82年　慶應義塾大学経済学部卒業。84年　同大大学院経営管理研究科修士課程修了。同年　日本銀行入行。92年より日本総合研究所。
主席研究員、理事などを経て現職。この間2003-07年　産業再生機構非常勤取締役兼産業再生委員、05-14年　日本学術会議会員、10-15年　早稲田大学大学院客員教授、14年より慶應義塾大学特別招聘教授などを兼務。
13-16年　規制改革会議　健康・医療ワーキンググループ座長、16年～　未来投資会議　構造改革徹底推進会合（医療・介護分野）会長等を歴任。
2006年　日本経済新聞社・日本経済研究センター共催「第1回円城寺次郎記念賞」受賞。
このほか、現在、金融審議会委員、産業構造審議会委員、税制調査会委員などを兼任。

主要著作
『銀行経営と信用秩序』東洋経済新報社、1993年
『情報開示と日本の金融システム』東洋経済新報社、1998年
『金融危機とプルーデンス政策』日本経済新聞出版社、2010年
『不安定化する国際金融システム』NTT出版、2014年

国民視点の医療改革
――超高齢社会に向けた技術革新と制度

2017年9月25日　初版第1刷発行

著　者――――翁　百合
発行者――――古屋正博
発行所――――慶應義塾大学出版会株式会社
〒108-8346　東京都港区三田2-19-30
TEL〔編集部〕03-3451-0931
〔営業部〕03-3451-3584〈ご注文〉
〔　〃　〕03-3451-6926
FAX〔営業部〕03-3451-3122
振替　00190-8-155497
http://www.keio-up.co.jp/
装　丁――――坂田政則
組　版――――株式会社キャップス
印刷・製本――中央精版印刷株式会社
カバー印刷――株式会社太平印刷社


Printed in Japan ISBN978-4-7664-2441-6